명절 끝 날 곧 큰 날에 예수께서 서서 외쳐 이르시되
"누구든지 목마르거든 내게로 와서 마시라.
나를 믿는 자는 성경에 이름과 같이
그 배에서 생수의 강이 흘러나오리라" 하시니
이는 그를 믿는 자들이 받을 성령을 가리켜 말씀하신 것이라.

요한복음 7:37-39

하늘 생명수

믿음이란 한 알의 밀알이 땅에 떨어져 죽음으로 많은 열매를 맺음과 같이 진리의 열매를 위하여 스스로 죽는 것을 뜻합니다. 눈으로 볼 수는 없으나 영원히 살아 있는 진리와 목숨을 맞바꾸는 자들을 우리는 믿는 이라고 부릅니다. 「믿음의 글들」은 평생, 혹은 가장 귀한 순간에 진리를 위하여 죽거나 죽기를 결단하는 참 믿는 이들의, 참 믿는 이들을 위한, 참 믿음의 글입니다.

하늘 생명수

윈 형제 지음 | 폴 해터웨이 엮음 | 홍종락 옮김

윈 형제
Brother Yun
LIVING WATER

홍성사

하늘 생명수

차례

머리말 8

그리스도 안의 자유

1 회개 15
2 에서의 교훈 22
3 용서 30
4 놓아서지 맙시다 40
5 성령의 잉태 47
6 하나님이 쓰시는 사람 55
7 나사로야, 나오라! 66
8 참된 자유 73
9 반항적인 종 81

생명수의 강

10 사자같이 담대한 95
11 생수의 그릇 104
12 생수의 강 113
13 하나님의 음성 듣기 123
14 참된 연합 131
15 능력의 하나님 139
16 고기잡이 교훈 148
17 잠자는 교회여, 깨어나라! 158
18 세계를 품는 비전 168
19 초콜릿 군병 177

그리스도의 군병

20 기꺼이 고난을 받으라 189
21 폭풍 속의 힘 197
22 언약의 하나님 208
23 하나님의 추수밭에서 일하자 219
24 속박과 자유 232
25 새 부대 240
26 젖은 담요 부대 254
27 거인 사냥꾼 269
28 주님을 기다리라 277

머리말

《하늘에 속한 사람》에 기록된 윈 형제의 간증은 전 세계 수십만 명의 그리스도인들에게 깊은 영향을 끼쳤습니다. 이제 여러분에게 윈 형제의 메시지가 담긴 《하늘 생명수》를 내놓는 데 조그마한 역할이나마 할 수 있게 된 것이 제게 큰 기쁨입니다.

1997년에 윈 형제는 동료 신자들의 강권을 받고 중국을 떠나 전 세계 사람들을 대상으로 하는 사역을 시작하였습니다. 이후 그는 아프리카, 아시아, 북미, 중동, 남태평양의 여러 나라와 유럽의 거의 모든 나라를 다니며 천 회가 넘는 집회에서 말씀을 전했습니다. 윈 형제는 하나님이 허락하시는 곳이면 어디든 가서 그분의 사랑을 전하며 힘 있게 전폭적인 헌신을 촉구하였고, 그로 인해 많은 사람들이 하나님의 복을 경험하고 변화되었습니다.

제가 개인적으로 체험한 윈 형제의 사역을 생각하면, 진정 겸손한 모습이 무엇인지 생생하게 보여 주는 하나의 모델을 떠올리게 됩니다. 그는 누구를 만나건 조금의 주저함이나 거리낌 없이 상대를 섬깁니다. 윈 형제는 수천 명이 모이는 대형집회든 몇 명만 참석하는 소규모 성경공부 모임이든 동일한 열정으로 하나님의 말씀을 전합니다. 반면에 유명해지고 싶은 욕망이나 사람들의 공개적인 칭찬은 한결같이 멀리합니다. 저는 집회가 끝난 후 주변에 몰려든 사람들과 함께 그가 몇 시간씩 기도하는 모습을 자주 볼 수 있었습니다. 그는 사람들에게 몇 마디 해 주고 그냥 떠나가지 않습니다. 그는 각 사람에게 진정으로 관심을 갖습니다. 예수님이 그러셨던 것처럼, 자기에게 다가오는 사람들에게 전폭적인 관심을 기울입니다. 또한 저는, 그에게 기도를 부탁하고자 줄을 선 사람들에게 오히려 자기를 위해 기도해 달라고 요청하는, 무릎 꿇은 윈 형제의 모습을 자주 보았습니다.

사람들을 예수님께 인도하는 윈 형제의 비할 바 없는 능력을 지켜본 것은 제게 매우 놀라운 일이었습니다. 어떤 사람들은 그가 중국 바깥에서는 영향력을 끼치지 못할 것이라고 생각했습니다. 하지만 저는 그와 함께 다닐 때마다, 그가 얼마나 많은 사람들을 그리스도께 인도하는지를 보며 끊임없이 놀랍니다. 공항이건 식당이건 호텔 로비건, 저는 윈 형제가 무릎을 꿇고 눈물을 글썽이며 사람들과 함께 주님께 마음을 열고 기도하는 모습을 자주 발견합니다.

가끔 저는 한걸음 물러서서 그가 사용하는 구령의 방법들과 서구 그리스도인들이 흔히 사용하는 방법들 간의 차이점을 분석해 봤습니다. 그 결과, 방법론과는 무관하며 전적으로 하나님과의 관계에 달린 문제임을 깨닫게 되었습니다. 윈 형제는 예수님과 동행합니다. 따라서 주님과 나누는 친밀감이 주위 사람들에게 흘러넘치는 것은 당연합니다. 불신자들도 하나님의 사랑과 임재가 윈 형제에게 쏟아지는 것을 느끼며 자연스레 복음에 관심을 기울이게 됩니다.

지금까지 많은 사람들이 《하늘에 속한 사람》을 읽고 감동과 자각을 경험했습니다. 하지만 윈 형제의 메시지를 들은 사람은 극소수에 불과합니다. 《하늘 생명수》는 바로 그런 사람들을 위해 준비되었습니다. 이 책은 윈 형제가 지난 십 년 동안 전한 메시지 중에서 가장 영감 있고 도전적인 말씀을 담고 있습니다.

중국 그리스도인들은 극심한 박해 현장 속에 처해 있기 때문에 서구에서 훈련받은 대부분의 설교자들과는 다른 시각을 보여 줍니다. 윈 형제의 신선한 성경 적용은 많은 독자들을 예수님과 더욱 깊이 동행하는 자리로 이끌어 줄 것입니다. 제자도를 촉구하는 그의 메시지는 하나님나라를 위한 일을 이전과는 다른 눈으로 보게 이끌어 줄 것입니다.

이 책은 세 부분으로 이루어져 있습니다.

1부 "그리스도 안의 자유"는 신자의 영적 생활과 관련된 메시지를 담고 있습니다. 특히 그는 우리와 하나님의 관계를 방해할 만한 모든 것을 제거해야 한다고 권고합니다. 이 기초 원리는 이후의 장들을 위한 핵심 기반입니다.

2부 "생명수의 강"은 하나님나라를 섬기기 위해 신자들을 준비시키는 내용입니다. 윈 형제는 하나님께서 우리에게 항복과 순종, 희생을 요구하시며, 그분의 나라는 인간의 약함을 통해 확장된다고 가르칩니다. 윈 형제는 독자의 손을 부드럽게 잡고 어떻게 하면 모든 그리스도인의 내면에서 생명수가 흘러나와 목마른 영혼을 상쾌하게 적실 수 있는지 보여 줍니다.

3부 "그리스도의 군병"은 제자들이 삶에서 만나게 될 장애물과 폭풍을 설명합니다. 하지만 윈 형제는 환난이 고통만을 안겨 주는 것이 아니라 실제로는 그리스도인의 영적 여행을 돕는다는 것을 보여 줍니다. 이런 통찰은 복음을 위해 고문과 고통을 견뎌 낸 윈 형제의 개인적 경험에서 우러나온 것입니다. 온갖 가혹한 고문을 겪었음에도 그의 삶과 사역은 주위 사람들에게 전염될 만큼의 커다란 기쁨, 하나님을 향한 열정, 그리고 영혼을 향한 사랑으로 채워져 있는 것이 특징입니다. 극한 어려움을 겪었는데도 어떻게 그런 모습을 나타낼 수 있는지를 보여 주는 윈 형제의 메시지는 그리스도인들에게 실제적인 격려가 될 것입니다.

《하늘 생명수》는 윈 형제 개인의 삶에서 나온 많은 이야기를 담고 있습니다. 그는 자신의 어려움을 솔직하게 털어놓고, 하나님의 인도하심을 따라가며 다듬어지고 빚어졌던 기나긴 과정을 거리낌 없이 이야기합니다. 그래서 그의 가르침에는 진정성이 느껴집니다. 이 책을 통해 독자는 교과서에서 배운 교훈을 그냥 전해 주는 사람이 아닌, 직접 경험한 일을 거짓 없이 전하는 한 사람의 목소리를 듣게 될 것입니다.

윈 형제는 중국에서 일어난 부흥의 불길 한복판에서 수십 년을 보냈습니다. 그는 많은 사람들이 상상으로만 경험할 수 있는 놀라운 방식으로 하나님이 일하셨던 순간을 직접 보았습니다. 그러기에 하나님의 백성 가운데 순종이 없고 그분을 향한 진정한 열정이 사라져 버린 것을 보고 자주 슬퍼합니다. 그는 항상 사랑과 겸손의 정신으로 주님이 가르쳐 주신 원리를 나눕니다. 그리고 예수 그리스도를 믿는 모든 이에게 약속된, 생명수의 강에 대해 자신이 알게 된 바를 이 땅의 모든 영혼과 교회와 나누고 싶어 합니다.

하나님과의 관계가 메마르고 황폐해진 수백만의 그리스도인들에게 이 책이 돌파구가 되길 기도합니다. 생명수의 근원은 오직 예수 그리스도 한 분뿐이십니다.

폴 해터웨이

■ 이 책의 성경구절은 주로 개역개정성경을 사용했으며, 그 외에는 별도 표기했습니다.

그리스도 안의 자유

1 회개

무릇 내가 사랑하는 자를 책망하여 징계하노니 그러므로 네가 열심을 내라.

회개하라. 요한계시록 3:19

노르웨이 출신의 독신 여성인 마리 몬센(Marie Monsen)은 20세기 중국에서 활동한 위대한 선교사였습니다. 그녀가 제 고향 허난 성(河南省) 전역에서 사역하던 시절은 제가 태어나기도 전이었지만, 그분의 사역으로 복을 얻거나 그분을 알았던 노령의 형제자매님들로부터 저는 많은 이야기를 들었습니다.

루터파 선교사였던 마리 몬센은 비범한 열정과 단호한 메시지로 소속 선교회와 자주 마찰을 빚었습니다. 교회 지도자들은 마리 몬센이 중국인들, 특히 하나님의 자녀가 된 중국 그리스도인들을 열렬히 사랑했던 이야기와 예수님을 섬기기 위해 어떤 일도 마다하지 않았던 이야기를 들려주었습니다. 1920-30년대 당시, 중국에서 활동하던 외국인 선교사들의 생활은 더없이 고달팠습니다. 그들은 가는 곳마다 극심한 반대에 부딪혔고, 시골길을 누비는 강도떼와 끔찍한 내전을 견뎌 내야만 했습니다.

마리 몬센은 어디를 가든지 한 가지 메시지를 전했습니다. 그리스도를 따르기 위해서는 먼저 자기 죄를 철저히 회개해야 한다는 가르침이었습니다. 물론 자신의 죄를 자백하고 용서를 구해야 한다는 말이지만, 그 가르침에는 더 깊은 뜻이 담겨 있습니다. 그리스도를 따르려면 자신의 삶, 욕망, 동기를 비롯한 계획 전체를 하나님께 드려야 한다는 의미입니다. 모든 그리스도인은 자아에 대해 죽고 자신의 과거, 현재, 미래를 주 예수 그리스도께 온전히 넘겨 드려야 합니다. 몬센은 로마서 12장 1-2절 말씀을 매우 좋아했습니다.

> 그러므로 형제들아 내가 하나님의 모든 자비하심으로 너희를 권하노니 너희 몸을 하나님이 기뻐하시는 거룩한 산 제물로 드리라. 이는 너희가 드릴 영적 예배니라. 너희는 이 세대를 본받지 말고 오직 마음을 새롭게 함으로 변화를 받아 하나님의 선하시고 기뻐하시고 온전하신 뜻이 무엇인지 분별하도록 하라.

하나님의 거룩한 분노가 임할 때면 마리 몬센은 동료 선교사들과 중국 교회 지도자들의 미지근한 헌신과 은밀한 죄를 꾸짖었습니다. 마리 몬센 앞에서는 많은 사람들이 '위선자'라는 호칭을 피할 수 없었습니다. 몬센은 하나님의 거룩함을 기준으로 제시하는 데 거침이 없었던 것입니다. 몬센은 선교사들에게 정말 그리스도 안에서 거듭나는 경험을 했는지, 자신의 삶을 온전히 그분께 바쳤는지를 자주 물었습니다. 이런 질문은 그리스도를 섬기기 위해 모든 것을 버리고 지구 반대편으로 왔다고 자임하는 많은 선교사들에게 충격으로 다가왔을 것입니다. 게다가 성령의 엄중한 빛 아래에서 내면을 제대로 인식하게 된 상당수의 선교사들은 자신이 정말 회심했다고 자신 있게 말할 수 없었습니다. 그들은 마리 몬센의 손에 이끌려 비로소 그리스도와의 인격적인 관계를 맺게 되었습니다.

공산주의가 들어서기 전, 허난 성의 그리스도인들은 대부분 마리 몬센 선교사의 강한 권면을 받아들여 철저하게 회개했고 하나님과 올바른 관계를 맺었습니다. 덕분에 1950-70년대까지 중국 교회를 강타했던 박해의 폭풍을 잘 견뎌 낼 수 있었습니다. 저는 이 기간 동안 예수님을 위해 순교한 수많은 사람들의 이야기를 들었습니다. 한 목사님은 목에 올가미를 두른 채, 탁자 세 개를 쌓아 올려 만든 교수대 위에 서야 했습니다. 아내와 자녀들, 그리고 친척들까지 모두 경찰서로 불려 와 그 광경을 지켜보고 있었습니다. 관리들이 무뚝뚝하게 말했습니다.

"선택권을 주겠다! 예수를 계속 믿겠나? 아니면 예수를 부인하겠나? 지금 선택해!"

노령의 목사님은 사랑하는 가족의 눈을 내려다보았습니다. 하지만 무엇을 선택해야 할지 분명했습니다. 그분은 침착하게 말했습니다.

"내 목을 잘라 그 피가 바닥을 적신다 해도, 나는 예수님을 부인할 수 없습니다."

그러자 관리들은 맨 아래에 있는 탁자를 걷어찼습니다. 교수대로 만든 탁자들이 무너져 내리면서 올가미가 단단히 죄어졌고, 목사님은 곧 세상을 떠났습니다. 예수 그리스도와 영원토록 함께 있게 된 것입니다.

이와 같이 하나님을 경외하는 많은 사람들의 본보기가 있었기에, 1949년 이전에 수만 명에 불과했던 허난 성의 교인이 오늘날 수백만 명으로 불어날 수 있었습니다. 그리고 허난 성 출신의 제자들이 복음의 대사가 되어 전 세계로 파송받을 수도 있었습니다.

세계 곳곳을 다니면서 저는 마리 몬센을 비롯한 여러 선교사가 중국에서 전했던 바로 그 메시지가 오늘날에도 절실히 필요함을 깨닫게 되었습니다. 회개는 그리스도인의 삶의 토대를 이루는 핵심이건만, 많은 곳에서 회개의 교리를 가르치지 않고 있습니다. 오늘날 수많은 교회의 설교자들은 복음의 메시지를 더없이 희석시켰습니다. 그들의 메시지는 성경이 가르치는 복음과 전혀 다른 것이 되어 버렸습니다.

하나님나라는 세상을 버리고 전심으로 예수님을 따르는 자들에게 주어진다는 말씀은 온데간데없고, 주일마다 수천 명의 설교자들이 예수님을 구세주로만 전하고 있습니다. 그분이 우리의 주님과 주인 되심은 전하지 않습니다. 그저 예수님이 우리를 도와주시고, 복 주시고, 용서하시고, 힘 주실 것이라는 말씀뿐입니다. 회개와 겸손, 희생에 대한 가르침은 거의 들을 수 없습니다.

우리는 모두 예수님을 위해 경주를 하도록 부름 받았고, 회개는 그 경주의 출발선입니다. 아직 출발선에도 이르지 못했다면 경주를 시도하는 것 자체가 부질없는 짓입니다! 바로 출발선에도 이르지 못했다는 것이 오늘날 많은 그리스도인들이 안고 있는 문제입니다. 주님을 따르기 위해 애쓰고 있지만, 진정으로 회개하고 자신의 삶을 예수 그리스도께 바친 적이 없는 것입니다. 거짓 복음이 널리 퍼진 결과, 오늘날 교회 안에는 냉담한 그리스도인들이 자리를 가득 메우고 있습니다. 그들의 삶에는 이기심과 세상의 원리가 여전히 자리 잡고 있습니다.

예수 그리스도는 하나님나라를 지상에 불러오기 위해 오셨습니다. 그분은 개인과 가정 그리고 민족을 안에서부터 철저히 변화시키러 오셨습니다. 세상의 근본적인 변화를 이끌어 낼 혁명의 도구는, 예수님 앞에 기꺼이 무릎 꿇고 "주님, 당신은 저를 위해 그 모든 일을 하셨나이다. 제가 당신을 위해 무엇을 하기 원하시나이까?"라고 묻는, 주님이 피 흘려 사신 종들의 순종입니다.

예수 그리스도는 우리가 자신의 입장을 분명히 하기를 원하십니다. 그분은 라오디게아 교회를 향해 말씀하셨습니다.

"내가 네 행위를 아노니 네가 차지도 아니하고 뜨겁지도 아니하도다. 네가 차든지 뜨겁든지 하기를 원하노라. 네가 이같이 미지근하여 뜨겁지도 아니하고 차지도 아니하니 내 입에서 너를 토하여 버리리라."(계 3:15-16)

라오디게아 그리스도인들은 부활하신 예수님이 하신 이 말씀을 듣고 끔찍한 충격을 받았을 것입니다! 그들은 부유하고 편안했으며 부족한 것이 없었습니다. 그들은 아마도 예수님이 자신들의 업적을 자랑스럽게 여기시고, 자신들의 경건한 행위를 알아주시리라 생각했을 것입니다. 그러나 등을 두드려 주실 줄 알았던 예수님은 오히려 영적으로 병든 그들의 실상을 폭로하셨습니다.

> 네가 말하기를 나는 부자라 부요하여 부족한 것이 없다 하나, 네 곤고한 것과 가련한 것과 가난한 것과 눈 먼 것과 벌거벗은 것을 알지 못하는도다. 내가 너를 권하노니 내게서 불로 연단한 금을 사서 부요하게 하고 흰 옷을 사서 입어 벌거벗은 수치를 보이지 않게 하고 안약을 사서 눈에 발라 보게 하라.
> (계 3:17-18)

예수님은 왜 이토록 가혹한 말씀을 하셨을까요? 라오디게아 교인들을 미워하셨던 것일까요? 그렇지 않습니다! 늘 그렇듯 사랑하셨기 때문에 그들의 실상을 폭로하셨던 것입니다. 그것은 엄한 사랑입니다. 그분은 라오디게아 교인들을 매우 사랑하셨기에 그들이 죄와 이기심 가운데 망하는 모습을 그냥 앉아서 지켜보실 수 없었던 것입니다.

"무릇 내가 사랑하는 자를 책망하여 징계하노니 그러므로 네가 열심을 내라 회개하라."(계 3:19)

회개는 하나님나라에 들어가는 첫걸음이자 주님께 계속 순종하고 복종하게 해 주는 열쇠입니다. 예수님이 사역을 시작한 후 선포하신 첫 메시지는 "회개하라 천국이 가까이 왔느니라"(마 4:17)였습니다. 삶에서 회개를 깊이 경험하지 못하면, 우리는 고만고만한 죄에서 벗어나지 못하고 신자로서 성숙해지지도 못합니다.

여러분이 과거 어느 한때에 주님을 섬겼다는 사실은 사탄을 위협하지 못합니다. 사탄을 두려워 떨게 만드는 것은 여러분이 **오늘** 예수 그리스도를 위해 살아가는 모습이요, **지금** 당장 그분을 의지하고 신뢰하며 성령의 인도하심에 기꺼이 순종하는 모습입니다.

하나님나라에 속하지 않았으면서도 그런 척 가장할 수 있습니다. 다른 사람들을 속이며 살아갈 수 있습니다. 하지만 모든 것을 아시는 하나님은 속일 수 없습니다. 예수님의 나라에서 살고 싶다면 구세주요, 왕이신 그분께 순종해야 합니다. 하나님의 말씀을 들어 보십시오.

"하나님의 견고한 터는 섰으니 인침이 있어 일렀으되 주께서 자기 백성을 아신다 하며 또 주의 이름을 부르는 자마다 불의에서 떠날지어다 하였느니라."(딤후 2:19)

예수님은 간절히 모든 이를 그분의 혼인잔치에 부르기 원하십니다. 하지만 우리가 계속 세상의 원리를 따라 살아간다면 하나님나라에 들어갈 수 없습니다. 혼인잔치의 비유를 들어 보십시오.

> 임금이 손님들을 보러 들어올새 거기서 예복을 입지 않은 한 사람을 보고 이르되 "친구여 어찌하여 예복을 입지 않고 여기 들어왔느냐?" 하니 그가 아무 말도 못하거늘 임금이 사환들에게 말하되 "그 손발을 묶어 바깥 어두운 데에 내던지라. 거기서 슬피 울며 이를 갈게 되리라" 하니라. 청함을 받은 자는 많되 택함을 입은 자는 적으니라.(마 22:11-14)

하나님은 누가 당신 나라 백성이며 누가 사기꾼인지 아십니다. 하나님나라 혼인잔치에 초대받고 싶다면, 세상의 옷이 아니라 하나님이 입으라고 명하시는 옷을 입어야 합니다. 그분의 말씀을 받아들이고 말씀에 따라 살아야 합니다. 왕의 명령에 따라 우리의 생활방식과 선택이 이루어져야 합니다. 이것이 바로 회개입니다.

회개는 그리스도인의 삶에 매우 중요합니다. 분명히 말하겠습니다. 회개가 없다면 하나님나라에서 살 수 없습니다. 하나님나라와 세상 두 군데에 양다리를 걸치는 일은, 두 남자를 동시에 사귀는 부정한 배우자와 다를 바 없습니다. 야고보는 그것을 단호히 꾸짖었습니다.

"간음한 여인들아 세상과 벗된 것이 하나님과 원수 됨을 알지 못하느냐. 그런즉 누구든지 세상과 벗이 되고자 하는 자는 스스로 하나님과 원수 되는 것이니라. 너희는 하나님이 우리 속에 거하게 하신 성령이 시기하기까지 사모한다 하신 말씀을 헛된 줄로 생각하느냐."(약 4:4-5)

요한도 비슷한 말씀을 적었습니다.

"이 세상이나 세상에 있는 것들을 사랑하지 말라. 누구든지 세상을 사랑하면 아버지의 사랑이 그 안에 있지 아니하니 이는 세상에 있는 모든 것이 육신의 정욕과 안목의 정욕과 이생의 자랑이니 다 아버지께로부터 온 것이 아니요, 세상으로부터 온 것이라. 이 세상도, 그 정욕도 지나가되 오직 하나님의 뜻을 행하는 자는 영원히 거하느니라."(요일 2:15-17)

언젠가 우리는 모두 그리스도의 심판대 앞에 서서 자신의 인생에 대해 해명해야 할 것입니다. 그러므로 여러분, 지금이 바로 회개할 때입니다. 지체하다가는 너무 늦을지도 모릅니다!

"알지 못하던 시대에는 하나님이 간과하셨거니와 이제는 어디든지 사람에게 다 명하사 회개하라 하셨으니, 이는 정하신 사람으로 하여금 천하를 공의로 심판할 날을 작정하시고 이에 그를 죽은 자 가운데서 다시 살리신 것으로 모든 사람에게 믿을 만한 증거를 주셨음이니라."(행 17:30-31)

사랑하는 형제자매 여러분, 성령께서 죄를 지적하심이 양심에 느껴지거든, 회개하는 심령으로 무릎을 꿇고 하나님께 부르짖으십시오. 하나님께서 여러분의 삶을 온전히 주장하시도록 성령께 구하십시오. 매일 겸손하게 성령을 의지하여 걸어갈 수 있게 그분의 도움을 구하십시오.

2 에서의 교훈

내가 속히 오리니 네가 가진 것을 굳게 잡아 아무도 네 면류관을 빼앗지 못하게 하라. 이기는 자는 내 하나님 성전에 기둥이 되게 하리니 그가 결코 다시 나가지 아니하리라. 내가 하나님의 이름과 하나님의 성 곧 하늘에서 내 하나님께로부터 내려오는 새 예루살렘의 이름과 나의 새 이름을 그이 위에 기록하리라. 귀 있는 자는 성령이 교회들에게 하시는 말씀을 들을지어다. 무릇 내가 사랑하는 자를 책망하여 징계하노니 그러므로 네가 열심을 내라. 회개하라. 요한계시록 3:11-13, 19

하나님은 예수 그리스도를 따르는 모든 사람에게 현세와 내세 모든 곳에서 아름다운 미래를 약속하셨습니다. 지금 여러분의 삶이 아무리 힘들고 어렵다 해도, 아름답고 풍성한 삶이 될 수 있습니다. 예수님이 다음과 같이 말씀하셨기 때문입니다.

"내가 온 것은 양으로 생명을 얻게 하고 더 풍성히 얻게 하려는 것이라."(요 10:10)

세상을 살아가면서 우리는 하나님께서 주신 유산을 빼앗기지 않도록 매우 조심해야 합니다. 예수님은 빌라델비아 교회에 말씀하셨습니다.

"네가 가진 것을 굳게 잡아 아무도 네 면류관을 빼앗지 못하게 하라."(계 3:11)

또한 하나님의 자녀가 언제나 명심해야 할 말씀이 있습니다.

"시험에 들지 않게 깨어 있어 기도하라. 마음에는 원이로되 육신이 약

하도다."(막 14:38)

　제 인생에서 몇 번, 하나님이 요구하시는 대로 신중하게 행하지 못하고 자기 확신에 빠져 하나님을 의지하지 않았던 적이 있습니다.
　2001년, 저는 제 능력을 자신하다가 미얀마(버마)의 감옥에 갇혔습니다. 저의 육체가 일어나 저의 영적 지각력을 흐리게 만들었습니다. 주님께 불순종했고 7년형을 선고받아 감옥에 갔습니다. 저는 제 교만과 어리석음을 눈물로 회개했고, 그 결과 저를 불쌍히 여기신 주님의 도움으로 7개월 7일 후 감옥에서 풀려나왔습니다.
　하나님은 그분의 아들을 따르는 모든 사람에게 밝은 미래를 약속하셨습니다. 그러나 지난 몇 년 동안 저는 주님의 종들이 죄와 세상에 대한 사랑 때문에 자신들이 전하는 복음을 훼손하는 모습을 보며 마음이 찢어지는 듯했습니다. 많은 사람들이 하나님이 주신 유산을 잃어버렸고 그들을 위해 세우신 하나님의 계획 역시 뒤엎어 버려서 저는 슬펐습니다.
　성경은 실패한 인생을 산 사람들을 소개하며 우리에게 경고의 메시지를 전합니다. 성경에 등장하는 실패자들도 애초에는 하나님께 아름다운 미래를 약속받았지만 그만 그 유산을 잃어버린 이들입니다.
　에서 이야기는 참으로 비극입니다. 그는 맏아들이고 능숙한 사냥꾼으로 아버지의 사랑을 한 몸에 받았습니다. 그런 에서가 가진 것 중 가장 귀한 것은 장자의 명분이었습니다. 그는 맏아들이어서 아버지가 죽으면 가정을 책임지게 되고 가족의 지도자로서 하나님을 예배하며 가족을 이끌어야 할 자리에 있었습니다. 그렇듯 멋지고 밝은 미래가 있었지만, 성경은 에서가 **장자의 명분을 가볍게 여겼다**고 말하고 있습니다(창 25:34 참조). 사기꾼 동생 야곱은 에서를 쉽게 유혹하였습니다. 에서는 장자의 명분을 고작 팥죽 한 그릇과 바꾸어 버렸습니다. 성경은 그 유감스러운 사건을 다음과 같이 기록하고 있습니다.

"한 번은, 야곱이 죽을 끓이고 있는데, 에서가 허기진 채 들에서 돌아와서, 야곱에게 말하였다. '그 붉은 죽을 좀 빨리 먹자. 배가 고파 죽겠다.' 야곱이 대답하였다. '형은 먼저, 형이 가진 맏아들의 권리를 나에게 파시오.' 에서가 말하였다. '이것 봐라, 나는 지금 죽을 지경이다. 지금 나에게 맏아들의 권리가 뭐 그리 대단한 거냐?' 야곱이 말하였다. '나에게 맹세부터 하시오.' 그러자 에서가 야곱에게 맏아들의 권리를 판다고 맹세하였다. 야곱이 빵과 팥죽 얼마를 에서에게 주니, 에서가 먹고 마시고, 일어나서 나갔다. 에서는 이와 같이, 맏아들의 권리를 가볍게 여겼다."(창 25:29-34, 표준새번역)

장자의 명분을 가볍게 여긴 에서가 참으로 어리석고 불경하다고 판단하기에 앞서, 여러분이 주님께 불순종했던 그 모든 시간을 생각해 보십시오. 슬프게도, 오늘날 팥죽 한 그릇에 영적 유산을 팔아 버리는 하나님의 사람이 수천 명에 이릅니다. 그들 중에는 한때 하나님의 기름부음과 은혜로 움직이던 강력한 선교단체의 리더들도 있습니다.

에서에게 팥죽 한 그릇은 육신의 욕구를 즉시 채워 줄 그 무엇이었습니다. 성경은 그의 상태를 "배가 고파 죽겠다"라고 표현합니다. 많은 사람들이 육체의 욕구에 굴복하여 성적 부도덕과 재정 오용 등 수많은 죄를 지었고, 그 결과 믿음이 깨어지고 복음 증거의 신빙성을 훼손했습니다.

여러분의 삶에도 한 그릇 팥죽이 있을 수 있습니다. 여러분이 잘못된 결정을 내리고 따르면, 여러분의 인생이 파괴되고 말할 수 없이 비참한 고통을 겪을 수 있습니다. 몇 사람만 꼽아 봅시다. 에서, 아담과 하와, 삼손, 솔로몬, 유다, 그리고 아나니아와 삽비라를 생각해 보십시오. 그리스도인이 된 지 어느 정도 된 사람이라면 하나님께 등을 돌리고 장자의 명분을 가볍게 여긴 신자들을 알고 있을 것입니다.

에서에 대한 마지막 언급은 히브리서에 등장합니다.

"너희는 하나님의 은혜에 이르지 못하는 자가 없도록 하고, 또 쓴 뿌리가 나서 괴롭게 하여 많은 사람이 이로 말미암아 더럽게 되지 않게 하며, 음행하는 자와 혹 한 그릇 음식을 위하여 장자의 명분을 판 에서와 같이 망령된 자가 없도록 살피라. 너희가 아는 바와 같이 그가 그 후에 축복을 이어받으려고 눈물을 흘리며 구하되 버린 바가 되어 회개할 기회를 얻지 못하였느니라."(히 12:15-17)

사랑하는 성도 여러분, 방금 읽은 말씀에서는 음행과 에서의 죄를 나란히 언급하고 있습니다. 매우 많은 그리스도인들이 일순간의 성적 쾌락을 얻기 위해 장자의 명분을 기꺼이 내놓았으며, 에서가 그랬듯 제멋대로 내버린 것을 되찾을 수 없었습니다. 잠언은 간음의 결과를 분명히 경고합니다.

"여인과 간음하는 자는 무지한 자라. 이것을 행하는 자는 자기의 영혼을 망하게 하며 상함과 능욕을 받고 부끄러움을 씻을 수 없게 되나니."(잠 6:32-33)

너무나 많은 평신도들, 심지어 설교자들까지도 하나님에 대한 합당한 두려움을 가지지 못하고 돈, 명예, 성적 욕망에 지나친 관심을 기울였습니다. 그 결과 그들은 하나님이 약속하신 밝은 미래를 잃어버렸습니다. 저는 그들의 죄가 부모, 배우자, 자녀들, 그리고 그리스도의 몸 된 다른 지체들에게까지 큰 피해를 안겨 주는 것을 보면서 참으로 마음이 아팠습니다.

사탄은 우리를 유혹해서 넘어지게 만드는 전문가입니다. 그자는 만지고 느끼고 맛볼 수 있는 것으로 우리의 마음을 사로잡으며, 일단 마음이 사로잡히면 우리가 감각적인 욕망을 채우는 일에 앞장서게 된다는 것을 잘 알고 있습니다. 사탄은 감각을 이용해 아담과 하와를 유혹했고 그들은 결국 굴복되었습니다. 그자는 같은 수법으로 예수님을 유혹했지만 우리 주님은 사탄의 계략을 물리치셨습니다. 할렐루야!

"우리에게 있는 대제사장은 우리의 연약함을 동정하지 못하실 이가 아니요, 모든 일에 우리와 똑같이 시험을 받으신 이로되 죄는 없으시니라. 그러므로 우리는 긍휼하심을 받고 때를 따라 돕는 은혜를 얻기 위하여 은혜의 보좌 앞에 담대히 나아갈 것이니라."(히 4:15-16)

사람들은 음욕의 지배를 받을 수 있는데, 그렇게 되면 무지하고 잘못된 결정을 내리게 됩니다. 그리고 결국 자신의 결정에 대해 대단히 무거운 대가를 치릅니다. 저는 사람들이 자신이 선택한 행동의 결과를 예측하지 못했다고 한탄하는 모습을 많이 보았습니다. 그들은 잘못된 행동의 결과로 결혼생활이 파괴되었고, 가정이 깨어졌고, 말할 수 없는 비참함을 겪어야 했습니다.

그러나 감사하게도, 하나님은 당신의 자녀들이 육체의 유혹에 지배당하지 않는 길을 마련해 주셨습니다. 성령의 열매 중 하나는 절제입니다. 절제는 자신을 통제한다는 뜻이 아니라, 하나님을 두려워하고 죄를 미워하도록 우리 안에 거하시며 우리를 도우시는 성령께 순복해야 한다는 의미입니다.

많은 그리스도인들이 제대로 파악하지 못한 중요한 진리가 하나 있습니다. 오로지 하나님의 은혜만이 우리가 유혹을 극복하도록 돕고 우리를 훈련시킬 수 있다는 사실입니다. 바울은 디도에게 말했습니다.

"모든 사람에게 구원을 주시는 하나님의 은혜가 나타나 우리를 양육하시되 경건하지 않은 것과 이 세상 정욕을 다 버리고, 신중함과 의로움과 경건함으로 이 세상에 살고, 복스러운 소망과 우리의 크신 하나님 구주 예수 그리스도의 영광이 나타나심을 기다리게 하셨으니."(딛 2:11-13)

어떤 그리스도인들은 자신의 의지력과 힘만으로 육신의 욕망과 유혹을 정복할 수 있다고 생각합니다. 사생결단을 하고 그 싸움에 나서는 사람도 있지만, 하나님의 은혜에서 힘을 얻지 못한다면 헛된 싸움이 될 가능성이 높습니다. 사도 바울이 골로새의 그리스도인들에게 쓴 말에 주목하십시오.

"여러분이 그리스도와 함께 죽고, 세상의 유치한 원리에서 떠났는데, 어찌하여 아직도 이 세상에 속하여 사는 것과 같이 규정에 얽매여 있습니까? '붙잡지도 말아라. 맛보지도 말아라. 만지지도 말아라' 하니, 웬 말입니까? 이런 것들은 다 한때에 쓰다가 없어지는 것으로서, 사람의 규정과 교훈을 따른 것입니다. 이런 것들은 꾸며 낸 경건과 겸손과 몸을 학대하는 데 지혜를 나타내 보이지만, 육체의 욕망을 억제하는 데는 아무런 유익이 없습니다."(골 2:20-23, 표준새번역)

한 그리스도인이 길을 잃고 하나님의 유산을 망쳐 버릴 수 있는 것처럼, 교회나 한 민족이 같은 방식으로 넘어지는 경우도 있습니다. 하나님은 이스라엘의 죄와 불순종 때문에 그들을 몇 번이나 벌하셨습니다. 그러나 하나님의 징계를 받는 더없이 절망스러운 상황에서도 이스라엘에게는 소망이 있었습니다. 길을 잃은 자에게도 소망이 있는 것입니다.

예레미야는 백성들이 듣기 싫어하는 메시지를 전해 미움을 받았습니다. 다른 선지자들은 평안과 번영을 선포하는데, 예레미야만이 심판과 포로생활을 예언했습니다. 그러나 바벨론 사람들이 와서 하나님의 백성을 끌고 가 노예로 만들었을 때, 완고한 이스라엘 민족도 예레미야의 메시지가 옳았음을 인정해야 했을 것입니다.

그러나 가장 어두운 시간 속에서도 하나님은 짓눌린 하나님의 백성에게 소망의 빛을 주셨습니다. 다음의 말씀은 부분적으로 자주 인용되지만, 이 말씀이 사용된 맥락을 잘 헤아릴 필요가 있습니다. 예레미야는 다음과 같이 예언했습니다.

"여호와께서 이와 같이 말씀하시니라. '바벨론에서 칠십 년이 차면 내가 너희를 돌보고 나의 선한 말을 너희에게 성취하여 너희를 이곳으로 돌아오게 하리라.' 여호와의 말씀이니라. '너희를 향한 나의 생각을 내가 아나니 평안이요 재앙이 아니니라. 너희에게 미래와 희망을 주는 것이니라. 너희가 내게 부르짖으며 내게 와서 기도하면 내가 너희들의 기도를

들을 것이요.'"(렘 29:10-12)

　이스라엘 자손들은 애굽에서 구출된 후 구름기둥과 불기둥을 따라 광야를 다녀야 했습니다. 그것들이 움직이면 그들도 움직여야 했고, 멈출 때는 그들도 멈춰야 했습니다. 뒤처져도 앞서 나가도 안 되었습니다. 그들이 하나님의 임재 안에 머물러 있을 때는 그분의 보호와 인도와 공급하심을 받았습니다. 어리석은 누군가가 하나님의 백성들과 떨어져 혼자 광야로 들어갔다면, 오래 버틸 수 없었을 것입니다. 광야에는 독사와 전갈이 가득했고 물과 음식이 전혀 없었습니다. 하늘에서 떨어지는 만나와 메추라기는 하나님의 백성들이 머무는 진영에만 떨어졌고 광야의 다른 곳에는 떨어지지 않았습니다. 가데스의 반석에서 터져 나온 물은 그곳에 진을 친 백성들을 만족시켰습니다. 누군가가 광야 저 멀리 뒤떨어져 있었다면 아무것도 누릴 수 없었을 것입니다.

　혹시 여러분의 삶을 향한 하나님의 계획을 놓쳐 버렸습니까? 올바른 궤도에서 벗어나 몇 년째 불기둥과 구름기둥을 찾느라 헤매고 있습니까? 영적 공급하심이 끊기고 위험하고 파괴적인 세력들의 끊임없는 공격을 받고 있습니까? 만약 그렇다면 기쁜 소식이 있습니다!

　여러분에게는 돌아갈 길이 있습니다. 그 길은 바로 맨 처음 여러분을 유혹해 길을 잃게 만들었던 죄와 불순종을 철저히 회개하고 뉘우치는 것입니다. 자기 삶을 스스로 꾸려 나가려는 시도를 그만두고, 예수 그리스도의 주 되심에 진정으로 순복해야만 실패에서 벗어날 수 있음을 깨달아야 합니다. 자기 뜻을 행하기를 그치고, 하나님의 뜻에 순종하십시오. 하나님을 철저히 의존하지 않고는 살 수 없는 존재임을 인정하십시오. 그러면 하나님께서 여러분에게 바른길, 하나님의 자녀들의 진영으로 되돌아가는 길을 보여 주십니다. 그리고 예수님이 여러분을 다시 맞아 주십니다.

　"아버지께서 내게 주시는 자는 다 내게로 올 것이요, 내게 오는 자는 내가 결코 내쫓지 아니하리라."(요 6:37)

혹 지금까지 주님을 충실히 따라왔고 주님의 진영에서 벗어난 상황이 아니라면, 하나님의 신실하심과 긍휼에 감사하십시오. 그리고 여러분의 육체는 늘 여러분을 속일 방법을 찾고 있는 교활한 적임을 깨닫고 계속 신중히 행하십시오. 자신의 재능과 능력으로 예수님과 동행했다는 교만한 생각은 결코 품지 마십시오. 지금 여러분이 서 있을 수 있는 것은 오직 그분의 풍성하신 은혜 덕분입니다. 바울은 빌립보 교회를 향해 다음과 같이 격려하고 훈계했습니다.

"그러므로 나의 사랑하는 자들아, 너희가 나 있을 때뿐 아니라 더욱 지금 나 없을 때에도 항상 복종하여 두렵고 떨림으로 너희 구원을 이루라. 너희 안에서 행하시는 이는 하나님이시니 자기의 기쁘신 뜻을 위하여 너희에게 소원을 두고 행하게 하시나니."(빌 2:12-13)

사랑하는 형제자매 여러분, 같은 순례자로서 권합니다. 주님께 순종하고 그분을 따라가십시오. 경건한 삶을 살고 하나님이 여러분에게 맡기신 경주를 끝까지 달려가십시오. 그 과정에서 어떤 고통과 어려움, 싸움과 유혹, 시련을 만나더라도 포기하지 마십시오. 여러분 가운데 "착한 일을 시작하신 이가 그리스도 예수의 날까지 이루실 줄"(빌 1:6) 확신하십시오.

주 안에서 굳건히 서고 하나님의 원칙을 포기하지 마십시오.

"여러분의 확신을 버리지 마십시오. 그 확신에는 큰 상이 달려 있습니다. 여러분이 하나님의 뜻을 행하고 나서, 그 약속해 주신 것을 받으려면, 인내가 필요합니다."(히 10:35-36, 표준새번역)

3 용서

여호와여 내가 깊은 곳에서 주께 부르짖었나이다. 주여 내 소리를 들으시며 나의 부르짖는 소리에 귀를 기울이소서. 여호와여 주께서 죄악을 지켜보실진대 주여 누가 서리이까. 그러나 사유하심이 주께 있음은 주를 경외하게 하심이니이다. 시편 130:1-4

부당한 대우를 당했습니까? 누군가로부터 이유 없이 상처를 받았습니까?

평생을 동굴에서 혼자 산 사람이 아니라면, 다들 틀림없이 그런 경험이 있을 것입니다.

세상은 원한과 원통함으로 가득 차 있습니다. 즉, 세상의 영적·정치적 구조 전체가 원통함에 근거해 세워졌다고 말할 수 있습니다.

오늘날 세계를 위협하고 있는 테러리즘의 해결책은 하나뿐입니다. 군사력으로는 결코 그 문제를 풀 수 없습니다. 총과 폭탄으로는 영적 질병을 이길 수 없기 때문입니다. 우리가 바랄 것은 하나님이 허락하시는 진정한 부흥뿐입니다. 부흥의 물결은 수백만 명의 사람들을 하나님나라 백성으로 바꿔 놓을 것이며, 그들을 철저히 변화시키고 증오 대신 사랑을, 원한 대신 용서를 심어 줄 것입니다. 예수님의 생명수는 테러리즘의 진원 지역들에 들어가 예수 그리스도의 십자가로 새 생명과 소망을 전해 줄 수 있습니다.

저는 전 세계를 다니며 수많은 그리스도인들과 만났고, 다른 사람들을 용서하는 문제로 오랫동안 힘겨운 싸움을 해 온 사람이 많음을 알게 되었습니다. '용서하는 삶이 주는 자유'는 예수 그리스도와의 관계를 통해서만 시작될 수 있습니다.

용서치 못하면 원한을 품게 되고, 원한의 쓴 뿌리는 신자의 삶에서 생명수가 흘러나오지 못하도록 막아 버립니다. 쓴 뿌리가 너무 깊이 자리 잡으면 한 사람의 인격 전체가 뒤틀리고 변형돼 버립니다.

그리스도 안에서 온전해지기 위해서는 우선 자신의 죄와 실패를 자신의 책임으로 받아들여야 합니다. 아무리 끔찍한 일들을 겪었어도, 우리 죄에 대해 다른 사람을 탓해 봐야 소용없습니다. 상처를 받으면 우리는 고통을 피하려 드는 인간의 본성 때문에 본능적으로 상처를 준 사람을 멀리하며 움츠리게 됩니다.

바로 여기서 중요한 결정을 내릴 상황이 벌어집니다. 고통을 안겨 준 사람에게서 물러날 때, 우리는 그에게 원한을 품을지 말지 결정하게 됩니다.

용서하기를 거부할 때 원한이 생겨납니다. 원한은 자신이 당한 억울한 일에 매달리는 것입니다. 성경은 그리스도인이 원한에 무너지면 자신뿐 아니라 다른 사람들도 망하게 만든다고 가르칩니다.

"너희는 하나님의 은혜에 이르지 못하는 자가 없도록 하고 또 쓴 뿌리가 나서 괴롭게 하여 많은 사람이 이로 말미암아 더럽게 되지 않게 하며."(히 12:15)

원한에 사로잡힌 사람은 그 마음의 독을 주위 사람들에게도 퍼뜨립니다. 원한 때문에 친구 사이가 깨지기도 하는데, 그렇게 되면 두 사람을 아는 친구들은 둘 중 한쪽을 선택해야 하는 상황에 처하게 되고, 결국 더 많은 문제와 고통이 뒤따릅니다.

원한은 독이 있는 뿌리와 같아서 그냥 내버려 두면 마음의 정원에 터를 잡고 자라납니다. 보통 우리는 그 뿌리는 보지 못하고 표면적인 문제만 봅니다. 많은 사람들이 시간과 정성을 들여 겉모습만 가꾸고 있습니다. 눈에 보이는 잡초만 뜯는 셈이지요. 하지만 정작 해야 할 일은 따로 있습니다. 땅 밑으로 들어가 뿌리를 파내는 일입니다.

원한의 쓴 뿌리에 대한 히브리서의 말씀은 이렇게 시작됩니다.

"너희는 하나님의 은혜에 이르지 못하는 자가 없도록 하고."(히 12:15)

다른 번역본에서는 하나님의 은혜에서 **"떨어져 나가는"** 일이 없도록 조심하라고 표현하고 있습니다. 그렇습니다. 원한에 빠지면 하나님의 은혜에서 떨어져 나가고 맙니다.

중국에서 복음을 전하다 처음으로 체포되었을 때 정말 힘들었습니다. 저는 하나님의 종으로서 뭔가 특별한 처우를 받을 자격이 있다고 늘 생각했습니다. 제가 기대한 방식은 아니었지만, 저는 감옥에서 정말 특별대우를 받았습니다! 얼마나 심하게 얻어맞았던지 제 몸은 온통 피로 물들고 성한 구석이 한 군데도 없었습니다. 머리카락도 상당 부분 뽑혀 나갔습니다.

저는 제게 이런 짓을 한 사람들에게 한동안 원한을 품었습니다. 하지만 은혜로우신 주님은 다른 사람들의 잘못을 용서하지 않고 버텨 봐야 아무 소용이 없음을 가르쳐 주셨습니다. 용서치 않으면 두 가지 상황이 벌어집니다. 첫째, 제 마음이 강퍅해지고 원한의 쓴 뿌리가 자리를 잡습니다. 둘째, 예수 그리스도와의 관계가 손상을 입습니다. 저는 제 마음속에 자기의가 가득했음을 깨닫게 되었습니다. 저는 사실상 하나님께 다음과 같이 말하고 있었던 것입니다.

"저는 하나님과 특별한 관계이니 반드시 은혜를 받아야 합니다. 다른 사람들이야 잘못한 게 있으니 벌을 받아야 마땅하지 않습니까?"

하지만 그건 제 생각일 뿐이었습니다. 예수님은 다음과 같이 가르치셨습니다.

"긍휼히 여기는 자는 복이 있나니, 그들이 긍휼히 여김을 받을 것임이오."(마 5:7)

하나님은 당신께서 우리의 죄와 잘못을 용서하신 것처럼, 우리도 다른 사람들의 잘못을 용서하기 바라십니다. 더 나아가 예수님은 우리가 용서를 받는 여부를, 우리가 다른 사람을 용서하는 여부와 연결시켜 말씀하셨습니다.

"너희가 사람의 잘못을 용서하면 너희 하늘 아버지께서도 너희 잘못을 용서하시려니와 너희가 사람의 잘못을 용서하지 아니하면 너희 아버지께서도 너희 잘못을 용서하지 아니하시리라."(마 6:14-15)

우리 마음에서 원한 가운데 자리 잡은 완강한 쓴 뿌리를 캐내는 길은 하나뿐입니다. 그것은 바로 용서입니다.

용서치 않음으로 인해 길을 잃고 영적 포로 신세로 살아가는 하나님의 자녀들이 매우 많습니다. 그들은 하나님의 음성을 듣지 못하고 있으며, 삶의 방향을 잃어버려 기쁨 없이 살아갑니다.

그렇다면 다른 사람들을 어떻게 용서해야 할까요? 사도 바울은 말합니다.

"서로 친절하게 하며 불쌍히 여기며 서로 용서하기를 하나님이 그리스도 안에서 너희를 용서하심과 같이 하라."(엡 4:32)

"누가 누구에게 불만이 있거든 서로 용납하여 피차 용서하되 주께서 너희를 용서하신 것같이 너희도 그리하고."(골 3:13)

우리는 예수 그리스도가 우리를 용서하신 것같이 다른 사람들을 용서해야 합니다. 여러분, 예수님은 우리를 어떻게 용서하셨습니까?

무조건적으로!

값없이!

아낌없이!

예수님은 우리의 지난 잘못을 전혀 기억하지 않고 전부 용서하셨습니다. 잘못한 사람이 먼저 용서를 구해야만 용서를 베풀 수 있다고 생각하지 마십시오. 그것은 대단히 그릇된 생각입니다. 성난 군중이 예수님의 피를 요구하며 부르짖던 바로 그 순간에, 그분은 다음과 같이 기도하셨습니다.

"아버지 저들을 사하여 주옵소서 자기들이 하는 것을 알지 못함이니이다."(눅 23:34)

저는 복음을 위해 감옥에서 수십 년을 보낸 많은 중국인 제자들을 압니다. 말할 수 없이 끔찍한 일들을 당했지만 그들의 영혼은 자유롭습니다! 자기를 핍박한 간수들과 경찰들이 찾아와 용서를 구하지도 않았지만 오래 전에 그들을 용서했습니다.

사랑하는 형제자매 여러분, 여러분에게 가장 극악한 죄를 저지르고도 아직까지 그 사실을 인정하지 않고 그럴 기미조차 보이지 않는 사람이 있습니까? 그래도 그를 용서해야 합니다. 그 사람을 진심으로 용서할 수 있다면, 여러분은 자유를 얻을 것입니다. 여러분을 가두었던 감옥 문이 마침내 열릴 것입니다.

화해를 위해서는 양쪽이 함께 모여 서로 다른 점을 맞춰 가야 합니다. 그러나 용서는 한쪽만 있으면 됩니다. 나를 아프게 한 사람을 용서할 때, 용서받는 이가 자유를 얻는 것이 아닙니다. 용서하는 이가 자유를 얻습니다. 나를 힘들게 했던 그 사람이 자유를 얻고자 한다면, 그가 직접 주님께 나아가야 할 것입니다. 우리는 더 이상 원한의 짐을 질 필요가 없습니다!

용서하면 극악한 범죄를 저지른 사람이 벌을 면한 채 빠져나가게 될 것이라 생각하지 마십시오. 천만의 말씀입니다. 용서는 복수의 열망을 포기하고 하나님의 손에 자신을 맡기는 행위입니다. 성경의 말씀을 들어 보십시오.

할 수 있거든 너희로서는 모든 사람과 더불어 화목하라. 내

> 사랑하는 자들아 너희가 친히 원수를 갚지 말고 하나님의 진노하심에 맡기라. 기록되었으되 원수 갚는 것이 내게 있으니 내가 갚으리라고 주께서 말씀하시니라. 네 원수가 주리거든 먹이고 목마르거든 마시게 하라. 그리함으로 네가 숯불을 그 머리에 쌓아 놓으리라.(롬 12:18-20)

복음의 본질은 하나님과 우리의 관계를 회복하는 것이며 우리와 다른 사람들의 관계 역시 회복하는 것입니다. 그리고 삶을 통해 회복의 모습을 보여 주지 못하면, 우리가 전하는 복음은 힘을 잃고 맙니다. 우리가 입으로는 하나님은 우리 죄를 용서하신다고 외쳐 대도, 행위로는 다른 사람들에게 용서를 베풀지 않는 모습을 드러내기 때문입니다. 예수님은 다음과 같이 가르치셨습니다.

> 너희가 만일 너희를 사랑하는 자만을 사랑하면 칭찬받을 것이 무엇이냐. 죄인들도 사랑하는 자는 사랑하느니라. 너희가 만일 선대하는 자만을 선대하면 칭찬받을 것이 무엇이냐. 죄인들도 이렇게 하느니라. 오직 너희는 원수를 사랑하고 선대하며 아무것도 바라지 말고 꾸어 주라. 그리하면 너희 상이 클 것이요 또 지극히 높으신 이의 아들이 되리니 그는 은혜를 모르는 자와 악한 자에게도 인자하시니라. 너희 아버지의 자비로우심같이 너희도 자비로운 자가 되라.(눅 6:32-33, 35-36)

혹자는 이런 생각을 할지 모르겠습니다.
'당신은 이해 못합니다. 나는 원통함을 느낄 **권리**가 있어요. 용서라는 게 말이야 쉽지요. 누군들 용서할 생각을 안 해 본 줄 아세요? 다 소용없었어요.'

또 이렇게 말하는 분들도 있겠지요.

"더없이 끔찍한 상황을 겪은 사람들에게 가해자를 용서하라고 말할 순 없습니다! 피해자들에게 그런 짐까지 지울 수는 없다고요."

그러나 그렇게 말하고 있는 분들은 용서가 무엇인지 전혀 이해하지 못하고 있는 것입니다. 용서는 짐이 아니라 초청입니다.

저도 어려운 일들을 겪었습니다. 손톱 밑으로 날카로운 바늘을 찔러 넣는 고문을 당하다 고통에 못 이겨 기절하기도 했습니다. 제 두 다리는 간수들에게 맞아 으스러졌습니다. 온몸이 엉망이 되는 바람에 면회 온 가족이 저를 알아보지 못한 적도 있습니다. 그때 저를 본 가족은 간수에게 엉뚱한 사람을 데려왔다고 말했습니다. 태어날 때부터 있던 제 몸의 반점을 확인하고 나서야 가족은 눈앞에 있는 흉측한 몰골이 저라는 것을 인정했습니다. 입장이 다르던 그리스도인 지도자들이 저에 대해 거짓말을 하고 비난했던 적도 있었습니다. 사실, 그런 일이 하도 많아 다 기억할 수도 없습니다. 하지만 하나님의 은혜로 저는 제게 고통을 안겨 준 모든 사람을 용서했습니다.

요셉은 쉽사리 원한을 품을 수 있는 상황에 놓여 있었습니다. 요셉이 겪은 어려움을 생각해 보십시오. 열일곱 어린 나이에 형들에게 배신당해 이국땅에 노예로 팔려 갔습니다. 애굽에서는 강간 미수라는 누명을 뒤집어쓰고 짓지도 않은 죄 때문에 감옥에서 세월을 썩혀야 했습니다.

이 모든 일은 하나님이 요셉에게 비전을 주신 **이후**에 벌어졌습니다. 그러므로 요셉은 원한의 유혹과 싸웠을 것입니다.

'어떻게 형들이 내게 이럴 수 있을까?'

이와 같은 생각이 불쑥불쑥 솟구쳤을 것입니다. 그는 원한을 느끼며 얼마든지 정당화할 수 있었습니다. 하지만 요셉은 원한을 품지 않았습니다. 다만, 자신이 무엇보다 하나님께 속한 자임을 깨달았고 하나님나라의 법과 원리에 따라 살아가는 쪽을 선택했습니다.

요셉이 내면에서 싸움을 벌이던 그 기간 동안, 하나님은 그의 마음에 하나의 교훈을 빚으셨습니다. 그것은 바로 용서의 교훈이었습니다. 덕분에 요셉은 용서에 대해 말할 수 있는 자리에서 더 나아가 용서의 산증인이 되었습니다.

지금까지 용서에 대한 설교를 백 번도 넘게 들었다 해도, 용서의 메시지가 여러분의 삶에 실제로 나타나게 하는 방법은 단 하나뿐입니다. 그것은 누군가 용서하는 기회를 붙드는 것입니다. 요셉은 선택의 기로에 서 있었습니다. 어려운 일들을 겪으면서 원한을 품어 마음이 강퍅해질 수도 있었고, 토기장이의 손에 놓인 부드러운 진흙이 될 수도 있었습니다. 그는 두 번째를 택했습니다. 요셉이 원한을 품지 않았음을 어떻게 아느냐고요? 감옥에서 만난 모든 이들이 그를 좋아하지 않습니까. 원한을 품은 사람은 남들의 호감을 얻지 못하는 법입니다.

마침내 하나님은 상황을 바꿔 놓으셨고, 요셉은 죄수에서 애굽의 제2 권력자로 기적 같은 신분상승을 경험했습니다. 성경은 "요셉이 애굽 왕 바로 앞에 설 때에 삼십 세라"(창 41:46)라고 말합니다. 요셉이 형들의 손에 팔려 험한 삶을 시작한 지 장장 13년 만의 일이었습니다.

요셉이 마침내 형들과 대면하게 되었을 때, 그에게서는 어떤 원한의 기색도 찾을 수 없습니다. 마음만 먹었다면 새롭게 얻은 강력한 권력을 휘둘러 형들에게 얼마든지 복수할 수 있었을 것입니다. 하지만 그에게서는 형들에 대한 사랑 외의 다른 감정을 읽을 수가 없습니다. 형들은 그를 두려워하여 서로 다음과 같이 묻기까지 했습니다.

"요셉이 혹시 우리를 미워하여 우리가 그에게 행한 모든 악을 다 갚지나 아니할까."(창 50:15)

그러나 그것은 부질없는 염려였습니다. 하나님이 요셉의 성품을 얼마나 바꿔 놓으셨는지, 그는 눈앞에 나타난 형들을 보고 기쁨의 눈물을 참느라 애를 먹을 정도였습니다.

요셉은 자아가 깨어지고 하나님을 깊이 신뢰하는 사람이 되었습니다. 그는 형들에게 다음과 같이 말할 수 있었습니다.

"두려워하지 마소서, 내가 하나님을 대신하리이까. 당신들은 나를 해하려 하였으나 하나님은 그것을 선으로 바꾸사 오늘과 같이 많은 백성의 생명을 구원하게 하시려 하셨나니 당신들은 두려워하지 마소서. 내가 당신들과 당신들의 자녀를 기르리이다."(창 50:19-21)

여러분은 인생에서 그지없이 고통스러운 경험을 했습니까? 혹 경험했다면 간곡히 권합니다. 그래도 값없이 상대를 용서하십시오. 왜냐하면 여러분은 예수님께 모든 죄와 잘못을 용서받은 자이기 때문입니다.

예수님은 용서의 길을 함께 걸어가자고 우리를 초청하십니다. 그 길은 자유의 길이며 용서는 하나님이 주신 위대한 선물입니다. 우리는 서로 용서할 때 사람에게 상처받거나 배신과 끔찍한 일이 잦은 이 악한 세상에서 살아갈 수 있습니다. 용서의 삶 속에서 살 때, 여러분은 비로소 자유를 누리게 될 것입니다.

사랑하는 형제자매 여러분, 이 책을 내려놓고 잠시 기도의 시간을 가지십시오. 여러분의 마음속에 용서하지 못한 사람이 있는지 알려 달라고 성령께 구하십시오. 펜과 종이를 꺼내 과거에 여러분에게 잘못을 저질렀던 사람들, 아직 여러분이 주님께 온전히 넘기지 못한 사람들의 이름을 적으십시오.

그리고 이제 그들의 이름을 하나하나 불러 가며 하나님이 그들을 용서해 주시기를 구합시다. 그들을 하나님의 손에 맡길 수 있도록 도와 달라고, 그래서 여러분이 자유를 얻게 해 달라고 구합시다. 원한을 품고 용서치 않는 마음은 감옥과 같습니다. 그런 마음은 다른 사람들을 속박할 뿐 아니라 여러분 자신도 파괴합니다. 예수님은 위대한 정원사이십니다. 그분은 여러분의 마음속 가장 깊은 곳에 있는 원한의 쓴 뿌리도 능히 뽑아 내실 수 있습니다.

예수 그리스도의 이름으로 권면합니다. 모든 원한을 벗어 버리고 용서하는 법을 배우십시오. 절대 미루지 마십시오. 자칫 원한의 뿌리를 깊게 내리게 되면 여러분의 삶에서 뽑아내기 어려워집니다. 성경의 말씀을 들어 보십시오.

> 그러나 너희 마음속에 독한 시기와 다툼이 있으면 자랑하지 말라. 진리를 거슬러 거짓말하지 말라. 이러한 지혜는 위로부터 내려온 것이 아니요 땅 위의 것이요 정욕의 것이요 귀신의 것이니 시기와 다툼이 있는 곳에는 혼란과 모든 악한 일이 있음이라.(약 3:14-16)

주님을 찬양하십시오! 주님은 여러분을 자유롭게 하실 수 있습니다. 예수님은 여러분의 삶에서 생명수가 흘러넘쳐 주위 사람들에게 축복과 활력을 전해 주기 원하십니다. 용서하지 않고는 결코 축복의 그릇이 될 수 없습니다. 과거를 깨끗하게 씻고 앞으로 나가기 원한다면, 예수님께 용서하며 사는 법을 가르쳐 달라고 구하십시오. 그러면 앞으로 마음 상하는 일이 있어도 금세 그 일을 내려놓고 하나님께 모든 것을 맡겨 드릴 수 있을 것입니다.

용서하는 삶을 살 때 여러분은 참으로 자유하게 될 것입니다!

4 돌아서지 맙시다

하늘을 두루마리 삼고 바다를 먹물 삼아도 한없는 하나님의 사랑 다 기록할 수 없겠네. 하나님의 크신 사랑 그 어찌 다 쓸까. 저 하늘 높이 쌓아도 채우지 못하리. 1917년 캘리포니아의 어느 정신병동 벽에 적힌 글

우리가 사랑함은 그가 먼저 우리를 사랑하셨음이라. 요한일서 4:19

하나님의 가장 큰 지상 계획은 구원 계획입니다. 구원은 우리가 아니라 하나님께로부터 나오는 것임을 알아야 합니다. 성경은 하나님이 우리를 먼저 사랑하셨기 때문에 우리가 하나님을 사랑한다고 말합니다. 예수님도 제자들에게 분명히 말씀하셨습니다.

"너희가 나를 택한 것이 아니요, 내가 너희를 택하여 세웠나니 이는 너희로 가서 열매를 맺게 하고 또 너희 열매가 항상 있게……하려 함이라."(요 15:16)

여러분을 사랑하시는 예수님은, 예수님 자신을 따르게 하시고자 여러분을 부르셨습니다. 예수님은 마음을 가라앉히고 경청하는 모든 자녀들에게 자신의 비전과 계획을 들려주십니다. 예수님을 섬길 힘은 하나님이 주신다는 것을 깨달을 때, 우리 안에 흔들림 없는 믿음과 담대함이 생겨납니다.

"그러므로 우리가 담대히 말하되 주는 나를 돕는 이시니 내가 무서워하지 아니하겠노라 사람이 내게 어찌하리요 하노라."(히 13:6)

여러분이 이 말씀에 힘입어 전심으로 주 예수 그리스도를 섬길 마음을 갖게 되기를 기도합니다. 그래서 여러분의 삶을 통해 왕 중의 왕께서 영광 받으시고, 많은 잃어버린 영혼이 하나님나라로 돌아가기를 기도합니다.

하나님이 자신의 계획과 전략을 알려 주시면, 우리는 순종하여 앞으로 나아가고 공격과 반대에 부딪혀도 물러서지 말아야 합니다. 하늘의 부르심이 우리 삶에 주어졌다고 해서 이제부터 모든 일이 순조롭게 풀릴 거라고 생각해선 안 됩니다. 오히려 사탄은 하나님의 보좌에서 나오는 계획들만 공격 대상으로 삼습니다. 그 외에 그리스도인들이 벌이는 온갖 계획들과 프로그램들은 사탄의 지상 나라에 별다른 위협이 되지 않습니다. 하지만 우리의 적 사탄은 하나님의 기름부음이 느껴지는 계획은 두려워합니다. 그런 전략은 사탄의 사악한 나라를 박살낼 수 있기 때문입니다.

예수님의 제자들은 복음을 세상 끝까지 전하라는 하나님의 부르심을 받았습니다. 그들은 부르심에 순종해 하나님의 능력으로 나아갔고, 맡은 사명을 감당하기 위해 값비싼 대가를 치렀습니다. 사도들의 죽음이 어떠했는지에 대해서는 아직도 여러 의견들이 분분하지만 역사가들은 사도들이 우리가 상상할 수 있는 가장 야만적인 방식으로 순교했음을 말해 왔습니다. 오랜 세월 동안, 중국의 그리스도인들은 〈주를 위한 순교자들〉이라는 힘찬 노래를 불러 왔습니다. 노래의 가사는 예수님을 따르던 초대교회 신자들의 마지막을 기억하고 그들의 발자취를 따르도록 촉구하는 내용입니다.

오순절에 교회가 태어난 이래
주님을 따르는 자들은 기꺼이 목숨을 바쳤네
복음을 흥왕하게 하고자 수만 명이 목숨을 잃었고

마침내 생명의 면류관을 얻었네

(합창)
주를 위해 순교하세 주를 위해 순교하세
나 주님 위해 기꺼이 죽으리니 큰 영광이겠네
주님을 끝까지 사랑했던 사도들은
주님 따라 기꺼이 고난의 길 걸어갔네
요한은 밧모 섬에 외로이 유배당했고
스데반은 성난 군중의 돌 맞아 죽었네
마태는 페르시아에서 폭도의 칼에 찔려 죽었고
마가는 양다리에 묶인 말 두 필이 반대 방향으로 달려
찢겨 죽었네
의원 누가는 잔인하게 목 매달렸고
베드로, 빌립, 시몬은 십자가에 못박혔네
바돌로매는 이교도들의 손에 산 채로 가죽이 벗겨졌고
도마는 인도에서 다섯 필의 말에 사지와 머리가 묶여
찢겨 죽었네
사도 야고보는 헤롯 왕에게 목이 잘려 죽었고
작은 야고보는 날카로운 톱에 몸이 반으로 잘렸으며
유다는 기둥에 묶여 화살세례를 맞았네
맛디아는 예루살렘에서 목이 잘렸고
바울은 네로 황제 치하에서 순교했네
나도 십자가를 지고 앞으로 나가
사도들을 따라 희생의 길을 가리
수만 명의 소중한 영혼 구하기 위해
내 모든 것 버리고 주를 위해 순교자 되리

신약성경이 기록된 이후 지난 20세기 동안, 전 세계에서 수백만의 사람들이 그리스도를 따르다 죽임을 당해 순교자의 면류관을 얻었습니다. 남녀노소 가릴 것 없이, 그들 모두 주 예수님을 사랑했고 하늘의 부르심을 받은 사람들이었습니다. 하지만 그 부르심에 순종해 걸어가는 길에서, 그들은 자신들을 위해 먼저 죽으신 하나님을 위해 피 흘리며 죽어야 했습니다. 사정이 이러하므로, 여러분이 받은 비전이 극심한 반대에 부딪힌다 해도 놀랄 것 없습니다. 하나님께 순종하며 걸어가는 길에 고난과 핍박이 가득하다 해도 놀랄 것 없습니다.

주님과 주님을 따르는 자들이 맺은 언약은 피 뿌림 위에 세워져 있습니다. 이것은 매우 귀한 언약입니다. 예수님은 제자들에게 말씀하셨습니다.

"이 잔은 내 피로 세우는 새 언약이니 곧 너희를 위하여 붓는 것이라."
(눅 22:20)

예수님은 우리를 위해 궁극적인 헌신을 하셨습니다. 자기 목숨을 버려 어린양처럼 힘없이 죽임당하신 것입니다. 그것은 친히 "몸인 교회의 머리"가 되려 하심이며 "그가 근본이시요 죽은 자들 가운데서 먼저 나신 이시니 이는…… 친히 만물의 으뜸이 되려 하심"(골 1:18)입니다.

우리를 위해 죽으신 예수님의 헌신은 신앙의 기초 진리입니다. 그렇기 때문에 성찬에 참여할 때마다 두렵고 겸손한 자세로 임해야 합니다. 이것은 마땅히 두렵게 여겨야 할 특권입니다. 성찬의 의미를 소홀히 여기고 함부로 대하는 이들은 예수 그리스도의 희생을 함부로 대하는 위험한 자리에 서 있는 것입니다. 그래서 성경은 이렇게 가르칩니다.

"주의 몸을 분별하지 못하고 먹고 마시는 자는 자기의 죄를 먹고 마시는 것이니라. 그러므로 너희 중에 약한 자와 병든 자가 많고 잠자는 자도 적지 아니하니 우리가 우리를 살폈으면 판단을 받지 아니하려니와."(고전 11:29-31)

예수님과 제자들이 맺은 언약은 그리스도의 피 흘림과 희생에 근거하고 있습니다. 하지만 우리는 어떻습니까? 어느 정도 평화롭고 차분한 가운데 예수님을 섬기기 원하는 것이 과연 마땅한 일이겠습니까? 예수님이 우리를 위해 베푸신 것과 동일한 헌신이 있어야 하지 않겠습니까? 이에 대해 성경은 매우 분명히 말하고 있습니다.

> 이를 위하여 너희가 부르심을 받았으니 그리스도도 너희를 위하여 고난을 받으사 너희에게 본을 끼쳐 그 자취를 따라오게 하려 하셨느니라.(벧전 2:21)

> 내가 너희에게 종이 주인보다 더 크지 못하다 한 말을 기억하라. 사람들이 나를 박해하였은즉 너희도 박해할 것이요, 내 말을 지켰은즉 너희 말도 지킬 것이라. 그러나 사람들이 내 이름으로 말미암아 이 모든 일을 너희에게 하리니 이는 나를 보내신 이를 알지 못함이라.(요 15:20-21)

보십시오. 우리는 고난당하신 주님을 따르도록 부름 받았습니다. 더 나아가 주님의 나라를 위해 고난을 받고 끝까지 견디도록 부름 받았습니다. 여러분이 하나님께 받은 소명이 있습니까? 그것이 현실로 나타나려면 용기와 믿음과 인내가 필요합니다. 바울은 "그리스도 예수의 좋은 병사로 나와 함께 고난을 받으라"(딤후 2:3)고 디모데를 격려했습니다.

박해와 고난은 지구 반대편에 사는 그리스도인들에게만 해당하는 일이라고 생각하지 마십시오. 아닙니다! 어느 문화, 나라, 정부에 속했건 그리스도를 따르는 모든 사람에게는 박해와 고난이 약속되어 있습니다.

"무릇 그리스도 예수 안에서 경건하게 살고자 하는 자는 박해를 받으리라. 악한 사람들과 속이는 자들은 더욱 악하여져서 속이기도 하고 속기도 하나니."(딤후 3:12-13)

하나님을 따르고 그분의 나라를 위해 큰일을 하고 싶습니까? 참으로 좋은 생각입니다.

그러나 먼저 알아야 할 사실이 있습니다. 주님을 위해 열매 맺는 삶을 향해 나아가다 보면 많은 반대와 비방, 비난과 거짓 고소, 그리고 고통을 만나게 될 것입니다. 사람들은 여러분을 오해하고 여러분의 동기를 의심할 것입니다. 사탄은 여러분의 진전을 가로막기 위해 여러분의 앞길에 온갖 장애물을 가져다 놓을 것입니다. 저도 오랫동안 그런 일을 겪었고, 사도 시대부터 오늘날까지 하나님께 쓰임 받은 모든 사람이 동일한 경험을 했습니다.

그러나 좋은 소식이 있습니다. 우리 주님은 그분이 주신 비전을 따라가는 그분의 자녀 모두에게 위로와 은혜를 베푸십니다. 주님은 우리 힘으로 알아서 하도록 우리를 내버려 두지 않으십니다. 그렇지 않다면 우리 중 어느 누구도 살아남지 못할 것입니다. 주님의 사랑은 가장 암울한 시기에도 저를 떠받쳐 주었습니다. 복음 때문에 주를 위해 감옥에 갇혔을 때에는 한량없는 주님의 위로가 저를 붙들어 주었습니다. 사탄과 악인들이 여러분을 어떻게 공격할지 모릅니다. 하지만 하나님의 사랑은 그 어떤 공격도 넉넉히 이깁니다. 이 사실을 알았던 사도 바울은 다음과 같이 힘 있는 말씀을 기록했습니다.

> 누가 우리를 그리스도의 사랑에서 끊으리요. 환난이나 곤고나 박해나 기근이나 적신이나 위험이나 칼이랴. 기록된 바 우리가 종일 주를 위하여 죽임을 당하게 되며 도살당할 양같이 여김을 받았나이다 함과 같으니라. 그러나 이 모든 일에 우리를 사랑하시는 이로 말미암아 우리가 넉넉히 이기느니라. 내가 확신하노니 사망이나 생명이나 천사들이나 권세자들이나 현재 일이나 장래 일이나 능력이나 높음이나 깊음이나 다른 어

떤 피조물이라도 우리를 우리 주 그리스도 예수 안에 있는 하나님의 사랑에서 끊을 수 없으리라.(롬 8:35-39)

하늘의 비전에 순종하며 나아갈 때 용기를 내십시오! 하나님이 여러분을 도우셔서 하늘의 비전이 이루어지게 하실 것입니다. 그리고 어둠의 세력에 맞서 싸울 준비를 하십시오. 절대 포기하지 않겠다고 굳게 결심하십시오. "우리는 뒤로 물러가 멸망할 자가 아니요 오직 영혼을 구원함에 이르는 믿음을 가진 자"(히 10:39)이기 때문입니다.

5 성령의 잉태 계시(vision)가 없으면 백성들은 망하나. 잠언 29:18, 우리말성경

누가복음에는 마리아가 하나님의 아들 구세주를 성령으로 잉태하고 출산하는 놀라운 사실이 기록되어 있습니다. 하나님은 비할 바 없는 지혜로 그분의 아들이 안전하게 출생하도록 하셨으나, 예수님을 없애려는 사탄의 계략은 계속되었습니다. 사탄은 새로 나신 왕을 제거하기 위해, 헤롯을 부추겨 베들레헴에서 태어난 두 살 아래의 모든 사내아이를 죽이게 했습니다. 그러나 다시 한 번 하나님은 무한한 능력으로 당신의 아들을 보호하셨고, 살육이 시작되기 전에 애굽으로 안전히 피신케 하셨습니다.

사탄이 기름부음 받은 하나님의 아들을 지상에서 제거하려고 온 힘을 다 쏟던 급박한 시기에, 하나님은 나쁜 일이 벌어지지 않도록 막으셨을 뿐 아니라 여러 사건 속에 섭리하셔서 사랑하는 아들이 다양한 부류의 사람들로부터 경배받도록 하셨습니다. 그들 중에는 예수님이 나실 즈음 베들레헴 부근에서 양을 치고 있었던 천한 계급의 목자들도 있었고, 지체

높은 자들도 있었습니다. 동방박사로 알려진 그들은 평강의 왕께 절하고 경의를 표하고자 먼 이방 나라들에서 찾아왔습니다.

예수님을 제일 처음 경배하는 일에, 하나님께서 사회의 가장 낮은 계층과 높은 계층의 사람들을 각각 모으신 일은 흥미롭습니다. 역사가들에 따르면, 목자들은 당시 사회에서 최하층민이었습니다. 사람들은 그들을 가망 없는 거짓말쟁이에다 도둑놈으로 취급했고, 고약한 평판 때문에 법정은 그들을 증인으로 받아들이지도 않았습니다. 하나님이 목자의 무리를 택하셔서 메시아의 탄생 소식을 처음으로 들려주신 일은 하나님의 성품과 사랑, 은혜를 잘 드러내 줍니다.

반면에 동방박사들은 당시 최고의 학자이자 과학자였을 것입니다. 그들은 숙련된 천문학자로서 천체를 연구하고 기록하는 데 많은 시간을 보내는 현인이었을 것입니다. 중국의 많은 그리스도인들은 예수님께 경배하러 갔던 동방박사 중 한 명이 중국인이었을 것이라고 믿고 있습니다. 당시 중국과 이스라엘 사이에는 실크로드가 열려 있었고, 그리스도의 탄생 무렵 중국 황궁의 수석 천문학자가 2년 동안 중국을 떠나 고대인들이 '왕의 별'이라 불렀던 별을 좇아 갔다는 일화가 증거로 남아 있기 때문입니다. 또 바벨론(오늘날의 이라크)과 페르시아(오늘날의 이란), 중부 아시아와 중동의 기타 지역에서도 동방박사들에 대한 유사한 기록들이 남아 있습니다.

하나님은 전혀 다른 무리를 불러 예수님을 보게 하심으로써 복음이 전 세계의 모든 이들을 위한 것임을 계시하셨습니다. 사회에서 쓰레기 취급을 받는 최하층민(목자들)도, 이방 나라들에서 온 부유하고 학식이 높은 박사들도 하나님나라의 구원에서 제외되지 않을 것이기 때문입니다.

처녀 마리아가 하나님의 계획에 대해 알게 된 것은 천사장 가브리엘이 찾아와 다음과 같이 말했을 때였습니다.

"은혜를 받은 자여 평안할지어다. 주께서 너와 함께하시도다. ……네가 잉태하여 아들을 낳으리니 그 이름을 예수라 하라. 그가 큰 자가 되고 지극히 높으신 이의 아들이라 일컬어질 것이요, 주 하나님께서 그 조상 다윗의 왕위를 그에게 주시리니 영원히 야곱의 집을 왕으로 다스리실 것이며 그 나라가 무궁하리라."(눅 1:28, 31-33)

마리아가 얼마나 큰 충격을 받았을지 상상이 되십니까? 그녀는 당연히 어떻게 이런 일이 가능하냐고 천사에게 물었습니다. 그녀는 남자와 잠자리를 같이한 적이 없었기 때문입니다. 가브리엘은 대답했습니다.

"성령이 네게 임하시고 지극히 높으신 이의 능력이 너를 덮으시리니, 이러므로 나실 바 거룩한 이는 하나님의 아들이라 일컬어지리라. 보라, 네 친족 엘리사벳도 늙어서 아들을 배었느니라. 본래 임신하지 못한다고 알려진 이가 이미 여섯 달이 되었나니 대저 하나님의 모든 말씀은 능하지 못하심이 없느니라."(눅 1:35-37)

마리아는 잉태했고 때가 되어 하나님의 아들을 낳았습니다.

알고 계십니까? 하나님은 오늘날 모든 그리스도인이 성령으로 잉태하기를 원하십니다. 하나님은 여러분에게 그분의 나라를 위한 하늘 비전을 주기 원하십니다. 하나님은 그분의 자녀 모두가 완전히 그분의 임재에 사로잡혀 변화하고, 많은 사람들을 하나님나라로 이끄는 삶의 열매를 맺기 원하십니다.

지금은 성령께서 우리 안에 강하게 움직이시는 때입니다. 여러분에게 성령으로 잉태하기를 원하는 마음이 있어야 함을 꼭 알려 드리고 싶습니다. 하늘의 비전이 내려와 여러분의 속사람 안에 거할 때, 여러분의 인생 방향 전체가 바뀔 것입니다.

하나님은 마리아가 하늘의 계획에 따르고 순종할 줄 아셨기에 그녀에게 성령으로 잉태하는 영예를 주셨음이 분명합니다. 가브리엘에 대한 마리아의 답변에서 그녀의 겸손과 순종하는 성품을 엿볼 수 있습니다.

"주의 여종이오니 말씀대로 내게 이루어지이다."(눅 1:38)

여러분의 나이가 많건 적건, 결혼을 했건 미혼이건, 부유하건 가난하건, 그런 외적 상황은 중요하지 않습니다. 하나님은 성령을 통해 여러분 안에 새 생명을 창조하심으로써 이 세상에 복을 주기 원하십니다. 그러기 위해서는 여러분이 성령께 순종하고 복종해야 합니다. 엘리사벳을 보십시오. 그녀는 잉태하지 못하고 "나이가 많"(눅 1:7)았으나 기적적으로 임신을 했습니다. 비록 자신이 노쇠하게 느껴지고 그리스도인으로서 무미건조한 불모의 상태로 사는 듯해도, 성령을 여러분의 삶에 모시면 위대하신 하나님이 주시는 놀라운 일들을 보게 될 것입니다.

저는 하나님이 여러분 안에 거하시고 여러분에게 능력을 덧입히기 원하신다고 확신합니다. 제 삶에서 그런 일이 벌어지는 것을 보았고, 중국 전역에서 같은 일들이 펼쳐지는 광경을 목격했기 때문입니다. 지난 수십 년 동안, 중국에서는 무려 1억여 명의 사람들이 예수 그리스도를 따르기로 결심했습니다. 성령으로 잉태하기를 자청한 사람들이 중국 구석구석에 복음을 퍼뜨렸습니다.

1949년의 공산혁명이 끝난 후, 중국의 그리스도인들은 박해를 받았습니다. 교회들은 파괴되거나 체육관, 곡물창고, 관청 등으로 바뀌었습니다. 외국인 선교사들은 모두 추방되어 고국으로 되돌아가야 했고, 무신론의 정신이 산불처럼 중국 전역을 휩쓸어 나라 전체에 상처를 입혔습니다. 수천 명의 목회자들과 교회 지도자들이 처형되거나 투옥되어 여러 해 동안 감옥에 갇혔습니다. 예수 그리스도를 사랑한다는 이유만으로 수백 명의 사람들이 무서운 포로수용소에서 20년이 넘도록 중노동을 해야 했습니다. 많은 사람들이 기진맥진하여 지쳐 죽거나 굶어 죽었습니다. 외부에서 지켜보는 사람들의 눈에는 중국 교회가 완전히 말살된 것처럼 보였습니다.

그 후, 1970년대가 되자 하나님은 비범한 일을 일으키기 시작하셨습니다. 처음에는 씨앗 몇 알만 보였습니다. 수십 년 동안 숨어 있던 신자들이 다시 모습을 드러낸 것입니다. 그 씨앗들은 뿌리를 내리기 시작했고, 때가 되자 작은 줄기가 땅 위로 뻗어 나왔습니다. 따스한 햇볕을 쬐고, 최고의 정원사께서 주시는 물을 받아 마신 후, 작은 줄기에서는 가지가 솟아났고 날이 갈수록 크고 튼튼한 나무로 자라났습니다.

1980년대에 이르자, 중국 전역에 걸쳐 수천 그루의 나무들이 생겨났고 그 나무들은 다시 많은 씨앗을 맺었으며, 씨앗들은 성령의 바람을 타고 널리널리 퍼져 나갔습니다. 부흥의 바람이 중국을 휩쓸면서 수천 명의 신자들이 수백만이 되었고, 수백만은 다시 수천만이 되어 이제 무려 1억여 명에 이르렀습니다.

이런 위대한 부흥이 나타나기에 앞서, 하나님은 성령으로 잉태하기 원하는 사람들을 찾으셨습니다. 중국의 모든 곳에 복음을 전하는 일에 자신을 내어놓은 사람들이었습니다. 많은 사람들이 주님께 굴복하고 예수님을 섬기는 데 일생을 바쳤고, 닥쳐올 어떤 어려움에도 개의치 않고 주님이 명하시는 곳에 가서 복음을 전하기로 결심했습니다. 저는 그들 중 한 명일 뿐입니다. 제 앞길에 정말 많은 어려움이 찾아왔지만, 주님께서는 그 모든 상황 속에서도 저를 붙들어 주셨습니다.

주님께서 사람들에게 말씀하실 때, 그들의 처음 반응은 의심 어린 두려움입니다. 엘리사벳의 남편 사가랴는 아내가 임신할 것이라는 천사의 전갈을 의심한 탓에 아이가 태어날 때까지 말을 할 수 없게 되었습니다(눅 1:19-20 참조). 그와 마찬가지로 많은 그리스도인들이 주님의 말씀이 처음 찾아올 때 두려워하며 의심합니다.

사랑하는 형제자매 여러분, 하나님의 음성을 듣고 그분께 순종하기를 두려워 마십시오! 하나님은 거짓말을 하실 수도, 그분의 자녀들을 버리실 수도 없습니다. 하나님은 우리가 온전히 신뢰할 수 있는 분입니다. "너희 안에서 착한 일을 시작하신 이가 그리스도 예수의 날까지 이루실 줄"(빌 1:6) 알고 믿음과 확신 가운데 나아가십시오.

오늘날 많은 기독교 활동이 인간의 계획에서 나오고 인간의 힘으로 진행되고 인간적 결과를 낳고 있습니다. 그러한 활동은 하나님나라와는 아무 상관이 없습니다.

세상은 이제 더 이상 종교를 필요로 하지 않습니다. 이 세상엔 오직 예수님만이 필요합니다. 종교는, 사람들이 자신의 힘으로 하나님의 일을 하려는 시도입니다. 예수님은 우리가 하나님의 힘으로 살아가고 행하기를 원하십니다.

하나님은 우리의 일이 아니라 하나님의 일에만 관심이 있으십니다. 그분의 마음에서 시작된 일들만 돌보시고 그분의 마음으로 하는 일에만 힘을 불어넣어 주십니다. 최후의 심판날에는 성령께서 낳으시고 붙드신 일들만 살아남을 것입니다. 바울은 고린도 교회를 향해 말했습니다.

"만일 누구든지 금이나 은이나 보석이나 나무나 풀이나 짚으로 이 터 위에 세우면, 각 사람의 공적이 나타날 터인데 그날이 공적을 밝히리니 이는 불로 나타내고 그 불이 각 사람의 공적이 어떠한 것을 시험할 것임이라. 만일 누구든지 그 위에 세운 공적이 그대로 있으면 상을 받고 누구든지 그 공적이 불타면 해를 받으리니, 그러나 자신은 구원을 받되 불 가운데서 받은 것 같으리라."(고전 3:12-15)

그리스도인이 자기 힘과 노력으로 살아가려고 시도하는 것은 참으로 한심하고 부질없는 짓입니다. 우리를 겸손하게 하시는 분이 하나님이심을, 오직 그분만이 우리를 다스리심을 우리가 깨달을 수 있도록 구해야 합니다. 우리의 할 일은 그저 하나님의 음성을 듣고 성령으로 잉태될 수 있도록 그분 앞에 우리 삶을 송두리째 바치며, 이 병들고 상처 입은 세상에 다가가라는 그분의 명령에 순종하는 것입니다.

마리아가 "말씀대로 내게 이루어지이다"라고 말했을 때, 하나님의 뜻에 순종하는 것을 만만하게 생각했을까요? 그렇지 않습니다. 그녀는 결혼 전에 임신하게 되면 사람들에게 엄청난 비난을 받게 되고 사회에서 외면

당하게 될 것을 잘 알고 있었습니다. '간음한 여자'라는 낙인이 찍혀 유대 율법의 규정에 따라 돌에 맞아 죽을 수 있다는 것도 분명히 알았습니다. 사람들이 자기를 조롱하고 경멸하리란 것도 알았습니다.

여러분이 성령으로 잉태됐다면, 성령으로 잉태된 다른 사람을 꼭 찾아가 만나십시오. 동일한 체험을 한 사람들이 여러분이 공격당할 때 진정한 격려와 위로를 줄 수 있습니다. 저는 중국에 있을 때 그런 형제들과 누렸던 친밀한 교제가 그립습니다. 성령으로 잉태한 우리는 자주 모여 며칠씩 기도했고, 예배를 드렸고, 헤어질 무렵에는 그리스도 안에서 큰 힘을 얻어 세상의 위험과 공격들에 맞설 수 있었습니다.

마리아는 엘리사벳을 찾아갔습니다. 엘리사벳도 아이를 잉태하고 있었습니다. 어떤 일이 벌어졌는지 주목해서 보십시오.

"엘리사벳이 마리아가 문안함을 들으매 아이가 복중에서 뛰노는지라. 엘리사벳이 성령의 충만함을 받아 큰 소리로 불러 이르되 여자 중에 네가 복이 있으며 네 태중의 아이도 복이 있도다 내 주의 어머니가 내게 나아오니 이 어찌 된 일인가. 보라, 네 문안하는 소리가 내 귀에 들릴 때에 아이가 내 복중에서 기쁨으로 뛰놀았도다. 주께서 하신 말씀이 반드시 이루어지리라고 믿은 그 여자에게 복이 있도다."(눅 1:41-45)

성령께서 주시는 비전을 잉태하게 되면, 여러분의 엘리사벳을 찾아야 합니다. 그들은 하나님의 부르심에 순종하는 여러분을 조롱하거나 정죄하지 않습니다.

불행히도, 오늘날 교회에는 다른 신자의 소명과 주님을 향한 열정을 짓밟으려고 온갖 수고를 다하는 사람들이 많습니다. 그러므로 성령으로 잉태한 사람들과 가능한 한 많은 시간을 보내십시오. 그들과 함께 시간을 보낼 때마다, 여러분의 영이 벅찬 감동으로 뛰놀 것입니다!

성령으로 잉태할 마음이 있습니까? 그렇다면 두려워 마십시오! 하나님은 여러분을 붙들어 주시고 여러분 안에 있는 생명이 태어날 수 있도록 일하실 것입니다.

여러분이 알아야 할 사실이 또 있습니다. 출산에는 고통이 따른다는 것입니다. 저는 성령으로 잉태하는 기쁨을 맛보는 동시에 복음을 위해 박해와 고문을 견뎌야 했습니다. 저는 여러 차례 감옥에 갇혔습니다. 그러나 그것은 예수 그리스도의 생명수를 마셔야 할 사람들에게 복음을 선포할 기회이자 축복이었습니다. 제가 겪은 모든 고통과 수고는 그만한 가치가 있었습니다. 하나님께서는 제 안에 두신 비전을 이루어 가시면서 사람들을 구원하셨고 그들에게 복을 주셨으며, 그 과정에서 저는 하나님께서 영광 받으심을 보고 큰 기쁨을 누렸기 때문입니다. 예수님은 다음과 같이 가르치셨습니다.

"여자가 해산하게 되면 그때가 이르렀으므로 근심하나, 아기를 낳으면 세상에 사람 난 기쁨으로 말미암아 그 고통을 다시 기억하지 아니하느니라."(요 16:21)

우리를 사랑하시는 하늘 아버지께서는 그분의 임재와 비전, 능력을 잉태하기 원하는 사람을 찾고 계십니다. 더 이상 변명하지 마십시오. 나이가 너무 많다거나 너무 어리다고 말하지 마십시오. 하나님은 여러분 안에서, 여러분을 통해 능력 있게 일하기 원하십니다.

인생의 주도권을 하나님의 손에 넘겨 드릴 의향이 있습니까? 마리아처럼 "주의 여종이오니 말씀대로 내게 이루어지이다"라고 기도하지 않겠습니까? 그 기도를 후회할 일은 결코 없을 것입니다.

6 하나님이 쓰시는 사람

그때에 예수께서 성령으로 기뻐하시며 이르시되 천지의 주재이신 아버지여 이것을 지혜롭고 슬기 있는 자들에게는 숨기시고 어린아이들에게는 나타내심을 감사하나이다. 옳소이다. 이렇게 된 것이 아버지의 뜻이니이다. 누가복음 10:21

중국을 떠난 후, 저는 전 세계의 많은 그리스도인들을 만나면서 그들이 하나님나라의 일꾼이 되는 것의 의미를 심각하게 오해하고 있음을 알게 되었습니다. 특히 서구의 그리스도인들은 복음을 너무나 지적인 문제로 만들어 버렸고 예수 그리스도에 대한 참된 믿음과 신뢰에 대해서는 거의 말하지 않는 지경에까지 이르렀습니다. 학문적 자격 조건과 강연 능력은 높이 평가하는 반면, 영적 성숙과 성품, 성령의 부르심은 하찮게 여기며 하나님의 일과 별 상관없는 것처럼 취급하고 있습니다.

물론 이것은 말도 안 되며 성경의 가르침과 정면으로 배치되는 상황입니다. 사람이 제 힘으로 하나님의 일을 할 수 있다면, 그것은 하나님의 일이라고 볼 수 없습니다. 예수님은, 예수님의 은혜와 힘 주심이 없이는 아무것도 할 수 없음을 깨닫는 자들을 부르십니다. 그런 태도가 있어야 하나님을 온전히 의지하게 되고, 하나님 또한 그런 모습을 좋게 보십니다. 하나님 없이도 우리가 맡은 일들을 해낼 수 있다면, 하나님은 온전히 영광 받지 못하실 것입니다. 우리가 한 일을 사람들이 보고 우리에게 공을 돌릴 것이기 때문입니다. 그러나 하나님의 초자연적인 개입 없이는 실현 불가능한 일을 우리가 한다면, 사람들은 하나님께 영광을 돌릴 수밖에 없을 것입니다.

서구의 일부 그리스도인들은 '백 투 예루살렘(Back to Jerusalem) 비전'에 대해 듣더니 우리에게 훈련을 좀더 받고 제대로 된 자격 조건을 먼저 갖추라고 말했습니다. 그렇게 하지 않으면 무슬림, 불교, 힌두교 국가들에 들어가 제대로 복음을 전할 수 없을 것이라고 했습니다. 일부 그리스도인 저널리스트들은 우리의 계획들을 조롱하기까지 했습니다. 교육받지 못한 가난한 농촌 출신 사람들은 제대로 하나님의 일을 할 수 없고, 학위가 있는 그리스도인들이 사역을 해야 결실을 맺을 수 있다고 주장했습니다.

그 말이 사실입니까? 성경은 어떻게 말합니까? 하나님은 그분의 나라에서 어떤 사람을 쓰십니까? 중국의 가정교회 신자들은 시간을 낭비하고 있는 것입니까? 타문화 선교사역은 잊어버리는 것이 나을까요? 성경과 교회사, 그리고 현대의 경험을 살펴보면 그렇지 않다는 것을 금세 알 수 있습니다.

농사짓고 고기 잡던 사람들은 선교사의 임무를 감당할 자격이 없습니까? 천만의 말씀입니다. 예수님은 바로 그런 젊은이들을 뽑아 열두 제자 중 상당수를 채우셨습니다. 예수님이 시몬과 그의 형제 안드레를 제자로 부르셨을 때, 그들은 호수에 그물을 던지느라 바빴습니다. 이 두 어부는 예수님이 선택하신 첫 번째 제자들이었습니다. 그다음에는 야고보와 요한이 제자로 부름을 받았습니다(마 4:18-22 참조). 그들도 어부였습니다. 예수님이 그들을 찾으셨을 때, 그들은 아버지의 배에서 그물을 던질 준비를 하고 있었습니다.

물론 예수님의 제자들 중에는 전문직 종사자들도 있었습니다. 세리 마태가 대표적인 경우입니다. 하지만 대부분은 손으로 일해서 먹고살던, 신분이 낮은 시골 사람들이었으며 그들은 거칠었습니다. 고집 센 시몬 베드로를 보십시오. 하지만 예수님은 그들의 거친 겉모습 속에 빛나고 있던 다이아몬드를 보셨습니다. 이 사람들은 최초로 선교 시대의 지도부를 형성하여 당대를 뒤집어엎었습니다. 천막장이 사도 바울은 여러 차례의 선교여행에 제자들과 함께했습니다. 의원 누가(골 4:14 참조)와 율법 교사 세나(딛 3:13 참조)도 그 제자들 중 하나였습니다. 그런데 이 제자들 중에는 세련되지 않은 사람들은 물론이고, 노예 신분의 오네시모(몬 10절 참조)도 있었습니다.

역사를 통틀어, 예수 그리스도의 교회는 헌신된 사람들의 성별(聖別)된 삶을 통해 자라 왔습니다. 그들의 사회·경제적 지위와 교육 수준은 아무런 문제가 되지 않았습니다. 시골뜨기들이 왕 앞에서 복음을 전했고 농부들이 하나님께 놀랍게 쓰임 받아 나라를 뒤흔들었습니다. 하나님은 목동을 이스라엘의 왕으로 삼으신 적도 있습니다!

세상은 언제나 인간적인 자격 조건을 잘 갖춰야 성공할 수 있다고 여깁니다. 그래서 가장 강하고, 가장 잘생기고, 가장 교육을 많이 받은 사람들을 찾습니다. 인간의 노력으로 하나님의 일을 성취할 수 있다고 생각하기 때문입니다. 하지만 하나님은 전혀 다른 척도로 사람을 달아보십니다. 하나님은 각 사람의 성품과 마음을 보십니다. 위대한 선지자 사무엘조차도 엘리압을 보았을 때 세상적인 생각을 했습니다. 성경은 다음과 같이 말씀하고 있습니다.

"사무엘이 엘리압을 보고 마음에 이르기를 '여호와의 기름 부으실 자가 과연 주님 앞에 있도다' 하였더니, 여호와께서 사무엘에게 이르시되 '그의 용모와 키를 보지 말라. 내가 이미 그를 버렸노라. 내가 보는 것은 사람과 같지 아니하니 사람은 외모를 보거니와 나 여호와는 중심을 보느니

라' 하시더라."(삼상 16:6-7)

학위가 있어야만 선교활동을 할 수 있었던 적은 단 한 번도 없었습니다. 성령의 인도하심을 받아 세상의 자격 조건을 갖춘 그리스도인에게는 학위가 도움이 될 수 있을 것입니다. 하지만 무엇보다 중요한 것은 하나님의 부르심이고 주 예수를 위한 뜨거운 마음입니다.

사도 바울을 생각해 봅시다. 예수님을 극적으로 만나 회심하기 전, 그는 최고의 교육을 받은 자였습니다. 그는 예루살렘에서 체포된 후 성난 군중을 향해 말했습니다.

"나는 유대인으로 길리기아 다소에서 났고 이 성에서 자라 가말리엘의 문하에서 우리 조상들의 율법의 엄한 교훈을 받았고 오늘 너희 모든 사람처럼 하나님께 대하여 열심이 있는 자라."(행 22:3)

세상의 자격을 내세울 만한 사람이 있다면 그가 바로 사도 바울일 것입니다. 그는 빌립보 교인들에게 말했습니다.

"나도 육체를 신뢰할 만하며 만일 누구든지 다른 이가 육체를 신뢰할 것이 있는 줄로 생각하면 나는 더욱 그러하리니, 나는 팔일 만에 할례를 받고 이스라엘 족속이요 베냐민 지파요 히브리인 중의 히브리인이요 율법으로는 바리새인이요 열심으로는 교회를 박해하고 율법의 의로는 흠이 없는 자라."(빌 3:4-6)

그런 바울이 주 예수 그리스도를 만나면서 모든 것이 달라졌습니다. 교육을 잘 받은 열성당원이 전능하신 하나님의 손 아래 겸손해졌고 생각이 근본적으로 달라졌습니다. 바울은 빌립보 교인들에게 말했습니다.

"무엇이든지 내게 유익하던 것을 내가 그리스도를 위하여 다 해로 여길 뿐더러 또한 모든 것을 해로 여김은, 내 주 그리스도 예수를 아는 지식이 가장 고상하기 때문이라. 내가 그를 위하여 모든 것을 잃어버리고 배설물로 여김은 그리스도를 얻고 그 안에서 발견되려 함이니, 내가 가진 의는 율법에서 난 것이 아니요 오직 그리스도를 믿음으로 말미암은 것이니 곧

믿음으로 하나님께로부터 난 의라."(빌 3:7-9)

자신의 업적에 대한 자부심과 오만함으로 가득 차서, 예수님을 믿는 사람들을 거침없이 박해했던 바울이 그리스도를 알기 이전의 삶을 이제 배설물처럼 여기게 되었습니다. 그는 진리를 발견했고, 진리가 그를 자유롭게 한 것입니다! 젊은 시절 바울은 그리스도인들에게 고난을 안겨 주었지만, 예수님을 만난 후에는 그리스도를 위해 기꺼이 고난을 감수했습니다. 그의 결론을 들어 보십시오.

"내가 그리스도와 그 부활의 권능과 그 고난에 참여함을 알고자 하여 그의 죽으심을 본받아 어떻게 해서든지 죽은 자 가운데서 부활에 이르려 하노니."(빌 3:10-11)

여러분은 어떻습니까? 하나님 없이 이룬 인간의 모든 업적은 배설물에 불과함을 아십니까? 아니면 주님이 세속적인 자격 조건을 갖춘, 말도 유창하게 잘하는 사람들만을 쓰기 원하신다고 생각하십니까?

하나님은 그 누구도 인간의 힘과 지식, 자격 조건으로 하나님을 섬기라고 부르지 않으십니다. 그분은 성부 하나님과의 관계, 겸손, 순종을 통해 하나님을 섬기라고 말씀하십니다. 우리 안에 자신의 것들이 가득 차 있어서는 안 됩니다. 주님은, 우리가 당신의 제단에서 우리 자신을 비우고 세례 요한처럼 "그는 흥하여야 하겠고 나는 쇠하여야 하리라"(요 3:30)고 고백하기를 요청하십니다.

물론 하나님은 학문적으로 잘 교육받은 사람들을 쓰실 수 있습니다. 저는 무식해야만 하나님을 섬길 수 있다고 말하는 게 아닙니다! 그러나 우리가 가진 것이 인간적 지혜뿐이라면, 하나님나라를 위한 어떤 결실도 맺을 수 없습니다. 사도 바울은 자신의 지혜와 지식을 의지하여 하나님을 섬기지 않았습니다. 그가 고린도 교인들에게 했던 말을 주의 깊게 들어 보십시오.

"형제들아 내가 너희에게 나아가 하나님의 증거를 전할 때에 말과 지혜의 아름다운 것으로 아니하였나니, 내가 너희 중에서 예수 그리스도와 그가 십자가에 못박히신 것 외에는 아무것도 알지 아니하기로 작정하였음이라. 내가 너희 가운데 거할 때에 약하고 두려워하고 심히 떨었노라."(고전 2:1-3)

형제자매 여러분, 참으로 중요한 말씀을 드리겠습니다. 하나님이 어떤 사람을 쓰시는지 아십니까? 하나님을 친밀하게 아는 사람들입니다! 이것이 하나님나라에서 섬기기 위한 주된 자격 조건입니다.

"자기의 하나님을 아는 백성은 강하여 용맹을 떨치리라."(단 11:32)

오늘날, 주님의 이름으로 행하지만 그분의 능력이나 임재를 찾아볼 수 없는 기독교 활동들이 많습니다. 인간의 지혜가 가득할 뿐 성령의 능력과 임재는 전혀 없는 설교들이 매주 전 세계 교회들에서 수없이 선포되고 있습니다. 이런 '일'은 비극이고 하나님나라를 위한 참된 열매를 결코 맺지 못합니다.

여러분, 학위를 더 따고 세상의 자격 조건을 더 갖추어야만 하나님을 섬길 수 있다고 생각하지 마십시오! 그것은 성경말씀과 반대되는 주장입니다. 하나님께 자신을 새롭게 바치고, 주님의 영광을 위해 여러분을 시용해 주시기를 구하십시오. 그렇게 하나님께 자신을 드리고 순종하는 종은 하나님의 마음을 설레게 합니다. 성경은 하나님을 섬기기 위한 자격 조건을 분명히 밝히고 있습니다.

> 사람아 주께서 선한 것이 무엇임을 네게 보이셨나니, 여호와께서 네게 구하시는 것은 오직 정의를 행하며 인자를 사랑하며 겸손하게 네 하나님과 함께 행하는 것이 아니냐.(미 6:8)

베드로와 요한이 산헤드린 앞으로 끌려갔을 때, 종교 지도자들은 어떻게 어부들이 그토록 권위 있고 분명하게 말할 수 있는지 이해하지 못했습니다. 그들은 아무런 교육도 받지 않은 평범한 베드로와 요한이 용기 있게 말하는 것을 보고 놀라지 않을 수 없었던 것입니다. 그러고는 비로소 그들이 과거에 예수와 내내 함께 있던 사람인 줄 알게 되었습니다(행 4:13).

그러므로 우리 중에 '교육받지 않은 평범한' 사람들은 낙심할 필요가 없습니다. 하나님은 소박한 농부들과 노동자들을 한 번도 멸시하지 않으셨고, 오늘날에도 여전히 그들을 쓰십니다!

최근에 저는 한 선교 컨퍼런스에 초청을 받았습니다. 26개국의 교회와 단체들에서 대표자들이 왔습니다. 컨퍼런스 도중에 저는 다음과 같은 질문을 받았습니다.

"중국의 공산주의가 붕괴되고 구(舊)소련처럼 중국이 쪼개질 거라고 생각하십니까?"

저는 대답했습니다.

"이 문제에 대해 많은 기독교 지도자들이 서로 다른 견해를 갖고 있습니다. 저는 우리나라에 어떤 정치적 변화가 일어날지 모르겠습니다. 하지만 하나님이 저를 남쪽과 서쪽, 그리고 중국과 예루살렘 사이의 미전도 지역에 복음을 전하도록 부르셨다는 것은 분명히 압니다. 중국의 정치체제가 변화할지는 모르겠습니다. 하지만 중국에 예수 그리스도가 필요하고, 무슬림과 불교 국가들에도 예수 그리스도가 필요하다는 것은 분명히 압니다."

저는 예수 그리스도만이 온 세상의 불행에 대한 유일한 해답이라고 믿습니다. 공산주의도 민주주의도 해답이 아니기는 마찬가지입니다. 하나님의 뜻이 이 땅을 다스려야 하고, 그분의 나라가 하늘에서처럼 지상에도 임해야 합니다. 민주주의에 좋은 점이 많지는 몰라도 성경이 지지하는 개념은 아닙니다. 민주주의가 하나님의 나라를 다스리는 법이라면 모세는 이스라엘 백성을 애굽에서 이끌고 나가지 못했을 것입니다. 대다수의 이스라엘 백성은 모세에 대해 불평했고 심지어 그를 죽이고 싶어 했기 때문입니다. 또 그들이 민주주의의 목소리에 귀를 기울였다면, 갈렙과 여호수아의 견해는 묻혀 버렸을 것입니다. 두 사람의 주장은 약속의 땅을 살펴보고 돌아온 다른 열 명의 정탐꾼들의 조언과 달랐기 때문입니다. 1997년 하나님이 제게, 일어나 감옥에서 걸어 나가라고 명하셨을 때 저는 다른 신자들과 상의하기 위해 모임을 열 필요가 없었습니다. 전능자께서 말씀하시면, 다른 모든 목소리는 잠잠해집니다.

모세는 하나님이 주신 비전에 충실히 순종했기에 많은 장애물들을 극복할 수 있었습니다. 여호수아와 갈렙 역시 하나님이 주신 비전을 붙들었고 인간적 두려움에 사로잡히지 않았습니다. 하나님이 쓰시는 사람은 그분께 비전을 받아 충실히 걸어가면서 그분이 계시하신 내용에 순종합니다. 하지만 처음부터 사람들의 인정을 얻고자 애쓰며 살아간다면, 그리 많이 나아가지 못할 것입니다. 겁쟁이 빌라도는 군중의 요구에 굴복해 예수님의 십자가 처형을 선고했습니다.

예수님만이 교회의 머리시며 모든 생명의 근원이십니다. 모든 나라는 그분을 따라가야 합니다. 정부와 정치가들이 자신의 뜻대로 계획을 세울 수 있지만, 비전은 오직 하나님으로부터 나옵니다. 하나님은 온 세상을 다스리고 계십니다. 매우 교만했던 느부갓네살 왕은 하나님께서 7년 동안 낮추신 후에야 비로소 다음과 같이 선언했습니다.

"지극히 높으신 이가 사람의 나라를 다스리시며 자기의 뜻대로 그것을 누구에게든지 주시는도다."(단 4:32)

예수 그리스도를 따르는 우리는 인간사를 다스리시는 하나님께 그 주권적인 능력을 알려 달라고 기도해야 합니다. 하나님은 언제나 보좌에 계시고 그분을 놀라게 할 일은 없습니다! 그 깨달음이 우리 심령에 스며들 때, 우리는 더 이상 미래를 두려워하거나 주위에서 날뛰는 폭풍을 염려하지 않게 될 것입니다. 아기 모세는 어머니가 사랑으로 만들어 준 방수 광

주리 안에서 안전했습니다. "외국인과 나그네"(히 11:13)로 이 땅을 살아가는 사람들 또한 하나님의 보호하시는 사랑 안에서 안전할 것입니다. 그들은 "하나님께서 친히 설계하시고 건축하신 견고한 터 위에 세워진 도시를 고대"(히 11:10, 우리말성경)합니다.

하나님이 쓰시는 사람이 되고 싶다면, 그분의 주권과 권위에 대한 깊은 깨달음이 있어야 합니다. 그래야만 담대한 믿음을 갖게 되고 하나님이 그 무엇보다 강하심을 깨달아 적과 맞설 수 있습니다. 적과 직면할 때에도 우리는 자신의 힘과 지혜를 신뢰해서는 안 됩니다. 그렇게 하다간 실패할 수밖에 없습니다. 그리스도인들은 하나님을 섬길 때 하나님이 하시는 모든 것을 다 이해하도록 부름 받지 않았습니다. 단지 순종하며 믿음으로 나아가도록 부름 받았을 뿐입니다.

사도 바울의 말을 곰곰이 생각해 봅시다.

"지혜 있는 자가 어디 있느냐. 선비가 어디 있느냐. 이 세대에 변론가가 어디 있느냐. 하나님께서 이 세상의 지혜를 미련하게 하신 것이 아니냐. 하나님의 지혜에 있어서는 이 세상이 자기 지혜로 하나님을 알지 못하므로 하나님께서 전도의 미련한 것으로 믿는 자들을 구원하시기를 기뻐하셨도다. 하나님의 어리석음이 사람보다 지혜롭고 하나님의 약하심이 사람보다 강하니라. 형제들아 너희를 부르심을 보라. 육체를 따라 지혜로운 자가 많지 아니하며 능한 자가 많지 아니하며 문벌 좋은 자가 많지 아니하도다. 그러나 하나님께서 세상의 미련한 것들을 택하사 지혜 있는 자들을 부끄럽게 하려 하시고 세상의 약한 것들을 택하사 강한 것들을 부끄럽게 하려 하시며 하나님께서 세상의 천한 것들과 멸시 받는 것들과 없는 것들을 택하사 있는 것들을 폐하려 하시나니, 이는 아무 육체도 하나님 앞에서 자랑하지 못하게 하려 하심이라."(고전 1:20-21, 25-29)

여러분이 주님을 섬기고 그분께 쓰임 받기 시작할 때, 여러분의 사역이 우상이 되지 않도록 주의하십시오. 주님 앞에서 마음을 유연하게 갖고, 너무 바빠 앞뒤를 살필 여유조차 없어지지 않도록 주의하십시오. 저는 이런 일을 몇 번 겪었습니다. 하지만 주님은 그때마다 저를 사역의 현장에서 들어서 감옥이나 광야로 옮기셨고 혼자만의 시간을 통해 회개하도록 도우셨습니다.

하나님은 때때로 우리가 그분을 더 친밀하게 알 수 있도록 한동안 혼자 있게 하십니다. 사도 바울은 사역을 시작하기에 앞서 아라비아에서 3년을 보냈고(갈 1:11-18 참조), 모세, 요셉, 엘리야 같은 사람들도 여러 해 동안 고립된 시간을 보내며 하나님이 맡기신 일을 준비했습니다. 주 예수 그리스도께서도 공적 사역을 시작하시기 전에 40일 밤낮을 광야에서 홀로 보내셨습니다. 사역을 시작하신 후에도, 예수님은 종종 "물러가사 한적한 곳에서 기도"(눅 5:16)하셨습니다.

제가 중국을 떠난 지 몇 년 후, 세계 여러 곳의 모임과 컨퍼런스에서 말씀을 전해 달라는 초청이 물밀듯 밀려왔습니다. '하루 서너 번씩, 120일 연속 강연' 일정을 잡은 적도 있습니다. 한 달에 160번의 모임에 참석해 강연을 하기도 했습니다! 어느새 사역은 제게 우상이 되어 버렸고, 저의 영적 생명은 빛을 잃어 가고 있었습니다. 저는 하나님의 사람들에게 갓 지은 밥이 아닌 묵은 밥을 먹이고 있었습니다. 너무 바쁘고 지친 나머지 더 이상 제 삶에서 성령의 생수가 흘러나오지 않았던 것입니다.

사역에 지나치게 비중을 두게 되면 속기 쉽습니다. 제가 탈진 상태에 빠져 케케묵은 메시지를 전할 때도, 사람들은 여전히 제 말을 받아들였고 박수갈채를 보냈습니다. 성령의 신선한 기름부음 없이 일하고 있었는데도 말입니다. 그와 같은 상황에서 때로 우리는 전혀 문제가 없다고 생각하며 자신을 속일 수 있습니다. 왜냐하면 마치 우리의 말을 듣고 있는 이들이 우리가 하는 말 때문에 복을 받고 있는 것처럼 느껴지기 때문입니다.

어느 날, 다음 번 모임에 참석하기 위해 비행기에 오를 때였습니다. 그

때 주님이 제게 분명히 말씀하셨습니다.

"너를 책망할 것이 있나니 너의 처음 사랑을 버렸느니라. 그러므로 어디서 떨어졌는지를 생각하고 회개하여 처음 행위를 가지라. 만일 그리하지 아니하고 회개하지 아니하면 내가 네게 가서 네 촛대를 그 자리에서 옮기리라."(계 2:4-5)

주님은 제게 휴식이 필요한 것을 아시고 당신만이 하실 수 있는 방식으로 제게 휴식의 기회를 주셨습니다. 성령께 불순종한 저는 미얀마에서 체포되어 얻어맞고 7년형을 선고받았습니다. 감옥에 있는 동안 성령께서는 제 삶이 통제 불능 상태이며 생활의 속도를 늦출 필요가 있음을 보여 주셨습니다. 이때 하나님의 은혜로 감옥에서 휴가를 보내며 주 예수님과의 관계를 새롭게 하는 두 번째 계기를 갖게 되었습니다.

중국을 떠난 후, 저는 서구의 목회자들이 월요일을 휴일로 보내며 매년 여름휴가를 간다는 사실을 처음 알게 되었습니다. 중국의 신자들에게는 휴가의 기회가 없습니다. 그래서인지 우리의 여행 안내자이신 은혜로운 하나님께서는 우리에게 꼭 필요한 휴식을 감옥에서 갖게 하십니다. 제 경우에는 밀린 휴가 기간이 많았던 모양입니다. 주님께서는 그간 갖지 못했던 휴가를 한꺼번에 갖게 해 주셨습니다.

요즘 저는 여행과 강연 횟수를 제한하고 있습니다. 지금은 제 삶의 형편이 훨씬 나아졌고 우리 가족도 더 행복해졌습니다.

하나님의 자녀인 우리는 하나님 없이는 아무것도 아닙니다. 이 사실을 깨닫는 것은 멋진 일입니다! 우리가 하나님께 온전히 의존해야 함을 이해할 때, 모든 경쟁의식과 발버둥과 이기적인 야망이 자연스레 사라지게 될 것입니다.

하나님이 우리 모두에게 매일 이런 깨달음을 주시길 기도합니다.

7 나사로야, 나오라!

[예수께서] 큰 소리로 "나사로야 나오라" 부르시니 죽은 자가 수족을 베로 동인 채로 나오는데 그 얼굴은 수건에 싸였더라. 요한복음 11:43-44

주 예수 그리스도의 사랑은 인간의 어떤 사랑과도 다릅니다. 하나님의 비할 바 없고 변치 않는 사랑 앞에서는 자식을 향한 어머니의 사랑노 그 빛을 바랩니다.

사람들이 아무리 여러분을 사랑한다 해도, 언젠가 여러분의 삶은 끝나고 차가운 땅속에 묻히게 될 것입니다. 하지만 하나님의 사랑 앞에서는 죽음조차도 그분의 임재 앞에서 보내게 될 영원의 시작일 뿐입니다. 사도 요한의 말을 들어 보십시오.

"내가 들으니 보좌에서 큰 음성이 나서 이르되, '보라, 하나님의 장막이 사람들과 함께 있으매 하나님이 그들과 함께 계시리니 그들은 하나님의 백성이 되고 하나님은 친히 그들과 함께 계셔서 모든 눈물을 그 눈에서 닦아 주시니 다시는 사망이 없고 애통하는 것이나 곡하는 것이나 아픈 것이 다시 있지 아니하리니 처음 것들이 다 지나갔음이러라.'"(계 21:3-4)

하늘 생명수

예수님의 능력은 변함이 없습니다. 예수님의 사랑과 구원은 변함이 없으며 변해야 할 쪽은 우리입니다. 우리가 하나님의 성품을 닮아 가도록 변화되어야 합니다. 이 변화는 지속적인 과정이며, 우리가 예수 그리스도를 위해 살아 나갈 때 비로소 시작됩니다. 그분을 닮아 가는 과정은 우리가 죽는 날까지 이어질 것입니다.

"그러므로 우리가 낙심하지 아니하노니 우리의 겉사람은 낡아지나 우리의 속사람은 날로 새로워지도다."(고후 4:16)

전 세계 교회들을 다니며 설교를 하다 보면, 그 자리에서 세 부류의 사람들을 보게 됩니다. 첫째는 마르다와 같은 마음을 가진 사람들입니다. 마르다는 다른 사람을 섬기기 좋아했습니다. 요리를 하거나 주님과 제자들에게 필요한 일을 하느라 바빴습니다. 하지만 예수님은 그녀를 꾸짖으셨습니다. 예수님과의 관계는 소홀히 하고 봉사에만 지나친 관심을 기울였기 때문입니다. 이것은 주님을 위해 사역하는 모든 사람이 빠질 수 있는 위험입니다.

두 번째, 마르다의 동생 마리아 같은 사람들입니다. 마리아는 예수님의 발치에 앉아 말씀 듣기를 좋아했습니다. 주님을 바삐 섬기는 그리스도인들은 그냥 그분의 발아래 앉아 시간을 보내는 사람들에게 비판적이 되곤 합니다. 마르다는 마리아가 제 역할을 다하지 않는다는 생각이 들어 예수님께 물었습니다.

"'주여 내 동생이 나 혼자 일하게 두는 것을 생각하지 아니하시나이까? 그를 명하사 나를 도와주라 하소서.' 주께서 대답하여 이르시되 '마르다야, 마르다야, 네가 많은 일로 염려하고 근심하나 몇 가지만 하든지 혹은 한 가지만이라도 족하니라. 마리아는 이 좋은 편을 택하였으니 빼앗기지 아니하리라' 하시니라."(눅 10:40-42)

제가 전 세계 교회들을 다니며 경험한 세 번째 부류는 나사로 같은 사람들입니다. 그는 마르다와 마리아의 오빠였고 예수님의 친구였습니다.

그런데 그런 나사로가 죽었습니다.

"그 누이들이 예수께 사람을 보내어 이르되 '주여 보시옵소서. 사랑하시는 자가 병들었나이다' 하니, 예수께서 들으시고 이르시되 '이 병은 죽을병이 아니라 하나님의 영광을 위함이요 하나님의 아들이 이로 말미암아 영광을 받게 하려 함이라' 하시더라."(요 11:3-4)

저는 중국에서 나온 후, 서구 세계 여러 곳을 다니며 말씀을 전했습니다. 그때마다 저는 큰 충격을 받았습니다. 많은 그리스도인들과 교회들의 내면에 영적 온기가 거의 남아 있지 않았기 때문입니다. 하지만 하나님의 제단 불에 약간의 불씨밖에 없다 해도 낙심하기에는 이릅니다. 좋은 소식이 있습니다. 성령의 바람이 여러분에게 불어오면 작디작은 깜부기불이라도 다시 활활 타오를 수 있습니다!

예수님은 친구 나사로가 죽었다는 소식을 들으시고 제자들에게 나사로가 사는 유대 지방으로 돌아가겠다고 말씀하셨습니다. 하지만 제자들은 예수님을 말렸습니다.

"'방금도 유대인들이 돌로 치려 하였는데 또 그리로 가시려 하나이까?' 예수께서 대답하시되 '낮이 열두 시간이 아니냐. 사람이 낮에 다니면 이 세상의 빛을 보므로 실족하지 아니하고 밤에 다니면 빛이 그 사람 안에 없는 고로 실족하느니라.' 이 말씀을 하신 후에 또 이르시되 '우리 친구 나사로가 잠들었도다. 그러나 내가 깨우러 가노라.' 제자들이 이르되 '주여 잠들었으면 낫겠나이다' 하더라. 예수는 그의 죽음을 가리켜 말씀하신 것이나 그들은 잠들어 쉬는 것을 가리켜 말씀하심인 줄 생각하는지라. 이에 예수께서 밝히 이르시되 '나사로가 죽었느니라. 내가 거기 있지 아니한 것을 너희를 위하여 기뻐하노니 이는 너희로 믿게 하려 함이라. 그러나 그에게로 가자' 하시니."(요 11:8-15)

예수님이 무슨 일을 하기로 마음을 정하시면, 우주의 어떤 힘도 그분의 계획을 막을 수 없습니다! 마르다는 달려와서 예수님을 뵙고 말했습니다.

"주께서 여기 계셨더라면 내 오라버니가 죽지 아니하였겠나이다."(요 11:21)

저는 서구 교회가 대체로 마르다와 같은 상태에 있다고 생각합니다. 머리로는 하나님의 말씀에 담겨 있는 진리를 알지만 여전히 자기 힘으로 삶을 꾸려 가고 싶어 합니다. 많은 그리스도인들이 마르다처럼 부르짖습니다.

"주님, 우리 계획대로 주님이 일을 해 주셨다면 우리 상태가 이렇게 엉망진창이 되진 않았을 것입니다."

형제자매 여러분, 하나님은 **여러분의** 계획에 아무 관심도 없으심을 깨달아야 합니다. 하나님은 그분 **자신의** 계획에만 관심이 있으십니다! 매우 많은 교회와 성도들이, 스스로 계획과 전략을 세운 후 하나님께 그것을 이루어 달라고 구합니다. 심지어 어떤 경우에는 명령하려 듭니다.

전능하신 하나님은 우리의 종이 아닙니다! 그분은 우리가 하라는 대로 하시지 않습니다. 많은 그리스도인들이 자신을 위해 스스로 만든 왕좌에 버티고 앉아 있습니다. 그들은 속히 거기서 내려와서 하나님 앞에 엎드리고 주인께서 명하시는 일을 해야 합니다.

예수님이 나사로를 죽은 자 가운데서 살리러 오셨다고 말씀하시자, 마르다는 자신의 신학 지식에 의지해 대답했습니다.

"마지막 날 부활 때에는 다시 살아날 줄을 내가 아나이다."(요 11:24)

이것이 신학적 관점에서만 예수님을 아는 그리스도인들의 주된 태도입니다. 그들은 하나님이 인류와 상대해 일하신 역사를 압니다. 미래에는 하나님이 모든 것을 바로잡으신다는 것도 압니다. 그러나 지금 여기에 계신 예수님은 알지 못합니다. 그들에게 예수님은 역사적 인물이며 미래의 구원자이실 뿐, 매일의 삶에서 역사하시는 현재의 구원자는 아닌 것입니다.

오늘날 많은 교회들이 영적으로 죽어 있는 이유는 예수님과 '안전거리'를 유지하면서 자기 계획을 세우고 자신의 삶을 스스로 통제하기 때문입니다. 살아 계신 예수 그리스도께서는 여러분이 하는 모든 일의 주인이 되기 원하십니다. 이 사실을 깨닫기 전까지, 여러분은 부흥을 보지 못할 것입니다. 예수님이 왕 중 왕, 주의 주로서 정당한 보좌에 앉으시기 전까지 여러분의 계획은 계속 좌절을 겪을 것이고 여러분이 하는 일에서 진정한 하늘의 복을 발견할 수 없을 것입니다.

마리아의 반응은 마르다의 반응보다 나았습니다. 예수님이 오셨다는 마르다의 말을 듣고 마리아는 예수 계신 곳에 가서 "그 발 앞에 엎드리어 이르되 주께서 여기 계셨더라면 내 오라버니가 죽지 아니하였겠나이다"(요 11:32) 하였습니다. 마리아는 예수님의 발아래 엎드렸지만, 그녀 역시 현재를 움직이시는 하나님의 능력을 온전히 이해하지 못했습니다.

예수님은 마리아와 다른 조문객들의 눈물에 감정이 격해져 우셨습니다. 성경은 그다음을 이렇게 기록하고 있습니다.

"이에 유대인들이 말하되 '보라 그를 얼마나 사랑하셨는가' 하며 그중 어떤 이는 말하되 '맹인의 눈을 뜨게 한 이 사람이 그 사람은 죽지 않게 할 수 없었더냐?' 하더라."(요 11:36-37)

어려움과 재난이 닥치면 세상 사람들은 하나님을 비난합니다. 이상하지 않습니까? 지진이나 해일이 일어나면, 많은 사람들이 그런 재해를 막아 주지 않았다며 느닷없이 하나님을 비난합니다. 뻔뻔하게 죄에 탐닉하고 불신앙으로 하나님을 조롱하던 이들이 일이 잘못되면 갑자기 용기를 얻어 하나님을 비난하고 정죄합니다.

예수님은 나사로가 묻힌 굴로 가셔서 구경꾼들에게 돌을 굴려 치우라고 하셨습니다. 마르다는 그 장면을 보고 싶지 않아 예수님을 말렸습니다.

"주여, 죽은 지가 나흘이 되었으매 벌써 냄새가 나나이다."(요 11:39)

여러분의 교회나 여러분의 영적 생명이 한동안 죽은 상태로 있었습니까? 소망을 잃지 마십시오! 예수님은 썩어서 냄새가 나는 시체도 부활시키는 분입니다. 자신의 생각과 불신앙으로 하나님의 능력을 제한하지 마십시오. 주 예수께서는 여러분을 되살리실 수 있습니다!

예수님은 하늘을 우러러보시고 하나님 아버지께 기도하셨습니다. 그리고 나사로에게 명령하셨습니다.

"나오라!"

그러자 죽었던 사람이 동굴에서 걸어 나왔습니다. 몸을 동인 아마포 조각들이 늘어졌고 얼굴은 천으로 둘러싸여 있었습니다. 그러자 예수님은 "풀어 놓아 다니게 하라"(요 11:44)고 하셨습니다.

형제자매 여러분, 자기 힘으로 그리스도인의 삶을 사는 데 지쳤습니까? 하나님의 계획을 구하고 그것에 순종하는 대신, 자신의 계획을 세우고 하나님께 그것을 축복해 달라고 구하고 있습니까? 예수님은 여러분을 자유롭게 해 주기 원하십니다. 예수님은 여러분이 무덤 속 낡은 천들을 벗어 던지고 의(義)의 옷으로 갈아입기 원하십니다.

여러분의 믿음이 생기를 잃고 건조해졌다 해도, 하나님은 여러분의 배에서 생수의 강이 흘러나오기를 원하십니다! 하나님은, 그분이 과거와 미래의 하나님이자 현재의 하나님이심을 우리가 깨닫고 처음 사랑을 새롭게 하여 그분께 순종하며 살아가길 원하십니다.

여러분의 영적 생명이 죽었습니까? 인간의 시도와 율법주의라는 무덤의 옷들로 묶여 있습니까? 그래도 여전히 소망이 있습니다! 어둠 속에 머문 지 이미 너무 오래되어 복음의 참된 빛이 보이지 않고, 따스한 햇살이 얼굴에 느껴지지 않는다 해도 늦은 것은 아닙니다. 어둠에서 나오라고 부르시는 예수님의 음성을 어둠 한복판에서 듣는다면, 그분의 음성을 따라 걷기 시작하십시오. 예수님이 여러분을 자유롭게 해 주실 것입니다!

무릎을 꿇고 주님 앞에 마음을 쏟아 놓으십시오. 여러분을 묶어 꼼짝 못하게 만들었던 은밀한 죄들로부터 자유롭게 해 주시도록 주님께 맡겨 드리십시오. 여러분에게 잘못을 저지른 사람을 아직 용서하지 않았다면,

지금이 바로 그를 마음에서 용서할 때입니다. 용서하지 않고 원한을 품으면 여러분의 내면은 죽어 가게 됩니다.

　사람들이 여러분을 거부하고 무가치하게 여긴다 해도 그게 뭐 그리 중요합니까? 정말 중요한 것은 따로 있습니다. 예수님이 여러분을 사랑하시고, 여러분의 가장 좋은 친구가 되기 원하신다는 사실입니다. 우리 주님이 친히 말씀하셨습니다.

　"사람이 친구를 위하여 자기 목숨을 버리면 이보다 더 큰 사랑이 없나니 너희는 내가 명하는 대로 행하면 곧 나의 친구라. 이제부터는 너희를 종이라 하지 아니하리니 종은 주인이 하는 것을 알지 못함이라. 너희를 친구라 하였노니 내가 내 아버지께 들은 것을 다 너희에게 알게 하였음이라. 너희가 나를 택한 것이 아니요 내가 너희를 택하여 세웠나니 이는 너희로 가서 열매를 맺게 하고 또 너희 열매가 항상 있게 하여 내 이름으로 아버지께 무엇을 구하든지 다 받게 하려 함이라. 내가 이것을 너희에게 명함은 너희로 서로 사랑하게 하려 함이라."(요 15:13-17)

　예수님의 사랑을 받는 이여, 이제 주님 앞으로 나오십시오!

8 참된 자유

주의 성령이 내게 임하셨으니 이는 가난한 자에게 복음을 전하게 하시려고 내게 기름을 부으시고 나를 보내사 포로 된 자에게 자유를, 눈먼 자에게 다시 보게 함을 전파하며 눌린 자를 자유롭게 하고 주의 은혜의 해를 전파하게 하려 하심이라. 누가복음 4:18-19

하나님은 십 대의 저를 구원하신 직후, 중국 남쪽과 서쪽에서 복음을 전하도록 부르셨습니다. 첫해에 저를 통해 3천 명이 넘는 사람들이 예수님을 믿었습니다. 당시 중국 땅은 너무나 오랫동안 말씀의 비가 내리지 않는 기근에 처해 있었기에, 사람들의 마음은 바싹 마른 장작과도 같았습니다. 성령의 작은 불꽃 하나로도 그들은 예수님을 향해 활활 타올랐습니다! 한번 성령의 불이 붙자 새신자들은 내면에서 생명수가 흘러나오는 것을 체험했고, 굶주린 수많은 사람들이 생명의 떡을 직접 맛보면서 중국 전역에 부흥의 물결이 퍼져 갔습니다.

몇 년 후, 저는 하나님이 제게 주신 이 소명에 큰 희생이 따를 것임을 깨닫게 되었습니다. 설교자로 산다는 것은 쉬운 일이 아니었습니다. 당국은 설교자의 입에서 나오는 단어 하나하나를 범죄 행위로 여겼기 때문입니다. 하지만 중국 당국은 부흥을 멈추게 할 수 없었습니다. 또 교회를 짓밟고 통제하려는 당국의 온갖 시도에도 교회가 계속 급속히 늘어 가는 현상을 그들은 이해하지 못했습니다.

처음 체포된 후 저는 곧장 투옥되었고 간수들과 감방 동료들의 괴롭힘을 당했습니다. 처음에는 어떻게 된 것인지 이해할 수 없었습니다. 저는 혼란스러웠고 뭔가 착오가 있는 게 아닌가 싶어 하나님께 부르짖었습니다.

"오 주님, 제가 감옥에 갇혀 있음을 아시나이까? 저를 버리신 것입니까?"

얼마 후 저는 주님이 저를 결코 버리지 않으셨으며 제가 체포되고 투옥된 것이 제 삶을 향한 하나님의 뜻이자 하나님의 부르심임을 보여 주셨습니다. 성경은 하나님이 **전** 세계를 사랑하신다고 선언하고 있고, 예수님은 제자들에게 **전** 세계에 복음을 전하라고 명령하셨습니다. 전 세계 속에는 중국의 감옥들도 포함됩니다. 그곳에는 예수님을 알아야 할 절박한 형편의 사람이 수천 명이나 있습니다. 주님은 저를 그곳에 보내기로 선택하셨습니다. 그것은 주님의 진리와 은혜를 증언하게 하기 위함이었습니다.

그것을 깨닫고 나자, 저의 태도와 시각은 완전히 달라졌습니다. 제가 처한 상황에 분개하던 태도는 사라졌고 기쁨과 감사가 가득했습니다! 우울함과 혼란에서 벗어나 날마다 주님을 찬양하게 되었습니다.

갇혀 있으면서 저는, '감옥'이 물리적인 장소를 의미하는 것이 아님을 깨달았습니다. 감옥은 그곳에 있는 사람들의 마음 상태를 표현하는 말이었습니다. 그래서 저는 부도덕과 폭력이 난무하는 무서운 감옥 안에 갇혀 있으면서도 영혼은 완전히 자유로웠습니다.

또 이와 반대로 저는, '자유세계'의 수많은 사람들이 속박 속에서 괴로운 삶을 사는 것을 보았습니다. 수백만 사람들의 마음이 죄와 중독으로 단단히 묶여 있습니다. 겉으로는 매일 직장을 다니며 일하는 멀쩡한 사람처럼 보이지만, 내면을 보면 죄수들입니다. 무엇을 하건, 어디로 가건,

여전히 묶여 있는 절박한 상태의 죄수들입니다. 교회에 다니는 수많은 사람들도 마찬가지입니다. 그들에게는 예수님의 진리가 주는 자유가 필요합니다.

주님이 제게 이 모든 것을 깨닫게 해 주셨을 때, 저는 제가 처한 상황에 관계없이 언제나 예수님을 찬양하기로 굳게 다짐했습니다. 그리고 목청껏 예수님을 찬양하기 시작했습니다. 간수들은 제가 미쳤다고 생각했습니다. 하지만 사실 저는 자유로웠습니다. 참으로 자유로웠습니다!

다윗 왕도 가장 어두운 순간들을 보내며 찬양의 능력을 배웠습니다. 시편은 사람들이 다윗을 죽이려고 모의할 때에도 그가 주님을 예배했다고 기록하고 있습니다. 다윗은 하나님을 찬양하는 것에 힘이 있음을 알았습니다. 그것은 극심한 압박과 위험 속에서 더욱 빛나는 능력이었습니다. 다윗은 다음과 같이 선포할 수 있었습니다.

"내가 여호와를 항상 송축함이여 내 입술로 항상 주를 찬양하리이다." (시 34:1)

같은 시편 뒷부분에서 그는 개인적인 경험을 회상하며 나눕니다.

"의인은 고난이 많으나 여호와께서 그의 모든 고난에서 건지시는도다. 그의 모든 뼈를 보호하심이여 그중에서 하나도 꺾이지 아니하도다."(시 34:19-20)

감옥에서 보낸 몇 년 동안, 쇠약해질 때도 많았습니다. 하지만 오래지 않아 언제나 성령께서 저를 격려하셨고 예수님을 찬양할 수 있게 하셨습니다. 제가 즐겨 부른 찬양의 가사는 이렇습니다.

주님을 찬양하라 주님을 찬양하라
아침에 주님을 찬양하라 저녁에 주님을 찬양하라
언제나 주님을 찬양하라

감옥은 매우 어둡고 침울한 곳이기에 제 진실한 기쁨과 긍정적인 태도는 다른 죄수들의 관심을 끌었습니다. 그들은 제 모습을 통해 상황을 뛰어넘게 해 주는 무엇인가를 보았고 그것의 실체를 알고 싶어 했습니다. 이렇게 해서 복음을 나눌 수 있는 기회의 문이 열렸고 많은 동료 수감자들과 간수들이 하나님의 은혜로 구원을 받게 되었습니다.

여러분이 예수님을 예배할 때마다, 하나님의 임재와 영광이 그곳에 임합니다. 그리고 하나님의 영광이 임할 때, 모든 것이 변합니다. "주는 영이시니 주의 영이 계신 곳에는 자유가 있"(고후 3:17)기 때문입니다.

여러분이 삶에서 만나는 문제들은 매우 실제적입니다. 그러나 예수님은 진리십니다! 여러분이 어떤 상황 속에서도 예수님을 찬양한다면, 내면의 자유와 기쁨을 찾게 될 것이고 어떤 어려움도 극복할 힘을 갖게 될 것입니다. 주님을 기뻐하는 것이 비결입니다. 느헤미야는 말했습니다.

"여호와를 기뻐하는 것이 너희의 힘이니라."(느 8:10, 개역한글)

주님을 기뻐하지 못하게 하는 사탄의 농간에 넘어가면, 나약함과 무기력함을 느끼게 됩니다. 그러나 주님을 기뻐하게 되면, 여러분은 다시 강해질 것입니다! 여러분이 패배했다는 느낌이 들거든 "약한 손을 강하게 하며 떨리는 무릎을 굳게 하며" 다음과 같이 말씀하십시오.

"굳세어라, 두려워하지 말라, 보라 너희 하나님이 오사……구하시리라."(사 35:3-4)

압제받는 이들을 도우심은 우리 하나님의 본성에 속합니다. 시편 기자는 선포했습니다.

"억눌린 사람들을 위해 정의로 심판하시며 주린 자들에게 먹을 것을 주시는 이시로다. 여호와께서는 갇힌 자들에게 자유를 주시는도다. 여호와께서 맹인들의 눈을 여시며 여호와께서 비굴한 자들을 일으키시며 여호와께서 의인들을 사랑하시며."(시 146:7-8)

사도 바울은 하나님의 부르심에 따라 살아가면서 엄청난 스트레스와 압박을 겪었지만 자신의 상황을 넘어설 수 있었습니다. 자신이 겪는 어려움이 일시적인 것임을 알았기 때문입니다. 그러나 예수님은 영원하십니다! 바울의 고백을 들어 보십시오.

"우리가 사방으로 욱여쌈을 당하여도 싸이지 아니하며, 답답한 일을 당하여도 낙심하지 아니하며, 박해를 받아도 버린 바 되지 아니하며, 거꾸러뜨림을 당하여도 망하지 아니하고, 우리가 항상 예수의 죽음을 몸에 짊어짐은, 예수의 생명이 또한 우리 몸에 나타나게 하려 함이라."(고후 4:8-10)

심지어 바울은 자신이 겪는 모든 박해와 시련이 '잠시 받는 환난'이며 하나님께서 그 모두를 능가하고도 남을 영원한 영광을 주실 것이라고 말합니다. "우리가 주목하는 것은 보이는 것이 아니요 보이지 않는 것이니 보이는 것은 잠깐이요 보이지 않는 것은 영원"(고후 4:17-18)하기 때문입니다.

여러분도 혹시 감옥에 갇혀 있습니까? 그것이 불신앙의 감옥이건, 두려움이나 떨칠 수 없는 죄의 감옥이건, 여러분이 거기서 참으로 풀려나기를 기도합니다. 사랑하는 형제자매 여러분, 죽을 자리에 머물지 말고 예수님께 나아가 구원을 받으십시오! 주님은 여러분이 자유로워지기를 원하십니다. "아들[예수님]이 너희를 자유롭게 하면 너희가 참으로 자유로우리라"(요 8:36)는 말씀을 믿으십시오.

서구 세계로 나온 이후, 저는 새로운 문제에 직면했습니다. 중국의 감옥에 갇혀 있을 때는 주님을 찬양하기가 쉬웠습니다. 예수님을 제외한 모든 사람이 저를 미워했기 때문입니다. 하지만 전 세계를 다니며 말씀을 전하면서, 제게 박수를 보내고 환호하는 형제자매들이 많다는 것을 알게 되었습니다. 그들은 언제나 제게 좋은 말만 했습니다. 사람의 칭찬, 이것은 새로운 종류의 시험이었습니다. 모든 설교자에게 이것은 위험천만한 지뢰밭과도 같습니다. 설교자는 모든 영광을 하나님께만 돌려 드리고 사람의 칭찬을 조금도 마음에 담지 않도록 주의하며, 이 지뢰밭을 대단히 조심스럽게 통과해야 합니다. 사람의 칭찬에 마음을 두면 속박과 영적 감금 상태가 찾아옵니다. 예수님은 바리새인들의 특징 중 하나가 "사람의 영광을 하나님의 영광보다 더 사랑"(요 12:43)하는 것이라고 하셨습니다.

또한 저는 그리스도 안에 있는 자유를 누리는 비결이 바로 전심으로 하나님을 찬양하는 것임을 발견했습니다.

"하나님은 영이시니 예배하는 자가 영과 진리로 예배할지니라."(요 4:24)

박해와 고문을 당하건, 사람들의 찬사를 받건, 해결책은 동일합니다. 우리의 하늘 아버지를 찬양하고 그분께 경배하십시오. 성경은 이렇게 당부하고 있습니다.

"그러므로 우리는 예수로 말미암아 항상 찬송의 제사를 하나님께 드리자. 이는 그 이름을 증언하는 입술의 열매니라. 오직 선을 행함과 서로 나누어 주기를 잊지 말라. 하나님은 이 같은 제사를 기뻐하시느니라."(히 13:15-16)

여러분은 어떻습니까? 여러분을 위협하는 많은 장애물들이 있습니까? 삶의 무게에 짓눌려 우울합니까? 혹시 스스로를 베데스다 못에서 치유받은 장애인 같다고 느끼진 않습니까? 성경은 그가 38년 동안 병약한 상태였다고 적고 있습니다. 그러나 "예수께서 그 누운 것을 보시고 병이 벌써 오래된 줄 아시고" 다음과 같이 물으셨습니다.

"네가 낫고자 하느냐?"(요 5:6)

저는 여러 곳을 다니면서 영적인 병약자가 된 많은 그리스도인들을 만납니다. 그들은 삶의 문제들에 짓눌려 영적 마비 상태가 되어 버렸고, 수년 동안 원한, 용서치 않음, 증오, 불순종, 질투, 세속성, 음욕과 온갖 중독 등 여러 질병에 매인 채 살아왔습니다. 교회의 많은 신자들이 이런 상황이라면, 예수님은 여러분에게도 물으십니다.

하늘 생명수 78

"네가 낫고자 하느냐?"

베데스다 못에 있던 사람은 예수님의 질문을 받고 좌절감과 실망을 쏟아 놓았습니다.

"주여, 물이 움직일 때에 나를 못에 넣어 주는 사람이 없어 내가 가는 동안에 다른 사람이 먼저 내려가나이다."(요 5:7)

예수님은 그의 말을 경청하셨습니다. 여러분이 마음을 쏟아 놓을 때도 예수님은 경청하실 것이라고 성경은 말합니다.

"하나님께서 구하시는 제사는 상한 심령이라. 하나님이여, 상하고 통회하는 마음을 주께서 멸시하지 아니하시리이다."(시 51:17)

여러분의 삶이 여러 해 동안 묶여 있었다 해도 예수님은 능히 그것을 변화시키고 치유하실 수 있습니다. 그뿐 아니라 거기서 더 나아가, 여러분을 들어 하나님나라를 위한 증인으로 능력 있게 쓰실 수 있으십니다. 저는 예수님이 38년 된 병자를 베데스다 못에서 치유하신 후 그에게 자리를 들고 걸으라고 말씀하신 이유가 여기 있다고 믿습니다. 그 자리는 그가 38년이란 긴 세월 동안 병자로 있었다는 증표였습니다. 그의 증언을 뒷받침할 물리적 증거였습니다.

베데스다 못에 대해 말하면서 성경은 다음과 같이 밝히고 있습니다.

"그 안에 많은 병자, 맹인, 다리 저는 사람, 혈기 마른 사람들이 누워 물의 움직임을 기다리니."(요 5:3)

여러분이 눈을 뜬다면, 여러분이 속한 공동체 안에 눈멀고 다리 저는 그리스도인들이 많음을 금세 알게 될 것입니다. 오랫동안 희망을 잃고, 절망에 사로잡히고, 과거의 실패들에 시달려 온 사람들입니다. 그들 역시 사람을 변화시키고 온전케 하시는 예수 그리스도의 치유의 손길이 절실히 필요합니다.

예수님이 여러분을 만지실 때, 여러분은 예수님이 주시는 온전한 치유를 경험하게 됩니다. 그리고 자신의 경험을 사용해 이전의 여러분처럼 죄에 매인 사람들을 도울 수 있습니다. 성경은 그것을 다음과 같이 표현합니다.

"찬송하리로다. 그는 우리 주 예수 그리스도의 하나님이시요 자비의 아버지시요 모든 위로의 하나님이시며, 우리의 모든 환난 중에서 우리를 위로하사 우리로 하여금 하나님께 받는 위로로써 모든 환난 중에 있는 자들을 능히 위로하게 하시는 이시로다."(고후 1:3-4)

그리스도인 여러분, 여러분은 하나님께 소중한 존재입니다. 여러분의 삶에서 매이고 사로잡힌 부분이 있다면, 예수 그리스도 앞에 머리를 조아리고 자유롭게 해 달라고 구하십시오. 주님을 최고의 친구로 체험하십시오. 그분은 결코 여러분을 실망시키지 않으십니다.

예수 그리스도께 엎드릴 때, 이제껏 붙들고 있던 것들 중 몇몇은 즉시 사라져 여러분은 참된 자유를 얻을 수 있을 것입니다. 하지만 성령의 가르침을 받아 오래된 사슬들을 끊어 내기까지 점진적인 과정이 필요할 수도 있습니다. 하루 24시간 내내 승리를 체험하는 초인적 그리스도인은 없습니다. 중요한 점은 예수님의 인도하심에 자신을 맡기는 것입니다. 그리고 그분의 손을 잡은 채 '자유'를 향해 걸어가기만 하면 됩니다.

9 반항적인 종

그들은 지존하신 하나님을 시험하고 반항하여 그의 명령을 지키지 아니하며. 시편 78:56

요나는 하나님께 반항한 종이었습니다. 니느웨의 선지자가 되라는 부르심을 받았지만, 주님의 말씀을 무시하고 제 갈 길을 갔습니다. 니느웨에 가서 임박한 심판을 경고하라고 말씀하셨지만, 자신의 스케줄과 맞지 않았던 것입니다!

요나는 오늘날의 많은 그리스도인들과 똑같습니다. 그들은 내년에 할 일까지 계획을 다 세워 놓았고 그들의 일정은 늘 꽉 차 있습니다. 하나님이 무슨 일을 명하셔도 자신들이 이미 세워 놓은 일정을 조정할 의향이 없습니다. 예수님은 이렇게 가르치셨습니다.

"그러므로 내일 일을 위하여 염려하지 말라. 내일 일은 내일이 염려할 것이요 한 날의 괴로움은 그날로 족하니라."(마 6:34)

요나의 이름은 '비둘기'라는 의미입니다. 한동안 이 비둘기는 방향감각을 잃어버렸습니다. 하나님은 오늘날의 이라크 지역인 니느웨로 가라고 하셨는데, 그는 반대 방향인 다시스로 갔습니다. 일부 성경학자들은 다시스가 현대의 스페인이라고 생각합니다. 요나는 지중해 동쪽 끝에서 출발해 지중해 서쪽 끝의 가장 먼 지역으로 달아나려 했던 것입니다. 몇 주는 족히 걸릴 여행입니다.

자신의 계획을 하나님의 계획보다 앞세우는 것은 결코 좋은 생각이 아닙니다. 그것은 재난과 고통으로 끝나게 마련입니다. 성경은 우리에게 자신을 낮추고 하나님의 뜻에 우리의 계획을 굴복시키라고 말합니다.

"너는 마음을 다하여 여호와를 신뢰하고 네 명철을 의지하지 말라. 너는 범사에 그를 인정하라. 그리하면 네 길을 지도하시리라."(잠 3:5-6)

우리 자신의 생각을 의지할수록 우리의 길은 마구 굽어지게 됩니다.

요나는 자신뿐 아니라 배에 탔던 다른 사람들까지 큰 위험에 빠뜨렸습니다.

이처럼 하나님의 자녀가 하나님의 명령을 거역하는 것은 어느 누구에게나 좋지 않습니다. 주위의 다른 사람들까지 다칠 수 있습니다. 결국 요나는 선원들의 손에 붙들려 바다로 내던져졌고 여러분도 아시다시피 커다란 물고기 배 속에 들어가게 되고 맙니다.

여러분이 예수 그리스도께 속한 사람이라면, 여러분은 그분의 종이며 더 이상 자신의 삶을 통제하고 계획할 권리가 없습니다. 성경은 분명히 말씀하고 있습니다.

"너희는 너희 자신의 것이 아니라 값으로 산 것이 되었으니 그런즉 너희 몸으로 하나님께 영광을 돌리라."(고전 6:19-20)

세상 모든 사람은 종입니다. 예수 그리스도의 종이 아니면 죄의 종입니다. 예수님께 속하는 편이 훨씬 낫습니다! 세상의 주인들은 종들에게 권세를 부리고 억누르기 좋아하지만 예수님은 다릅니다. 그분의 말씀을 들어 보십시오.

"수고하고 무거운 짐 진 자들아, 다 내게로 오라. 내가 너희를 쉬게 하리라. 나는 마음이 온유하고 겸손하니 나의 멍에를 메고 내게 배우라. 그리하면 너희 마음이 쉼을 얻으리니 이는 내 멍에는 쉽고 내 짐은 가벼움이라."(마 11:28-30)

저도 살면서 하나님께 불순종한 적이 있는데 그때마다 고통을 겪었습니다.

2001년, 저는 미얀마에 머물며 아내와 아이들을 독일로 데려갈 준비를 하고 있었습니다. 성령께서는 독일을 떠날 때 미얀마 신분증을 소지하지 말라고 경고하셨지만, 저는 그 말씀에 불순종하고 신분증을 가져갔습니다. 그것은 적절한 공식 채널을 통해 발급받은 것이 아니었고, 결국 저는 그로 인해 체포되어 얻어맞고 7년형을 선고받았습니다.

체포된 직후 저는 주님께, 중국에서 여러 가지 기적을 통해 저를 감옥에서 건져 주셨던 일을 말씀드렸습니다. 그리고 다시 같은 일을 일어나게 해 주시기를 구했습니다.

그러다가 저는 두 상황이 전혀 다르다는 것을 깨달았습니다. 중국에서 체포된 이유는 복음 때문이었지만, 미얀마에서 체포된 것은 교만과 주님에 대한 불순종 때문이었습니다. 이 깨달음이 찾아오자 제 마음에 깊은 뉘우침과 슬픔이 밀려왔습니다. 저는 하나님께 '저를 용서하시고 저의 죄를 깨끗이 사해 주시기를' 간절히 구했습니다. 여러분, 우리 모두 주님을 찬양합시다. "만일 우리가 우리 죄를 자백하면 그는 미쁘시고 의로우사 우리 죄를 사하시며 우리를 모든 불의에서 깨끗하게 하실 것이"(요일 1:9)기 때문입니다.

용서를 구했을 때 예수님은 저의 죄를 사하셨고, 저와 하늘 아버지와의 관계를 올바로 회복하셨습니다.

요나도 심각한 곤경에 빠졌습니다. 하나님이 요나를 위해 특별한 물고기를 창조하시고 그것을 지중해에 두셨기 때문입니다. 여러 해 동안 그 거대한 물고기는 이리저리 헤엄쳐 다니며 하나님이 세우신 목적을 이룰 때를 기다렸습니다.

그리고 어느 날, 주님의 영이 그 물고기에게 역사하셨고 물고기의 입을 벌려 반항적인 종을 삼키게 하셨습니다!

물고기의 어두운 배 속에서 삼일 밤낮을 갇혀 있는 동안, 요나는 자신을 곤경에 처하게 만든 사건들을 곰곰이 떠올려 봤습니다. 주위에서는 물고기의 위산이 출렁대고 있고 참을 수 없는 악취가 진동했습니다. 요나는 거대한 세탁기 속에 갇힌 느낌이 들었을지도 모릅니다! 하나님은, 요나의 일정 가운데 하나님이 우선순위로 자리 잡을 길을 찾아내신 것입니다. 성경은 다음과 같이 기록하고 있습니다.

"요나가 물고기 배 속에서 그의 하나님 여호와께 기도하여 이르되, '내가 받는 고난으로 말미암아 여호와께 불러 아뢰었더니 주께서 내게 대답하셨고 내가 스올의 배 속에서 부르짖었더니 주께서 내 음성을 들으셨나이다.'"(욘 2:1-2)

하나님은 요나의 진실한 기도를 들으셨고 "그 물고기에게 말씀하시매 요나를 육지에 토하"(욘 2:10)였습니다. 요나는 그곳이 어디인지 몰랐을 것입니다. 아마도 이렇게 생각했을 것입니다.

'좋아. 사흘 밤낮을 여행했으니 다시스까지 왔을지도 모르겠군.'

우리가 하나님께 불순종할 때, 하나님은 우리의 경솔함을 숨기지 않으시고 우리가 다시 순종할 수 있도록 기회를 주십니다. 요나가 눈을 비비며 그곳이 어디인지 알아내려 하고 있을 때였습니다.

"여호와의 말씀이 두 번째로 요나에게 임하니라. 이르시되 '일어나 저 큰 성읍 니느웨로 가서 내가 네게 명한 바를 그들에게 선포하라' 하신지라. 요나가 여호와의 말씀대로 일어나서 니느웨로 가니라. 니느웨는 사흘 동안 걸을 만큼 하나님 앞에 큰 성읍이더라."(욘 3:1-3)

하나님은 미얀마에 있던 제게도 두 번째로 순종할 기회를 주시며 기적을 베푸셨습니다. 하나님은 7년형을 선고받은 제가 7개월 7일 동안만 옥

살이를 한 후 풀려나게 하셨습니다. 갇혀 있는 동안 하나님은 저를 통해 많은 죄수들이 그리스도를 믿도록 이끌어 주셨습니다. 그러다 주님이 정하신 날에 저는 미얀마의 감옥에서 토해 냄을 당했고 가족과 재회했습니다. 하나님은 선하십니다!

여러 해 동안 사람들을 만나면서 그들은 제게, 하나님이 자신들을 아름다운 섬이나 기후가 따스한 한가로운 장소로 부르셨다고 말했습니다. 하나님이 편안한 곳으로 우리를 부르신다면 우리는 정말 운 좋은 사람들일 것입니다. 하지만 하나님이 죽어도 가기 싫은 곳으로 여러분을 부르신다면 어떻게 하겠습니까?

여러분이 오늘밤에 기도하는데, 성령의 작고 세미한 음성이 다음과 같이 말씀하신다면 어떻게 하겠습니까?

"얘야, 네가 바그다드에 가서 이라크인들에게 내 아들에 대해 증언하기 원하노라."

하나님이 여러분이 몹시 싫어하는 곳으로 여러분을 보내셔서 그 생각만 하면 온몸 구석구석에서 반항심이 피어오른다면 어떻게 하겠습니까?

성급하게 요나를 판단하기에 앞서, 요나에게 닥친 상황이 어떤 것인지 바로 이해해야 합니다.

당시 니느웨는 세계에서 가장 폭력적이고 사악한 곳이었습니다. 그곳 사람들은 여러 세대에 걸쳐 이스라엘 사람들을 잔인하게 억압했습니다. 당연히 요나는 하나님이 주시는 메시지를 그들에게 전할 준비가 되지 않았습니다.

그는 니느웨 사람들이 모조리 멸망해야 하고, 지구상에서 쓸어버림을 당해도 마땅하다 생각했습니다. 하나님은 자비로우시고 용서하시는 분임을 알면서도, 니느웨 사람들에게 회개의 기회가 주어지는 건 결코 원하지 않았던 것입니다. 이제 요나의 놀라운 말을 들어 보십시오.

"여호와여, 내가 고국에 있을 때에 이러하겠다고 말씀하지 아니하였나이까. 그러므로 내가 빨리 다시스로 도망하였사오니, 주께서는 은혜로우시며 자비로우시며 노하기를 더디하시며 인애가 크시사 뜻을 돌이켜 재앙을 내리지 아니하시는 하나님이신 줄을 내가 알았음이니이다."(욘 4:2)

바로 이것이 핵심입니다. 그 누구도 하나님의 구원을 받을 자격은 없습니다! 어느 누구건 오직 하나님의 은혜로만 예수 그리스도를 찾게 됩니다. 사도 바울은 에베소서를 통해 이 사실을 분명하게 지적한 바 있습니다.

"그는 허물과 죄로 죽었던 너희를 살리셨도다. 그때에 너희는 그 가운데서 행하여 이 세상 풍조를 따르고 공중의 권세 잡은 자를 따랐으니 곧 지금 불순종의 아들들 가운데서 역사하는 영이라. 전에는 우리도 다 그 가운데서 우리 육체의 욕심을 따라 지내며 육체와 마음의 원하는 것을 하여 다른 이들과 같이 본질상 진노의 자녀이었더니, 긍휼이 풍성하신 하나님이 우리를 사랑하신 그 큰 사랑을 인하여 허물로 죽은 우리를 그리스도와 함께 살리셨고."(엡 2:1-5)

'하나님은 우리가 위험한 길에 빠지지 않고 안전하고 안정된 삶을 사는 것만을 바라신다'고 가르치는 기독교는 잘못된 기독교입니다. 저는 위험의 소지가 있는 나라에는 선교사들을 보내지 않는 선교단체들을 많이 보았습니다. 그런 접근 방식으로는 예수님께 전 세계를 바쳐 드리지 못할 것입니다! 사탄의 견고한 진이 있는 곳에서는 예수 그리스도의 사자들이 강한 반대에 부딪히며 공격당하고 하나님이 허락하시면 죽임을 당하기도 할 것입니다.

우리가 가야 할 곳은 안전한 장소가 아니라 어디건 하나님이 명하시는 곳입니다. 그곳이 우리의 생명을 요구한다 해도 감수해야 합니다. 그렇게 되면 천국에 더 일찍 갈 것이니 좋지 않습니까.

세상에 있는 예수 그리스도의 제자들에게 '너무 위험한 곳'이란, 하나님의 뜻 밖에 있는 것뿐입니다.

하나님은 그분을 따르는 자들이 모든 사람과 평화롭게 살기만을 바라시지 않습니다. 오히려 그 반대입니다. 복음은 죄와 악을 정면으로 지적하여 사람의 내면을 예리하게 파헤치는 메시지이기 때문입니다. 예수님이 말씀하셨습니다.

"내가 세상에 화평을 주러 온 줄로 생각하지 말라. 화평이 아니요 검을 주러 왔노라. 내가 온 것은 사람이 그 아버지와, 딸이 어머니와, 며느리가 시어머니와 불화하게 하려 함이니 사람의 원수가 자기 집안 식구리라."(마 10:34-36)

참된 복음이 능력으로 전해질 경우 언제나 부흥 아니면 폭동을 낳습니다. 사도행전에 나오는 바울의 경험들만 읽어 봐도 알 수 있습니다. 예수님이 제자들에게 자살 임무를 맡기셨다고 생각해 본 적 있습니까? 예수님은 제자들이 전 세계로 나가 복음을 전하다 죽임당할 것임을 미리 아셨습니다. 그것을 아시면서도 "계속 전진하고 하나님나라를 위해 죽으라"는 명령을 철회하지 않으셨습니다! 예수님의 말씀을 들어 보십시오.

"너희가 세상에 속하였으면 세상이 자기의 것을 사랑할 것이나, 너희는 세상에 속한 자가 아니요 도리어 내가 너희를 세상에서 택하였기 때문에 세상이 너희를 미워하느니라. 내가 너희에게 종이 주인보다 더 크지 못하다 한 말을 기억하라. 사람들이 나를 박해하였은즉 너희도 박해할 것이요 내 말을 지켰은즉 너희 말도 지킬 것이라. 그러나 사람들이 내 이름으로 말미암아 이 모든 일을 너희에게 하리니 이는 나를 보내신 이를 알지 못함이라."(요 15:19-21)

요즘은 믿음에 조건을 다는 그리스도인들이 매우 많습니다. 그들은 하나님이 언제 어디서 말씀하실지, 어떤 말씀을 하실지를 스스로 정해 드리고 기꺼이 순종할 명령과 무시할 명령을 나눕니다.

그것은 믿음이 아닙니다. 그들이 기어이 변하기를 거부한다면, 하나님은 자기중심적인 그들을 심판하실 것입니다.

그러나 기쁜 소식이 있습니다. 여러분은 변할 수 있습니다. 우리를 사랑하시는 하늘 아버지께서는 예수님을 다시 삶의 중심으로 모시고 하나님의 뜻을 분별하기 위해 우리가 무엇을 어떻게 해야 하는지 분명히 밝혀 놓으셨습니다.

"그러므로 형제들아, 내가 하나님의 모든 자비하심으로 너희를 권하노니, 너희 몸을 하나님이 기뻐하시는 거룩한 산 제물로 드리라. 이는 너희가 드릴 영적 예배니라. 너희는 이 세대를 본받지 말고 오직 마음을 새롭게 함으로 변화를 받아 하나님의 선하시고 기뻐하시고 온전하신 뜻이 무엇인지 분별하도록 하라."(롬 12:1-2)

하나님께 속한 사람이라면, 하나님 앞에서 자신의 일정을 과감히 치워 버리는 법을 배워야 합니다. 우리의 모든 희망, 꿈과 장래 계획을 다 싸서 예수님의 발 앞에 내려놓아야 합니다. 성경은 우리의 몸까지 산 제물로 드려야 한다고 말합니다. 그런 믿음이 하나님 보시기에 거룩하고 하나님이 받으실 만한 것입니다.

이 부분을 읽으면서 '크나큰 헌신'과 '하나님의 뜻에 순종하는 삶'에 대한 생각으로 여러분의 마음이 위축될지도 모르겠습니다. 어쩌면 여러분은 자기기만에 빠져 자기 삶의 지배권을 온전히 쥐고 있으면 문제가 없고 자기 삶을 진정으로 하나님께 맡겨 드리면 후회할 수도 있다는 두려움을 느낄지도 모르겠습니다.

그러나 그것은 완전히 틀린 생각입니다. 제가 아는 한 지금까지 삶의 지배권을 예수님께 넘겨 드린 것을 후회한 사람은 단 한 사람도 없었습니다.

우리를 향한 하나님의 돌보심과 공급하심을 깨닫는다면, 우리는 결코 이전과 같을 수 없습니다! 그분은 여러분의 인생을 여러분보다 훨씬 잘 운영해 가십니다!

"그러므로 하나님의 능하신 손 아래에서 겸손하라. 때가 되면 너희를 높이시리라. 너희 염려를 다 주께 맡기라. 이는 그가 너희를 돌보심이라." (벧전 5:6-7)

요나는 하나님의 뜻에 순종하여 사악한 성 니느웨로 갔습니다. 그가 입을 열자 성령께서 그를 통해 강력하게 나타나 말씀하셨고 니느웨 성 전체가 겸손한 마음으로 회개했습니다!

"니느웨 사람들이 하나님을 믿고 금식을 선포하고 높고 낮은 자를 막론하고 굵은 베 옷을 입은지라. 그 일이 니느웨 왕에게 들리매 왕이 보좌에서 일어나 왕복을 벗고 굵은 베 옷을 입고 재 위에 앉으니라. 왕과 그의 대신들이 조서를 내려 니느웨에 신포하여 이르되, 사람이나 짐승이나 소 떼나 양 떼나 아무것도 입에 대지 말지니 곧 먹지도 말 것이요 물도 마시지 말 것이며 사람이든지 짐승이든지 다 굵은 베 옷을 입을 것이요 힘써 하나님께 부르짖을 것이며 각기 악한 길과 손으로 행한 강포에서 떠날 것이라."(욘 3:5-9)

요나의 이야기는 니느웨가 회개하는 장면에서 끝나지 않습니다. 하나님의 뜻에 순종하여 니느웨에 갔지만 하나님께서 사악한 니느웨에 자비를 베푸신 것을 보고 요나는 화가 났습니다! 요나는 하나님이 그곳에 다가가시는 것조차 원하지 않았습니다. 그는 니느웨 사람들이 구원받을 자격이 없다고 생각했고, 하나님이 그들을 가엾게 여겨 재난을 내리지 않기로 하신 것에 실망했습니다. 요나는 하나님의 자비하심에 매우 화가 나서 기도했습니다.

"여호와여 원하건대 이제 내 생명을 거두어 가소서. 사는 것보다 죽는 것이 내게 나음이니이다."(욘 4:3)

이렇듯 요나는 진정한 마음이 없는 끔찍한 태도로 말씀을 전했지만, 하나님은 "전도의 미련한 것으로 믿는 자들을 구원하시기를 기뻐하셨"(고전 1:21)습니다.

요나는 하나님이 전하라고 명하신 말씀을 마지못해 전했고, 성령께서 나머지 일을 하셨습니다! 여러분이 하나님을 대변할 때 중요한 것은 여러분의 지혜롭고 설득력 있는 말이 아니라, 여러분을 통해 일하시는 하나님의 능력임을 깨달아야 합니다. 바울은 말했습니다.

"내 말과 내 전도함이 설득력 있는 지혜의 말로 하지 아니하고 다만 성령의 나타나심과 능력으로 하여, 너희 믿음이 사람의 지혜에 있지 아니하고 다만 하나님의 능력에 있게 하려 하였노라."(고전 2:4-5)

여러분이 하나님의 부르심을 받았으면서도 자기 방식으로 결과를 이끌어 내려 한다면, 영광도 얻지 못하고 하나님의 기적도 보지 못할 것입니다.

저는 수십 년 동안 사역을 해 온 많은 목회자들을 만났습니다. 그들은 사역을 계속 진행하기 위해 자신이 생각할 수 있는 모든 일을 하면서도, 주님의 능력과 힘을 의지해 그분을 따르고 어떤 희생도 마다하지 않고 그분께 순종한다는 부르심의 핵심은 놓치고 있었습니다.

"만군의 여호와께서 말씀하시되 '이는 힘으로 되지 아니하며 능력으로 되지 아니하고 오직 나의 영으로 되느니라.'"(슥 4:6)

요나의 이야기는 여전히 하나님께 화를 내는 요나의 모습으로 마무리됩니다. 그는 하나님이 니느웨를 멸하시는 광경을 자리 잡고 앉아 지켜볼 요량으로, 성읍 바깥 땅에 초막을 지었습니다. 요나의 메시지는 아주 간단한 것이었습니다.

"회개하지 않으면 하나님이 너희를 40일 후에 멸망시키실 것이다!"

그는 니느웨가 멸망하는 쇼를 안전하게 관람할 수 있도록 성읍에서 멀찍이 떨어진 장소를 찾았습니다. 그는 하나님이 소돔과 고모라를 멸하셨을 때처럼 하늘에서 불과 유황이 내려와 니느웨를 파괴하기를 기대했는지도 모릅니다.

사랑이 많으신 하나님은 자리 잡고 앉은 요나의 초막 위로 박 넝쿨이 자라게 하셨습니다. 박 넝쿨 그늘 덕분에 요나는 뜨거운 햇볕을 피할 수 있었습니다.

하지만 다음 날, 하나님은 벌레 한 마리를 보내어 넝쿨을 쏠게 하셨고 찌는 듯한 뜨거운 바람을 보내어 넝쿨을 시들게 하셨습니다. 요나는 기력을 잃고, '이렇게 사느니 차라리 죽는 게 낫겠다'며 다시 하나님께 불평했습니다.

요나의 불평에 대한 하나님의 답변은 친절하고 사랑 많으신 그분의 마음을 잘 보여 줍니다. 여러분, 니느웨는 여러 세대에 걸쳐 이스라엘 백성들을 괴롭혔던 사악하고 폭력적인 성읍이라는 사실을 기억하십시오. 그러나 주님은 요나에게 말씀하셨습니다.

"네가 수고도 아니하였고 재배도 아니하였고 하룻밤에 났다가 하룻밤에 말라 버린 이 박 넝쿨을 아꼈거든, 하물며 이 큰 성읍 니느웨에는 좌우를 분변하지 못하는 자가 십이만여 명이요 가축도 많이 있나니 내가 어찌 아끼지 아니하겠느냐?"(욘 4:10-11)

형제자매 여러분, 하나님은 전 세계 모든 사람에게 의를 이르고자 하는 계획을 갖고 계십니다. 하나님은 모든 사람을 사랑하시고 어느 누구도 멸망하지 않기를 원하시기 때문입니다. 하나님은 모든 사람이 회개에 이르러 그분의 아들을 믿게 되기를 원하십니다. 무슬림의 폭력과 불신 때문에 하나님이 그들을 지구상에서 쓸어 버리셔야 한다고 생각하지 마십시오. 언젠가는 모든 민족이 심판받을 날이 올 것입니다. 그때까지 성령께서는 잃어버린 사람들을 사탄의 손아귀에서 끌어내기 위해 일하실 것입니다. 하나님의 뜻은 하나님을 모르는 사람들과 10억에 달하는 무슬림이 그 눈을 떠서 "어둠에서 빛으로 사탄의 권세에서 하나님께로 돌아오"고 "죄 사함과 나[예수님]를 믿어 거룩하게 된 무리 가운데서 기업을 얻게 하"(행 26:18)는 것입니다.

혹시 하나님께 불순종함으로 어둠 속에 갇혀 있습니까? 허비할 시간이 없습니다. 자신의 죄를 회개하고 하나님께 자백하십시오.

"그러므로 너희가 회개하고 돌이켜 너희 죄 없이 함을 받으라. 이같이 하면 새롭게 되는 날이 주 앞으로부터 이를 것이요 또 주께서 너희를 위하여 예정하신 그리스도 곧 예수를 보내시리니."(행 3:19-20)

자신을 낮추고 하나님께 열방을 향한 그분의 마음을 달라고 기도합시다. 그렇지 않으면 우리도 요나처럼 반항적인 종이 되고 말 것입니다. 언젠가 예수님이 재림하실 때, 우리가 예수님의 복된 말씀을 들을 수 있기를 기도합니다.

"잘하였도다, 착하고 충성된 종아. 네가 적은 일에 충성하였으매 내가 많은 것을 네게 맡기리니 네 주인의 즐거움에 참여할지어다."(마 25:21)

생명수의 강

10 사자같이 담대한
악인은 쫓아오는 자가 없어도 도망하나 의인은 사자같이 담대하니라. 잠언 28:1

오늘날에는 소심한 그리스도인들이 많습니다. 그러나 '소심한'과 '그리스도인'은 서로 어울리지 않는 말입니다. 그리스도인으로 산다는 것은 그리스도처럼 사는 것입니다. 예수 그리스도는 하나님의 불과 열정을 가득 품고 계셨습니다. 바리새인들을 꾸짖고 그들의 죄를 지적하고 당대의 지도자들을 나무랄 때도 소심하지 않으셨습니다. 그분은 성전 뜰에서 돈 바꾸는 사람들의 상을 뒤엎으셨습니다. 예수님에게 소심함이란 없었습니다. 그분은 여러분과 저를 위해 십자가의 고통을 담대히 겪으셨고 "통치자들과 권세들을 무력화하여 드러내어 구경거리로 삼으시고 십자가로 그들을 이기셨"(골 2:15)습니다.

예수님의 담대함은 하나님과 사람들을 향한 사랑과 아버지께 순종하려는 마음에서 나왔습니다. 우리의 담대함도 그와 같아야 합니다. 스스로 애써 만들어 낸 인간적 허세여서는 안 됩니다.

하나님을 기쁘게 하는 담대함은 성령께서 여러분의 삶에 들어오실 때 생겨납니다. 성령의 능력을 받기 전, 베드로는 대담히 선언했습니다.

"내가 주와 함께 죽을지언정 주를 부인하지 않겠나이다."(막 14:31)

이 말은 하나님이 주신 담대함에서 나온 것이 아니었습니다. 베드로의 인간적 허세에서 나온 말이었고, 그러므로 아무 가치도 없었습니다. 그날 밤, 베드로는 예수님을 세 번 부인했습니다. 하지만 오순절에 그는 성령을 충만히 받아 용감한 설교자가 되었습니다. 그는 교회 최초의 설교자가 되는 영예를 얻었고 그가 설교한 첫째 날에 3천 명이 구원을 받았습니다.

테러리스트들은 가슴에 폭발물을 매달고 목표물을 향해 죽음도 불사하는데, 많은 그리스도인들은 생쥐처럼 소심하고 이웃에게 복음 전하기를 두려워하니 이게 어찌 된 일입니까? 우리가 소심함과 두려움에 사로잡혀 예수님을 따르지 못하면 온통 나쁜 결과만 나타납니다. 살아 계신 하나님의 아들딸들인 우리는 복음의 능력을 갖고 있습니다. 지금 우리는 서구 세계를 공격하는 무슬림 과격분자들에게 복음을 전하기 위해, 가능한 한 모든 일을 다 하고 있습니까? 오픈도어선교회(Open Doors)의 설립자 브라더 앤드류(Brother Andrew)는 말했습니다.

"우리가 복음을 들고 이교도들에게 가지 않으면, 그들이 혁명가나 점령군이 되어 우리를 찾아올 것입니다."

성령께서 여러분의 마음에 들어와 주인이 되시면 두려움은 사라집니다. 하나님의 사랑, 그 거룩한 불이 여러분을 삼킬 것이기 때문입니다. 여러분은 이전과 다른 사람이 됩니다.

"사랑 안에 두려움이 없고 온전한 사랑이 두려움을 내쫓나니, 두려움에는 형벌이 있음이라. 두려워하는 자는 사랑 안에서 온전히 이루지 못하였느니라. 우리가 사랑함은 그가 먼저 우리를 사랑하셨음이라."(요일 4:18-19)

성경에는 하나님을 위해 믿음으로 담대한 일들을 행한 용감한 인물들이 가득합니다. 노아는 하나님이 물로 세상을 심판하실 거라는 실제적인 증거가 전혀 없는 상황에서도 그분의 말씀에 순종해 거대한 배를 짓기로 마음먹었습니다. 그것은 참으로 담대한 결정이었습니다. 그 얘기를 듣는 사람마다 그를 조롱하고 비웃었지만, 노아는 배 만드는 일을 계속했습니다. 성경은 다음과 같이 말하고 있습니다.

"믿음으로 노아는 아직 보이지 않는 일에 경고하심을 받아 경외함으로 방주를 준비하여 그 집을 구원하였으니, 이로 말미암아 세상을 정죄하고 믿음을 따르는 의의 상속자가 되었느니라."(히 11:7)

홍해를 건넌 이스라엘 백성을 생각해 보십시오. 양쪽으로 바닷물의 벽이 높이 쌓여 있는 상황에서, 홍해 안으로 발걸음을 내디뎌 마른 땅을 밟고 지나가기까지는 담대함이 필요했습니다. 대를 이은 이스라엘의 선지자들은 끊임없는 공격, 투옥, 비방과 고난을 겪으면서도 하나님의 말씀을 담대히 전했습니다. 그것은 커다란 용기가 필요한 일이었습니다.

다윗은 하나님이 주신 담대함으로 고작 돌멩이 다섯 개와 무릿매를 들고서 완전무장한 골리앗에게 달려갔습니다. 다윗은 하나님이 기적을 행하실 수 있다고 믿었고 기꺼이 목숨을 걸었습니다. 다윗은 말했습니다.

"내가 간구하는 날에 주께서 응답하시고 내 영혼에 힘을 주어 나를 강하게 하셨나이다."(시 138:3)

요나단과 요나단의 무기를 든 소년, 이 두 사람이 블레셋 군 전체를 공격한 사건은 성경에서도 가장 용기 있고 담대한 행동 중 하나입니다! 그들은 적군이 바라보는 가운데 절벽을 기어 올라갔습니다. 성경은 무기 든 소년의 이름을 기록하진 않았지만, 그 역시 성령의 담대함으로 충만했음이 분명합니다. 요나단은 그에게 말했습니다.

"우리가 이 할례 받지 않은 자들에게로 건너가자. 여호와께서 우리를 위하여 일하실까 하노라. 여호와의 구원은 사람이 많고 적음에 달리지 아니하였느니라."(삼상 14:6)

소년은 생명의 위험을 무릅쓰고 함께 대군을 공격하자는 요나단의 요청을 받아들였습니다. 놀랍게도 그는 요나단에게 대답합니다.

"당신의 마음에 있는 대로 다 행하……소서. 내가 당신과 마음을 같이 하여 따르리이다."(삼상 14:7)

하나님은 그분의 영광과 나라의 전진을 위한 담대함을 사랑하십니다. 그 담대함에 감동하시고 언제나 하늘에서 응답하십니다. 자, 어떤 일이 벌어졌는지 보십시오.

"이때에 블레셋 군인들은, 진 안에 있는 군인들이나 싸움터에 있는 군인들이나 전초부대의 군인들이나 특공대의 군인들이나, 모두가 공포에 떨고 있었다. 땅마저 흔들렸다. 하나님이 보내신 크나큰 공포가 그들을 휘감았다."(삼상 14:15, 표준새번역)

사도 바울도 대단히 담대한 사람이었습니다. 그는 다메섹으로 가는 길에 예수님을 만난 후 극적으로 변화되었고 사자처럼 담대해졌습니다. 그는 선언했습니다.

"내가 복음을 부끄러워하지 아니하노니 이 복음은 모든 믿는 자에게 구원을 주시는 하나님의 능력이 됨이라."(롬 1:16)

주 예수의 담대한 증인이 되기 위해서는 먼저 우리 자신을 비우고 주님을 의지하여 변화와 능력을 받아야 합니다. 베드로와 요한이 산헤드린 앞에 섰을 때, 그들은 담대히 복음을 선포했고 통치자들을 향해 '회개하고 예수님을 믿으라'고 촉구했습니다. 성경은 두 사람의 겁 없는 모습에 통치자들이 깜짝 놀랐다고 기록합니다.

"그들은 베드로와 요한이 아무런 교육도 받지 못한 평범한 사람인 줄 알았는데 그렇듯 용기 있게 말하는 것을 보고 놀라지 않을 수 없었습니다. 그러고는 비로소 그들이 과거에 예수와 내내 함께 있던 사람인 줄 알게 됐습니다."(행 4:13, 우리말성경)

여러분이 담대한 그리스도인이 되면 사람들은 그것을 여러분 자신의 결심과 노력으로 얻은 결과물이 아닌, 예수님과의 관계에서 나온 산물임을 깨달을 것입니다.

감옥에서 풀려난 후, 베드로와 요한은 다른 신자들에게 돌아가 그동안 있었던 일을 보고했습니다. 그리고 교회 전체가 일어나 기도했습니다.

"'주여, 이제도 그들의 위협함을 굽어보시옵고 또 종들로 하여금 담대히 하나님의 말씀을 전하게 하여 주시오며, 손을 내밀어 병을 낫게 하시옵고 표적과 기사가 거룩한 종 예수의 이름으로 이루어지게 하옵소서' 하더라. 빌기를 다하매 모인 곳이 진동하더니 무리가 다 성령이 충만하여 담대히 하나님의 말씀을 전하니라."(행 4:29-31)

바울은 에베소 교인들에게 기도를 요청하면서 말했습니다.

"또 나를 위하여 구할 것은 '내게 말씀을 주사 나로 입을 열어 복음의 비밀을 담대히 알리게 하옵소서' 할 것이니 이 일을 위하여 내가 쇠사슬에 매인 사신이 된 것은 나로 이 일에 당연히 할 말을 담대히 하게 하려 하심이라."(엡 6:19-20)

사도행전은 바울의 담대함의 결과를 기록하고 있습니다. 한번은 "바울이 회당에 들어가 석 달 동안 담대히 하나님나라에 관하여 강론하며 권면"(행 19:8)했습니다. 나중에는 "바울이 온 이태를 자기 셋집에 머물면서 자기에게 오는 사람을 다 영접하고 하나님의 나라를 전파하며 주 예수 그리스도에 관한 모든 것을 담대하게 거침없이 가르"(행 28:30-31)쳤습니다.

제가 아는 중국의 한 신자는 감옥에서 끔찍한 고문과 학대를 당하다 간신히 탈출했습니다. 그의 탈출은 하나님이 허락하신 기적이었습니다. 감옥에서 그토록 잔인한 처우를 당했음에도 그 형제는 탈옥한 지 며칠 되지 않아 감옥에서 다른 그리스도인들과 나누던 친밀한 교제가 그리워졌습니다. 그는 그들의 상태가 염려되었고 그들이 믿음 안에서 굳건히 서도록 격려해 주고 싶은 마음이 간절해졌습니다.

당국은 얼마 전 감옥에서 빠져나간 그를 찾느라 사방을 뒤지고 있었지만, 그는 감옥의 형제들을 면회하기로 담대히 결정했습니다. 그리스도 안에 있는 형제들의 얼굴을 보고 잠시나마 그들을 격려하기 위해서였습니다. 그는 감옥 문 앞에 가서 신분증을 건넸습니다. 거기에는 실명이 적혀 있었습니다. 면회 신청은 받아들여졌고 마침내 해당 수감자가 감방에서 끌려 나왔습니다. 자기를 찾아온 면회자가 바로 며칠 전 탈옥한 감방 동료임을 보고 해당 수감자는 얼마나 놀랐겠습니까?

흥분을 감추느라 애쓰면서 죄수는 담대한 면회자와 몇 분간의 교제를 나누었습니다. 그들은 그리스도 안에 견고하게 서서 모든 사람에게 계속 담대히 복음을 선포하자고 서로를 격려했습니다.

드디어 면회 시간이 끝나고 면회자는 차분한 태도로 간수들에게 고맙다고 말한 뒤 신분증을 받아서 거리로 나섰습니다. 몇 분 후, 하나님이 그들의 머리에 피워 놓았던 구름이 걷히기라도 한 듯, 간수들은 조금 전의 면회자가 바로 온 도시를 뒤지며 찾던 탈옥자임을 알았습니다. 그들은 총을 빼들고 거리로 달려 나갔지만 이미 탈옥자는 어디에도 없었습니다.

그 사람이 며칠 전에 탈출한 감옥으로 되돌아간 것이 매우 어리석은 행동이었다고 말할 사람도 있을 것입니다. 하지만 저는 하나님의 사랑이 그런 담대한 행동을 시도하도록 강권했다고 믿습니다. 그는 그리스도 안의 형제를 격려할 수 있다면 다시 체포될 위험도 감수할 수 있다고 생각했던 것입니다.

"우리가 만일 미쳤어도 하나님을 위한 것이요 정신이 온전하여도 너희를 위한 것이니, 그리스도의 사랑이 우리를 강권하시는도다. 우리가 생각하건대 한 사람이 모든 사람을 대신하여 죽었은즉 모든 사람이 죽은 것이라. 그가 모든 사람을 대신하여 죽으심은 살아 있는 자들로 하여금 다시는 그들 자신을 위하여 살지 않고 오직 그들을 대신하여 죽었다가 다시 살아나신 이를 위하여 살게 하려 함이라."(고후 5:13-15)

하늘에 속한 담대함과 용기는 성경에 등장하는 많은 사람들의 특징입니다. 그들은 본성적으로 담대하거나 용감한 사람들이 아니었습니다. 하나님이 그들의 삶을 변화시키기 전에는 대다수가 약하고 소심한 사람들이었습니다. 그러나 그들이 겸손해졌을 때, 하나님의 강한 능력이 그들을 들어 올려 그들로 하여금 많은 큰일들을 행하게 하셨습니다.

여러분은 어떻습니까? 여러분 안에서 성령의 담대함과 용기가 솟구쳐서 하나님을 위해 불가능한 일을 하게 된 경험이 있습니까? 주님을 섬기기 위해 위험을 무릅쓴 적이 있습니까? 아니면 여러분의 기독교는 대체로 '사적'인 문제에 머물러 있습니까? 그래서 믿음을 혼자서만 간직하며 하나님과 '안전거리'를 유지하고 있습니까? 다른 사람들에게 예수 그리스도를 전하고 예수님이 그들의 삶에 가져올 수 있는 변화에 대해 말하는 것이 두렵습니까? 신앙 때문에 난처하게 되거나 조롱을 당할까 염려됩니까?

자아가 죽지 않은 사람에게는 진정한 담대함이 생길 수 없습니다. 이미 죽은 사람은 다른 사람들이 어떻게 생각하건, 무슨 말을 하건 개의치 않습니다. 죽은 사람이 자신의 평판이나 다른 사람들의 시선을 걱정하지 않는 것처럼 말입니다.

하나님나라를 위해 큰일을 하고 싶다면, 먼저 자신을 죽여야 합니다. 이것은 일회적인 경험이 아니라 매일 이루어져야 할 일입니다. 예수님이 말씀하셨습니다.

"아무든지 나를 따라오려거든 자기를 부인하고 날마다 제 십자가를 지고 나를 따를 것이니라. 누구든지 제 목숨을 구원하고자 하면 잃을 것이요 누구든지 나를 위하여 제 목숨을 잃으면 구원하리라."(눅 9:23-24)

바울은 고린도 교인들에게 이렇게 말했습니다.

"형제들아, 내가 그리스도 예수 우리 주 안에서 가진 바 너희에 대한 나의 자랑을 두고 단언하노니 나는 날마다 죽노라."(고전 15:31)

하나님나라는 인간의 노력으로 확장되지 않습니다. 자아와 욕망을 죽인 예수 그리스도의 종들 안에서 예수님의 생명이 흘러나올 때 확장됩니다. 베드로는 다음과 같이 설명했습니다.

"그리스도께서 이미 육체의 고난을 받으셨으니 너희도 같은 마음으로 갑옷을 삼으라. 이는 육체의 고난을 받은 자는 죄를 그쳤음이니 그 후로는 다시 사람의 정욕을 따르지 않고 하나님의 뜻을 따라 육체의 남은 때를 살게 하려 함이라."(벧전 4:1-2)

하나님의 뜻이 모든 그리스도인의 삶에 초점이 되어야 합니다. 하나님께 영광을 돌리는 일이 우리의 가장 큰 영예와 특권이어야 합니다. 다른 모든 것은 시간 낭비입니다. 이 세상은 빠르게 썩어 없어지고 있습니다. 그러나 수많은 그리스도인들이 타협과 이기심으로 가득한 세속의 삶을 살고 있습니다.

기쁜 소식이 있습니다. 우리 주님은 사랑과 자비가 많으시기에, 주님을 향해 겸손하고 온유한 마음으로 나아오는 모든 사람을 용서하십니다. 주님은 여러분을 들어 사자같이 담대하게 만드시고, 소심한 그리스도인으로 살아온 여러분의 세월을 끝내실 수 있습니다. 성령으로 매일 만들어지고 빚어지는 이 과정에 순복할 의향이 있습니까? 그렇게 한다면 결코 후회하지 않을 것입니다.

옛날에 기드온이라는 소심한 청년이 있었습니다. 주위 상황 때문에 그는 크게 낙담했습니다. 적군이 어찌나 강한지 이스라엘 백성은 자주 굴과 산에 숨었습니다. 그런데 주의 천사가 기드온을 찾아와 당시에 통하던 모든 상식과 전혀 다른 메시지를 전했습니다.

"여호와의 사자가 기드온에게 나타나 이르되 '큰 용사여, 여호와께서 너와 함께 계시도다' 하매."(삿 6:12)

기드온은 천사가 다른 사람을 두고 한 말이라고 생각했을 것입니다! 그는 미디안 사람들의 압제하에서 살고 있었고 자신이 큰 용사라고 도저히 생각할 수 없었습니다. 심지어 기드온은 천사에게 "이제 여호와께서 우리를 버리사 미디안의 손에 우리를 넘겨주셨나이다"(삿 6:13)라고 말하기까지 했습니다. 기드온은 전체를 바라보는 시각을 잃어버렸던 것입니다. 두려움과 절망에 사로잡혀 자신의 실패밖에 보이지 않았던 것입니다.

여러분은 지금 자신이 기드온같이 느껴지십니까?

여러분은 소심하고 겁 많은 사람이었을지도 모릅니다. 그러나 하나님은 여러분이 자신의 두려움을 하나님께 넘겨 드리고 사자같이 담대해지기를 바라십니다. 사람들이 여러분을 어떻게 보건, 어떻게 말하건 중요하지 않습니다. 여러분에 대한 여러분 자신의 생각도 중요하지 않습니다.

하나님이 여러분을 어떻게 보시는지, 오직 그것이 중요합니다.

하나님이 여러분에 대해 하시는 말씀이 진리이며 그 진리가 여러분을 자유케 할 것입니다. 하나님이 여러분에게 큰 용사라고 말씀하시면, 여러분은 **정말** 큰 용사입니다. 하나님이 여러분에게 할 수 있다고 말씀하시면, 여러분은 **할 수 있습니다**! 하나님이 우리를 그리스도와 "함께 일으키사 그리스도 예수 안에서 함께 하늘에 앉히"(엡 2:6)셨다고 말씀하시면, 설령 그런 느낌이 들지 않더라도 그것이 사실입니다. 여러분을 낙심케 하고 너는 할 수 없다고 말하는 사람들에게 주목하지 마십시오. 그저 "사람은 다 거짓되되 오직 하나님은 참되"(롬 3:4)심을 기억하십시오.

그리스도 안에서 여러분에게 촉구합니다. 부디 자신의 정체성을 잃어버리지 마십시오. 여러분은 구속(救贖)함을 받은 자입니다. 전능하신 하나님이 자녀로 택하신 자입니다. 하늘의 아버지는 여러분이 그분의 강한 능력을 의지하는 담대한 용사가 되기를 원하십니다. 그분은 여러분이 사자같이 담대하기를 원하십니다. 아멘!

11 생수의 그릇

우리가 이 보배를 질그릇에 가졌으니 이는 심히 큰 능력은 하나님께 있고 우리에게 있지 아니함을 알게 하려 함이라. 고린도후서 4:7

우리는 지금 신명나는 시대에 살고 있습니다. 그간 복음의 빛이 들어가지 못했던 세계 여러 곳에서 하나님이 큰일을 하고 계십니다. 물론 이 좋은 소식은 텔레비전이나 신문에 보도되지 않습니다. 대중매체는 주로 세상의 나쁜 소식들만 전하기 때문입니다. 하지만 하나님은 수백만 명을 구원하시고 그들의 삶을 철저히 변화시키고 계십니다.

"이 복음이 이미 너희에게 이르매, 너희가 듣고 참으로 하나님의 은혜를 깨달은 날부터 너희 중에서와 같이 또한 온 천하에서도 열매를 맺어 자라는도다."(골 1:6)

여러 해 전, 주님은 중국의 가정교회 지도자들을 불러 '복음의 달'이라는 사업을 시작하게 하셨습니다. 성탄절과 구정 사이에 모든 신자가 최소한 세 사람을 예수 그리스도께 인도하고, 그들이 다시 나가서 또 다른 사람들을 주님께 인도할 수 있도록 제자훈련을 시킨다는 내용이었습니다.

각 교회 지도자는 이 기간 동안 최소한 다섯 사람을 주님께 인도하고 제자훈련을 시켜야 했습니다.

그 결과는 놀라웠습니다. 제 고향 지역인 난양에서만 하루에 1만 2천 명이 넘는 새신자가 세례를 받았습니다. 그들은 제자훈련을 받았고, 그다음 해 난양에서 30만 명 정도가 주님을 믿게 되었습니다! 해가 지나면서 '복음의 달'은 중국의 다른 많은 지역에도 퍼져 나갔고 복음이 중국 곳곳을 적셨습니다. 수백만의 사람들이 구원을 받았고 교회는 하나님나라를 위한 생수의 그릇이 되었습니다.

하나님은 그분의 생명수를 여러분의 나라에도 보내기 원하십니다. 그러나 생명수는 하늘에서 곧장 내려오는 것이 아니요, 교회 건물에서 흘러나오는 것도 아닙니다. 주님께서는 생수의 강이 **우리** 배에서 흘러나올 것이라 말씀하셨습니다! 여러분의 나라가 부흥을 보려면, 예수 그리스도를 따르는 자들이 먼저 자신의 삶에서 부흥을 체험해야 합니다. 성경은 다음과 같이 기록하고 있습니다.

"거기에 유대인의 정결 예식을 따라 두세 통 드는 돌항아리 여섯이 놓였는지라. 예수께서 그들에게 이르시되 '항아리에 물을 채우라' 하신즉 아귀까지 채우니."(요 2:6-7)

우선 이 여섯 항아리가 보통 정결 예식에 쓰였다는 사실에 주목하십시오. 유대인들은 하나님을 예배하기 전에 몸을 씻어야 했습니다. 시간이 지나면서 이 항아리들은 분명 낡고 더러워졌을 것입니다. 어쩌면 입구 주위에 찌꺼기가 쌓였을지도 모릅니다.

이것은 오늘날 많은 그리스도인들이 처해 있는 상태이기도 합니다. 하나님은 그들의 삶이 주위 사람들에게 생수와 축복을 가져다주기 원하십니다. 그러나 여러 해 동안 함부로 살아온 그리스도인들은 성령의 생명수와 거리를 두게 되었습니다. 하나님의 사람들에게 활력을 가져다주기 위해 만들어진 그릇이 오염된 것입니다. 이런 상태의 그리스도인을 만나는 것은 끔찍한 일입니다. 이런 사람은 금세 알아볼 수 있습니다. 그들의 입에서는 비판과 뒷담화가 끊이지 않기 때문입니다.

형제자매 여러분, 하나님께 더 좋은 길이 있습니다. 혹시 여러분이 세상의 염려에 짓눌린 오염된 그릇이 되었습니까? 좋은 소식이 있습니다! 예수님은 여러분을 사랑하시고 여러분의 모든 염려를 그분께 맡기기 원하십니다. 회개하십시오. 그러면 예수님이 여러분을 용서하시고 다시 맞아 주실 것입니다. 성경은 다음과 같이 말합니다.

"그러므로 하나님의 능하신 손 아래에서 겸손하라. 때가 되면 너희를 높이시리라. 너희 염려를 다 주께 맡기라. 이는 그가 너희를 돌보심이라."(벧전 5:6-7)

예수님은 우리에게 세상의 짐을 지고 다니라고 하지 않으셨습니다. 예수님만이 세상의 짐을 내려놓게 하실 수 있습니다. 예수님은 말씀하십니다.

"수고하고 무거운 짐 진 자들아, 다 내게로 오라. 내가 너희를 쉬게 하리라. 나는 마음이 온유하고 겸손하니 나의 멍에를 메고 내게 배우라. 그리하면 너희 마음이 쉼을 얻으리니 이는 내 멍에는 쉽고 내 짐은 가벼움이라."(마 11:28-30)

과중한 짐을 진 그리스도인은 속에서 흘러나오는 생수의 강을 체험하지 못합니다. 예수님과 함께 시간을 보내고 우리가 질 필요가 없는 짐을 내려놓읍시다. 예수님은 우리에게 그런 짐을 지라고 하신 적이 없습니다.

여러분이 아시다시피, 예수님은 가나의 혼인잔치에서 여섯 돌항아리 안에 담긴 물을 그전까지 누구도 맛보지 못한 가장 맛있는 포도주로 바꾸셨습니다. 그때 연회장은 신랑에게 최고의 포도주를 제일 먼저 꺼내 오지 않았다고 말했습니다.

"사람마다 먼저 좋은 포도주를 내고 취한 후에 낮은 것을 내거늘 그대는 지금까지 좋은 포도주를 두었도다. ……예수께서 이 첫 표적을 갈릴리

가나에서 행하여 그의 영광을 나타내시매 제자들이 그를 믿으니라."(요 2:10-11)

예수님이 물을 포도주로 바꾸신 것을 어떻게 "그의 영광을 나타내"신 일로 볼 수 있습니까? 만물의 자연 순리를 역전하셨기 때문입니다. 즉, 예수님은 우주의 자연법칙을 뒤집으실 수 있습니다. 그것을 창조하신 하나님이시기 때문입니다! 오직 그분만이 낡은 항아리의 물을 맛있는 포도주로 바꾸실 수 있습니다.

마찬가지로 예수님은 여러분의 지치고 긴장된 삶을 생수의 그릇으로 완전히 변화시키실 수 있습니다! 예수님만이 여러분의 허물어져 가는 삶을 역전시키실 수 있습니다. 종교나 인간 자신의 노력으로는 그렇게 할 수 없습니다. 예수님만이 여러분을 내면에서부터 속속들이 변화시키실 수 있습니다! 하나님은 "슬퍼하는 자에게 화관을 주어 그 재를 대신하며 기쁨의 기름으로 그 슬픔을 대신하며 찬송의 옷으로 그 근심을 대신하시고 그들이 의의 나무 곧 여호와께서 심으신 그 영광을 나타낼 자"(사 61:3)로 일컬음 받기를 원하십니다.

하나님은 그분의 자녀들이 생명수로 가득 찬 그릇이 되길 원하십니다. 여러분에게 예수님을 알지 못하는 가족이 있습니까? 여러분이 그들의 삶에 생명수를 흘려보내는 그릇이 되기를 기도합니다. 물은 참으로 멋진 축복입니다. 물이 없다면 세상은 금세 끝나고 말 것입니다.

예수님은 우리가 이 세상을 살리는 데 쓸 생명수를 무한히 갖고 계십니다. 지상에 살면서 길 잃어 죽어 가는 사람들에게 다가갈 날은 얼마 되지 않습니다. 성령의 생명수를 맛보지 못하고 죽는 사람은 그 생명수를 마실 기회를 다시는 얻지 못할 것입니다. 예수님은 지옥에서 고통당하는 부자의 가슴 아픈 이야기를 들려주셨습니다.

"그가 음부에서 고통 중에 눈을 들어 멀리 아브라함과 그의 품에 있는 나사로를 보고 불러 이르되 '아버지 아브라함이여, 나를 긍휼히 여기사

나사로를 보내어 그 손가락 끝에 물을 찍어 내 혀를 서늘하게 하소서. 내가 이 불꽃 가운데서 괴로워하나이다.' 아브라함이 이르되 '얘, 너는 살았을 때에 좋은 것을 받았고 나사로는 고난을 받았으니 이것을 기억하라. 이제 그는 여기서 위로를 받고 너는 괴로움을 받느니라.'"(눅 16:23-25)

오! 형제자매 여러분, 기억합시다. 이 세상에서 우리는 사람들에게 '활력을 주는 생명수로 가득 찬 그릇'이 되어야 합니다. 그렇지 않으면 그들은 물 한 방울 없는 곳에서 영원토록 지내야 합니다.

이 세대는 절박한 상황에 처해 있습니다. 비록 본인들은 깨닫지 못해도, 그들은 하나님의 생명수를 간절히 바라고 있습니다. 그들은 죽은 종교와 의식에 이골이 났습니다. 그것들이 마음의 갈증을 풀어 주지 못한다는 사실을 알기 때문입니다. 신자가 단 몇 명뿐인 교회가 수천 개도 넘는 것이 당연합니다.

저는 소수의 노부인들만 예배에 참석하는 유럽의 대성당들에 가 봤습니다. 목마른 사람들은 바보가 아닙니다. 그들은 여러분의 교회가 생수의 근원인지 아닌지 금세 알아봅니다. 여러분이 "우리는 예수님과 동행하며 그분의 생명에 참여하고 있다"고 아무리 목청을 높여도, 여러분의 교회가 내놓는 것이 딱딱하고 오래된 빵 조각에 불과하다면 그들은 어느새 다른 곳을 찾아 떠나갈 것입니다.

수많은 교회 지도자들이 하나님의 생명수가 아닌, 죽은 신학 교육과 인간의 추론이 담긴 웅덩이 물을 양 무리에게 떠먹이고 있습니다. 그러니 많은 그리스도인들이 영적으로 병들고 활기가 없는 것입니다! 그런 가혹한 환경에서는 하나님을 섬기는 비전과 꿈을 받은 그리스도인들도 금세 초점을 잃게 됩니다. 요셉의 형들처럼 말하는 교회 지도자들 앞에서 그들의 열정과 꿈은 쉽게 꺾여 버립니다.

"자, 그를 죽여 한 구덩이에 던지고 우리가 말하기를 '악한 짐승이 그를 잡아먹었다' 하자. 그의 꿈이 어떻게 되는지를 우리가 볼 것이니라."

(창 37:20)

하나님의 힘이 아니라 자기 힘으로 인생을 살아가고, 하나님이 주시는 생명수를 무시하면서 자기 웅덩이를 파는 것은 끔찍한 일입니다.

"'너 하늘아, 이 일로 말미암아 놀랄지어다, 심히 떨지어다, 두려워할지어다' 여호와의 말씀이니라. '내 백성이 두 가지 악을 행하였나니 곧 그들이 생수의 근원되는 나를 버린 것과 스스로 웅덩이를 판 것인데 그것은 그 물을 가두지 못할 터진 웅덩이들이니라.'"(렘 2:12-13)

이제는 하나님을 상대로 한 종교 놀이를 그칠 때입니다. 예수님을 '믿는' 것으로는 더 이상 충분하지 않습니다. 그분의 제자가 되어야 합니다. 교회가 그리스도인의 생명수를 마르게 하는 장소가 되어서는 안 됩니다. 오히려 제자들의 집결지가 되어 생명수를 지역사회와 세계 여러 나라로 흘려보내야 합니다.

하나님이 주신 생명수가 여러분 안에 고여 있는 경우, 그 물은 얼마 안 가 곧 썩게 됩니다. 썩은 물은 위험하며 질병을 옮길 수 있습니다. 그러므로 여러분 안의 생명수는 매일 새롭게 채워져야 합니다. 그래야 다른 사람들에게 흘러넘칠 수 있습니다. 한 번 성령의 충만함을 받은 것으로 충분하다고 생각해서는 안 됩니다. 성령께서는 끊임없이 여러분을 채우시며 그 성령의 능력은 밖으로 흘러넘쳐야 합니다. 이런 일이 벌어질 때 여러분은 성경에 나온 것과 같은 기적을 목격하게 되고, 주위의 많은 사람들이 구원받는 광경을 경험하게 될 것입니다.

생명수가 끊임없이 흐르는 삶을 체험할 수 있는 비결을 알려 드리겠습니다. 이 비결은 서구 교회뿐 아니라, 다른 지역의 그리스도의 몸 된 교회에서도 사라져 버렸습니다. 하나님의 생명수를 체험하는 비결은 더 많은 성경 교육을 받는 것이 **아닙니다**. 더 많은 기독교 컨퍼런스에 참석하거나 새로운 메시지를 가진 새로운 목사들을 찾아다니는 것도 **아닙니다**.

부디 잘 들어주십시오! 하나님의 생명수가 여러분의 삶에 흐르게 하는 비결은 바로 **순종입니다**. 제가 서구에서 만난 대부분의 그리스도인들은 많은 성경 지식을 갖고 있었습니다. 하지만 불순종 때문에 삶에서 생명수가 흐르는 체험을 하지 못하고 있었습니다.

하나님은, 여러분이 모든 것을 알면서도 아무것도 하지 않는 삶에서 벗어나길 원하십니다. 차라리 조금 알더라도 그 적은 지식에 순종하여 행하고, 그다음에 좀더 많은 지식을 얻기 원하십니다.

우리는 생명수를 얻기 위해 거듭 예수님께 나아가야 합니다. 그러나 생명수를 우리 자신의 유익과 계발을 위해서만 사용하면 안 됩니다. 하나님이 우리에게 원하시는 바는 그분이 명하시는 일에 순종하는 것입니다. 우리는 떨치고 일어서서 "가서 모든 민족을 제자로 삼아 아버지와 아들과 성령의 이름으로 세례를 베풀고" 예수께서 우리에게 "분부한 모든 것을 가르쳐 지키게"(마 28:19-20) 해야 합니다.

교회활동을 더 많이 지원하거나 지금보다 더 바쁘게 '기독교 활동'에 참여하라는 뜻이 아닙니다. 이런 것들은 여러분의 삶에서 생명수가 온전히 흘러넘치게 하지 못합니다! 예수 그리스도께 온전히 자신을 내어 드리고, 자신을 제한하지 말고 주저 없이 하나님을 섬기며 그분께 순종하라는 말입니다. 그때 비로소 여러분은 하나님이 여러분의 삶에 두신 계획을 발견하게 됩니다. 여러분이 예수님의 손을 잡고 믿음으로 발걸음을 내디딜 때, 예수님은 여러분에게 복을 주셔서 내면에 생명수가 흘러넘치고 예수님의 생명이 주위 사람들에게 흘러가도록 하실 것입니다.

여러분의 교회 게시판에 붙여 둔 선교사들의 소식지에 더 주의를 기울여 예수님의 지상명령에 순종하라는 말이 아닙니다. 그렇다고 지역사회의 활동들에 지원하라는 뜻도 아닙니다. 물론 그런 일들이 출발점이 될 수는 있습니다. 하지만 가장 중요한 점은 예수님의 이름을 세상 곳곳에 알리기 위해 하나님이 계획하신 일을 하는 데 여러분의 삶을 진심으로 바치고 성령의 인도하심을 따르는 것입니다. 그렇게 할 때 여러분의 삶이 생명수로 흘러넘치는 것을 경험하게 될 것입니다. 그러면 자연스럽게 하나님께서 여러분에게 맡기신 여러분의 가족, 교회, 지역사회로 생명수가 흘러갈 것입니다.

여러분은 교회와 세상 모두에 활력을 가져다줄 하나님의 축복의 그릇이 될 수 있습니다. 모든 나라가 예수님의 임재에 잠길 수 있습니다. 우리는 중국에서 이런 광경이 펼쳐지는 것을 보았고, 세계 다른 지역 사람들도 자신들의 땅에서 동일한 광경을 목격했습니다.

생명의 그릇이 되기 위해 먼저 해야 할 일이 있습니다. 우리 자신을 하나님의 일하심에 기꺼이 내어 드리는 일입니다!

사랑하는 형제자매 여러분, 혹시 그리스도를 따른다고 하면서도 예수님이 제자들에게 약속하신 생명수의 근원과 단절되어 있지는 않습니까? 여러분의 마음이 굳어졌습니까? 신앙생활이 지루하고 부담스러운 일이 되어 버렸습니까? 주님의 기쁨을 체험하는 일이 아주 드문 일이 되어 버렸습니까?

여러분에게 좋은 소식이 있습니다. 주님이 그분의 양 떼에게 하시는 말씀을 들어 보십시오.

"내가 그들에게 내 산 사방에 복을 내리며 때를 따라 소낙비를 내리되 복된 소낙비를 내리리라. 그리한즉 밭에 나무가 열매를 맺으며 땅이 그 소산을 내리니 그들이 그 땅에서 평안할지라. 내가 그들의 멍에의 나무를 꺾고 그들을 종으로 삼은 자의 손에서 그들을 건져 낸 후에 내가 여호와인 줄을 그들이 알겠고."(겔 34:26-27)

이 말씀이 너무나 엄청나게 여겨집니까? 그렇다면 우선 마음을 가라앉히고 예수님이 여러분의 짐을 덜어 주기 원하심을 기억하십시오. 마음의 토양이 마르고 딱딱해졌습니까? 사랑하는 형제자매 여러분, 여러분에게 권합니다. 하늘 아버지께 여러분의 죄를 고백하게 도와 달라고 부르짖으십시오. 성령께서 그 굳어진 마음을 촉촉하게 적셔 여러분을 변화시키기 시작하실 것입니다. 기억하십시오. 하나님은 여러분과의 친밀한 관계를 원하십니다. 하나님은 여러분이 상상도 못할 정도로 여러분을 사랑하십니다. 호세아 10장 12절의 아름다운 말씀으로 결론을 맺겠습니다.

너희가 자기를 위하여 공의를 심고 인애를 거두라. 너희 묵은 땅을 기경하라. 지금이 곧 여호와를 찾을 때니 마침내 여호와께서 오사 공의를 비처럼 너희에게 내리시리라.

12 생수의 강

명절 끝 날 곧 큰 날에 예수께서 서서 외쳐 이르시되 "누구든지 목마르거든 내게로 와서 마시라. 나를 믿는 자는 성경에 이름과 같이 그 배에서 생수의 강이 흘러나오리라" 하시니 이는 그를 믿는 자들이 받을 성령을 가리켜 말씀하신 것이라. 요한복음 7:37-39

하나님의 아들딸로서 우리가 가진 특권은 참으로 놀라운 것입니다! 예수님은 우리 배에서 '생수의 강'이 흘러나올 거라고 약속하셨습니다. 여러분은 이것을 체험해 보셨습니까? 우리 삶에는 더 많은 하나님의 임재가 필요합니다. 이 생수의 강이 우리 배에서 흘러나오기 시작할 때, 메마른 광야가 생명이 넘치는 곳으로 바뀌고, 어둠의 세력들이 쓰러지고 휩쓸려 갈 것입니다!

사탄에게 가짜 강이 있다는 사실을 아십니까? 사탄의 강은 가는 곳마다 죽음과 파괴를 불러옵니다. 그 강은 더러움, 공포, 그리고 예수 그리스도의 영광된 복음에 반대되는 모든 것을 토해 냅니다. 하지만 우리 주님은 우리가 그 강에 휩쓸려 가도록 내버려 두지 않으십니다. 하나님의 말씀은 "원수가 강물처럼 몰려오겠으나, 주의 영이 그들을 물리치실 것"(사 59:19, 표준새번역)이라고 밝히고 있습니다.

참으로 사탄은 예수님까지 너러운 죽음의 강물로 휩쓸어 버리고자 했습니다.

"용이 자기가 땅으로 내쫓긴 것을 보고 남자를 낳은 여자를 박해하는지라. ……여자의 뒤에서 뱀이 그 입으로 물을 강같이 토하여 여자를 물에 떠내려가게 하려 하되 땅이 여자를 도와 그 입을 벌려 용의 입에서 토한 강물을 삼키니, 용이 여자에게 분노하여 돌아가서 그 여자의 남은 자손 곧 하나님의 계명을 지키며 예수의 증거를 가진 자들과 더불어 싸우려고 바다 모래 위에 서 있더라."(계 12:13, 15-17)

여러분은 하나님의 계명을 지키고 예수의 증거를 가진 사람입니까? 그렇다면 여러분은 사탄과 맹렬하고도 사나운 전투를 치르고 있는 자입니다. 여러분의 적인 사탄은 죄와 기만의 강물을 이 세상에 끊임없이 토해 내고 있습니다. 여러분의 배에서 하나님의 생명의 강이 흘러나올 때에만 그자를 물리칠 수 있습니다! 예수님은 반석 위에 굳건히 세워진 삶은 사탄의 홍수에도 끄떡없다고 가르치셨습니다.

"홍수가 나서 물살이 그 집에 들이쳐도, 그 집은 흔들리지 않는다. 잘 지은 집이기 때문이다."(눅 6:48, 표준새번역)

하나님은 그분의 자녀인 우리가 이 세상에 산다 할지라도, 이 세상을 운영하는 체제의 일부가 되는 것은 바라지 않으십니다. 요한은 다음과 같이 말했습니다.

"이 세상이나 세상에 있는 것들을 사랑하지 말라. 누구든지 세상을 사랑하면 아버지의 사랑이 그 안에 있지 아니하니."(요일 2:15)

오직 주 예수 그리스도를 인격적으로 아는 사람들만이 세상 속에 살면서도 세상 체제를 극복하고 세상의 더러운 물에 오염되지 않습니다. 요한 일서 후반부에서 요한은 다음 말로 우리를 격려합니다.

"자녀들아, 너희는 하나님께 속하였고 또 그들을 이기었나니 이는 너희 안에 계신 이가 세상에 있는 자보다 크심이라."(요일 4:4)

하나님은 당신의 자녀들을 온전히 보호하시고 세상의 더러운 물에 젖지 않도록 안전하게 지키십니다. 아기 모세가 나일 강 위로 떠내려갈 때 안전하게 보호받았던 것과 같습니다. 그의 어머니는 아기를 담은 상자에 역청을 입혔고(출 2:3) 물은 아기 모세의 몸에 닿을 수조차 없었습니다. 하나님은 그분의 자녀들을 의로 입히시기에, 우리가 세상의 강물 속에 살아가더라도 그 영향에서 자유로울 수 있는 것입니다.

예수님은 아버지께 드린 위대한 기도에서 이렇게 말씀하셨습니다.

"나는 세상에 더 있지 아니하오나 그들은 세상에 있사옵고 나는 아버지께로 가옵나니, 거룩하신 아버지여, 내게 주신 아버지의 이름으로 그들을 보전하사 우리와 같이 그들도 하나가 되게 하옵소서. 내가 그들과 함께 있을 때에 내게 주신 아버지의 이름으로 그들을 보전하고 지키었나이다. 그중의 하나도 멸망하지 않고 다만 멸망의 자식뿐이오니 이는 성경을 응하게 함이니이다."(요 17:11-12)

세상에 살면서도 세상의 규칙과 유혹에 굴복하지 않을 때, 우리는 주위 사람들과 다른 모습을 보여 주게 될 것이고, 많은 사람들이 우리 자신과 우리가 전하는 메시지에 매력을 느끼게 될 것입니다. 우리는 강력한 증거를 **갖고 있을** 뿐 아니라, 우리 자신이 강력한 증거가 될 것입니다. 주님은 우리가 "흠이 없고 순전하여 어그러지고 거스르는 세대 가운데서 하나님의 흠 없는 자녀로 세상에서 그들 가운데 빛들로 나타내며 생명의 말씀을 밝"(빌 2:15-16)히기 원하십니다.

여러분은 하나님나라 백성으로 다시 태어났습니까? 그렇다면 여러분이 알아야 할 사실이 있습니다.

"무릇 하나님께로부터 난 자마다 세상을 이기느니라. 세상을 이기는 승리는 이것이니 우리의 믿음이니라. 예수께서 하나님의 아들이심을 믿는 자가 아니면 세상을 이기는 자가 누구냐!"(요일 5:4-5)

제가 처음으로 감옥에 갇혔을 때가 생생히 기억납니다. 감방의 다른 사람들은 완전히 절망에 매여 있었습니다. 대부분은 장기 복역을 하고 있는 강퍅한 살인자와 폭력배들이었습니다. 처형을 기다리는 사형수들도 있었습니다. 그들은 매일 함께 노래를 불렀습니다. 잘 아는 곡조에 가사를 붙인 것이었습니다. 우울하기 그지없는 그 노래의 일부를 소개합니다.

> 철창과 감옥 벽이 내 꿈과 희망을 죽였네
> 나는 절망 속에 갇혀 바깥세상의 아름다움을
> 완전히 빼앗겼네
> 두 번 다시 자유를 얻지 못하리

이 가사를 들었을 때 저는 무척 마음이 아팠습니다. 그래서 곡조는 그대로 두고 가사만 바꿔 새 노래를 만들었습니다. 그들은 저와 함께 노래를 불렀습니다.

> 철창과 감옥 벽은 하나님의 임재를 뺏지 못하네
> 그분은 매일 나와 함께하시네
> 나의 상황은 하나님의 사랑과 임재를 가로막지 못하네
> 하나님 덕분에 나는 젖과 꿀이 흐르는 땅에서 살 수 있네

감방 동료 모두 새 노래를 즐겨 불렀고, 그들이 마음을 열어 예수님을 주로 영접하게 되면서 그들의 절망은 서서히 희망으로 바뀌었습니다. 물론 이것은 한 명의 그리스도인이 다른 사람들의 삶에 생수의 강을 흘려보낸 단 한 가지 사례일 뿐입니다.

하나님은 에스겔 선지자에게 하나님의 성전에서 생명수가 흘러나오는 환상을 보여 주셨습니다. 에스겔은 생명수가 이르는 곳마다 이런 일이 벌어질 것이라고 적고 있습니다.

"이 흘러내리는 물로 그 바다의 물이 되살아나리라. 이 강물이 이르는 곳마다 번성하는 모든 생물이 살고 또 고기가 심히 많으리니, 이 물이 흘러 들어가므로 바닷물이 되살아나겠고 이 강이 이르는 각처에 모든 것이 살 것이며,……강 좌우 가에는 각종 먹을 과실나무가 자라서 그 잎이 시들지 아니하며 열매가 끊이지 아니하고 달마다 새 열매를 맺으리니, 그 물이 성소를 통하여 나옴이라. 그 열매는 먹을 만하고 그 잎사귀는 약 재료가 되리라."(겔 47:8-9, 12)

에스겔은 참으로 놀라운 환상을 보았습니다! 하나님의 생명수가 흐르기 시작하면 이런 놀라운 일들이 벌어집니다. 메마르고 건조한 삶이 다시 생기와 활력을 얻고, 사막에 좋은 열매가 맺힙니다. 구약성경의 에스겔은 예루살렘 성전에서 생명수가 흘러나오는 모습을 보았습니다. 그러나 오늘날의 여러분은 "자신이 하나님의 성전인 것과 하나님의 성령께서 여러분 안에 계시는 것을 알지 못합니까? 만일 누구든지 하나님의 성전을 파괴하면 하나님께서 그 사람을 멸하실 것입니다. 이는 하나님의 성전은 거룩하기 때문입니다. 여러분이 바로 하나님의 성전입니다."(고전 3:16-17, 우리말성경)

이것은 참으로 놀라운 진리입니다. 우리는 사람이 만든 성전과 교회 건물에 집착하는 데서 벗어나, 하나님이 더 이상 사람의 손으로 만든 건물에 거하지 않으심을 깨달아야 합니다. 바울은 아테네인들에게 말했습니다.

"우주와 그 가운데 있는 만물을 지으신 하나님께서는 천지의 주재시니 손으로 지은 전에 계시지 아니하시고."(행 17:24)

하나님은 예수 그리스도를 믿는 사람들 안에 거하십니다!

저는 하나님이 중국을 변화시키시는 것을 보았습니다. 성령께서 임하신 후 수많은 남녀노소의 내면에서 흘러나오는 생명수의 강을 보았습니다. 강퍅한 범죄자들과 교회를 박해했던 자들이 성령께 휩쓸려 하나님나라에 들어가게 되면서 어린아이처럼 무릎을 꿇고 자기 죄를 회개하는 모습을 보았습니다.

형제자매 여러분, 저는 중국이 구원받게 될 것을 압니다! 한때 중국에서 말라 버렸던 생명의 시내가 이제 여러 개의 힘찬 수로가 되어 흐르고 있습니다. 수백만 명의 사람들이 죄에서 씻김을 받고 있습니다. 그렇기 때문에 저는 단순히 인간의 기준으로 복음을 가지고 다가가기 어렵다고 생각되는 세계 여러 지역의 사람들도 구원받을 수 있음을 분명히 확신하게 되었습니다.

무슬림, 힌두교도, 불교도도 하나님의 힘찬 생수의 강으로 씻김 받을 수 있는 사람들입니다! 무신론자들과 테러리스트들도 하나님의 강에 몸을 담그면 깨끗이 씻김 받아 삶이 변화될 수 있습니다.

"한 시내가 있어 나뉘어 흘러 하나님의 성 곧 지존하신 이의 성소를 기쁘게 하도다."(시 46:4)

오늘날 전 세계 10억 명이 넘는 무슬림이 아직 하나님의 생수의 강에 몸을 담그지 못하고 있습니다. 우리 주 예수님은 그들 한 사람 한 사람을 사랑하시며 자녀 삼기 원하십니다. 예수님이 피 흘림으로써 사신 그리스도인의 무리를 그들 나라에서 강력하게 이끌어 내실 것은 무엇보다 자명합니다. 저는 예수님이 재림하시기 전에 하나님께서 셀 수 없이 많은 무슬림을 하나님의 나라로 이끌어 내실 것을 믿습니다. 하나님은 온 세상이 죄와 폭력과 불신으로 가득 차게 될 거라고 약속하지 않으셨습니다. 오히려 정반대입니다. 하나님의 말씀은 "바다에 물이 가득하듯이, 주의 영광을 아는 지식이 땅 위에 가득할 것이다"(합 2:14, 표준새번역)라고 선포하고 있습니다.

많은 그리스도인들이 마지막 때에 수많은 무슬림이 예수 그리스도를 믿게 될 거라는 사실을 믿기 어려워합니다. 하지만 물어봅시다. 하나님이 무슬림에게 다가가시는 일이 하나님을 알기 전의 중국인들, 아니 여러분에게 다가가셨던 것보다 더 어려울까요? 무슬림에게 필요한 것은 하나님의 생명수를 맛보아 아는 것뿐입니다.

무슬림의 절대다수가, 예수님이 그들을 자유롭게 하기 위해 이 땅에 오셔서 그들을 위해 죽으셨다는 복음의 메시지를 한 번도 들어 본 적이 없다는 사실을 아십니까? 여러분이 복음을 한 번도 듣지 못했던 적이 있었다면, 그때 여러분은 오늘날의 무슬림보다 더 나은 상황일 거라고 말할 수 있겠습니까? 누구든 삶이 변화되어 예수 그리스도를 본받게 되는 일은 오로지 하나님의 은혜로만 이루어집니다. 사도 바울은 단순한 질문을 했습니다.

"그런즉 그들이 믿지 아니하는 이를 어찌 부르리요 듣지도 못한 이를 어찌 믿으리요 전파하는 자가 없이 어찌 들으리요 보내심을 받지 아니하였으면 어찌 전파하리오."(롬 10:14-15)

무슬림 세계를 두려워하고 거부해서는 안 됩니다. 그들을 사랑하고, 그들을 위해 기도하고, 그들에게 복음으로 다가서고자 최선을 다해야 합니다. 그들을 포기하지 마십시오. 예수님은 무슬림을 결코 포기하지 않으십니다! 예수님은 그들을 깊이 사랑하시며, 무슬림이 예수님과의 올바른 교제를 통해 주의 이름을 부르는 모든 아브라함의 자손과 형제가 될 날을 간절히 기다리십니다. 성경의 위대한 인물들 중 많은 사람들이 한때 살인자와 사기꾼이었음을 잊지 맙시다. 사도 바울은 갈라디아 교인들에게 "내가 이전에 유대교에 있을 때에 행한 일을 너희가 들었거니와 하나님의 교회를 심히 박해하여 멸하고"(갈 1:13)자 했다고 말했습니다.

하나님이 바울을 포기하지 않으신 것이 기쁘지 않으십니까? 비유적으로 말하면, 하나님은 바울을 죽은 자 가운데서 살리셨으며 그에게 새로운 생명과 삶의 목적을 주셨습니다. 그리고 하나님이 여러분을 포기하지 않으신 것이 기쁘지 않습니까?

여러분이 거듭나서 하나님나라 백성이 되었다면, 여러분 역시 "전에 악한 행실로 [하나님으로부터] 멀리 떠나 마음으로 [하나님과] 원수가 되었던"

(골 1:21) 상태에서 벗어나 죽은 자들 가운데서 살아난 것입니다. 바울은 다음과 같이 말합니다.

"의인을 위하여 죽는 자가 쉽지 않고 선인을 위하여 용감히 죽는 자가 혹 있거니와 우리가 아직 죄인 되었을 때에 그리스도께서 우리를 위하여 죽으심으로 하나님께서 우리에 대한 자기의 사랑을 확증하셨느니라."(롬 5:7-8)

하나님은 오래전부터 오염된 물을 생수로 바꿔 놓고 계십니다. 스승 엘리야가 회오리바람을 타고 하늘로 들려 올라가기 전 엘리사는 스승에게 성령의 역사를 갑절이나 달라고 구했습니다. 그 후 엘리사가 여리고에서 기적을 행한 것은 여리고 사람들이 다음과 같이 말한 후였습니다.

"우리 주인께서 보시는 바와 같이 이 성읍의 위치는 좋으나 물이 나쁘므로 토산이 익지 못하고 떨어지나이다."(왕하 2:19)

여리고 사람들이 말한 상황이 여러분 자신이나 여러분이 속한 교회의 상황과 일치합니까? 물은 나쁘고 땅은 열매를 맺지 못하고 있습니까? 만약 그렇다 해도 소망을 잃지 마십시오. 우리가 섬기는 하나님은 우리 삶에 개입해 변화를 일으키시는 분이기 때문입니다. 엘리사는 새 그릇에 소금을 담아 가져오라고 했습니다. 그는 샘이 솟는 곳으로 가서 선포했습니다.

"여호와의 말씀이 '내가 이 물을 고쳤으니 이로부터 다시는 죽음이나 열매 맺지 못함이 없을지니라' 하셨느니라 하니 그 물이 엘리사가 한 말과 같이 고쳐져서 오늘에 이르렀더라."(왕하 2:21-22)

예수 그리스도께서 여러분을 변화시키시면, 여러분의 배에서 생수의 강이 흘러나올 뿐 아니라 그 신선한 축복이 주변 땅을 바꾸어 열매 맺게 할 것입니다.

예수님이 가시는 곳마다 생수의 강이 사람들을 적셨습니다. 예수님은 하나님의 축복과 생명의 화신입니다. 그분이 계신 곳마다 죽은 자들이 살아났고 불모의 것들이 열매를 맺었습니다. 혹 여러분은 아십니까? 예수님의 능력이 이렇듯 크시기에 예수님이 재림하실 때에 벌어질 일을 성경은 다음과 같이 밝히고 있습니다.

"그날에 그의 발이 예루살렘 앞 곧 동쪽 감람산에 서실 것이요 감람산은 그 한가운데가 동서로 갈라져 매우 큰 골짜기가 되어서 산 절반은 북으로, 절반은 남으로 옮기고……그날에 생수가 예루살렘에서 솟아나서 절반은 동해로, 절반은 서해로 흐를 것이라. 여름에도 겨울에도 그러하리라. 여호와께서 천하의 왕이 되시리니 그날에는 여호와께서 홀로 한 분이실 것이요 그의 이름이 홀로 하나이실 것이라."(슥 14:4, 8-9)

우리가 섬기는 하나님은 참으로 놀라운 분입니다! 이제 여러분에게 개인적인 질문을 하나 드리겠습니다. 여러분 안에서는 생수의 강이 흘러나오고 있습니까? 주님의 기쁨을 체험하고 있습니까? 아니면 인간의 지성과 헛된 의식 속에서 그리스도인으로서의 생명이 말라 가고 먼지를 뒤집어쓰고 있습니까? 다른 사람들이 하나님의 생명수를 경험하는 모습을 보기에 앞서, 여러분이 먼저 그 안에 푹 잠겨야 합니다.

혹시 아직까지 하나님의 생명수를 체험하지 못했다면 무릎을 꿇고 하나님께 부르짖으며 자신의 죄를 회개하십시오. 하나님께 여러분의 삶을 변화시켜 주시기를 구하고, 남은 삶을 자신이 아니라 하나님을 섬기는 데 바치십시오.

하나님을 알긴 하지만 주 예수 그리스도의 신선한 임재를 체험한 지 여러 해가 되었습니까? 그렇다면 역시 무릎을 꿇고 하나님을 찾아야 합니다. 예수님이 에베소 교회에 주신 경고와 약속을 기억하십시오.

"그러므로 어디서 떨어졌는지를 생각하고 회개하여 처음 행위를 가지라. 만일 그리하지 아니하고 회개하지 아니하면 내가 네게 가서 네 촛대를 그 자리에서 옮기리라. ……이기는 그에게는 내가 하나님의 낙원에 있는 생명나무의 열매를 주어 먹게 하리라."(계 2:5,7)

하나님은 여러분을 매우 사랑하시기에 여러분을 끝까지 추적하여 마침내 그분의 자녀로 삼으셨습니다. 그 하나님이 여러분과 친밀한 관계, 생명을 주는 관계를 맺기 원하십니다. 지금 당장 마음을 열고 예수 그리스도를 여러분 개인의 구세주로 영접하십시오. 하나님은 그 아들을 믿는 모든 이에게 은혜를 베푸시고 그 배에서 생수가 흘러나오게 하셔서, 이제까지 열매 맺지 못하고 깨어져 있던 삶의 전 영역에 생명을 주십니다.

13 하나님의 음성 듣기
양은 그의 음성을 들나니 그가 자기 양의 이름을 각각 불러 인도하여 내느니라. 자기 양을 다 내놓은 후에 앞서 가면 양들이 그의 음성을 아는 고로 따라오되 타인의 음성은 알지 못하는 고로 타인을 따르지 아니하고 도리어 도망하느니라. 요한복음 10:3-5

    양은 목자의 음성을 듣고, 선한 목자는 자기 양을 알아보고 하나씩 이름을 부른다고 예수님은 말씀하셨습니다. 저는 예수님의 말씀에 따른 간단한 신학을 갖고 있습니다. 그것은 하나님은 항상 당신의 자녀들에게 말씀하신다는 것입니다. 우리는 그저 듣고 순종하기만 하면 됩니다. 하나님의 음성을 듣고 순종하기 시작하면, 우리는 그분의 능력과 권세가 우리 안에 있고 우리를 통해 일하심을 보게 됩니다.

    물론 하나님이 당신의 양에게 말씀하시는 주된 통로는 성경입니다. 하나님이 하시는 어떤 말씀도 성경과 모순되지 않을 것이며, 성경말씀에 무엇을 더하거나 빼지도 않으실 것입니다. 또한 저는 성령께서 그리스도를 따르는 이들을 인도하시며 더욱이 매순간 이끌고 인도하신다고 믿습니다. 사도행전에 다음의 이야기가 나옵니다. 한번은 사도 바울이 "성령이 아시아에서 말씀을 전하지 못하게 하시"(행 16:6)므로 다른 곳으로 가다가 마게도냐인이 와서 도와 달라고 간청하는 환상을 받았습니다(행 16:9). 또 한 번, 바울은 말했습니다.

"보라, 이제 나는 성령에 매여 예루살렘으로 가는데 거기서 무슨 일을 당할는지 알지 못하노라. 오직 성령이 각 성에서 내게 증언하여 결박과 환난이 나를 기다린다 하시나."(행 20:22-23)

성령께서 어떻게 바울을 인도하시고 강권하시며 경고하셨을까요? 순전히 바울이 성경을 읽은 결과였을까요? 바울은 하나님 아버지와 끊임없이 교제했고 줄곧 자신을 인도하시는 그분의 음성을 들었습니다. 이사야 선지자는 하나님의 사람들이 하나님의 음성으로 인도를 받을 날이 올 것이라 예언했습니다.

"너희가 오른쪽으로 치우치든지 왼쪽으로 치우치든지 네 뒤에서 말소리가 네 귀에 들려 이르기를 이것이 바른길이니 너희는 이리로 가라 할 것이며."(사 30:21)

중국의 설교자들은 외떨어진 산악 지역 신자들을 방문할 때가 많습니다. 설교자들은 자신들이 간다는 말을 마을 사람 아무에게도 하지 않았지만, 신자들은 이미 모여 자신들을 기다리고 있습니다. 때로 신자들은 한밤중에도 모여 있습니다! 설교자들이 그 지역의 그리스도인들에게 그날 그 시간에 자신들이 올 줄 어떻게 알았는지 물으면 이렇게 대답했습니다.

"주님께서 이 시간에 여러분이 올 것이니 준비하라고 말씀하셨습니다."

그런가 하면 어떤 지역에서는, 가정교회 모임에 참석해 신자들을 감시하고 나중에 문제 삼을 만한 정보를 얻으려 하는 사복 공안들 때문에 많은 신자들이 곤란을 겪었습니다. 그리스도인들은 이 문제를 놓고 하나님께 기도하면서 어떻게 해야 하는지 여쭈었습니다. 주님께서는 기도의 응답으로 예배 모임의 시간과 장소를 공지하지 말라 하셨고, 성령께서 그 모임에 부르시는 각 사람에게 직접 때와 장소를 알려 주실 것을 믿으라고 말씀하셨습니다.

그다음 예배 모임이 있는 날, 교회 지도자를 제외한 어느 누구도 교회 예배가 몇 시에 어디서 열릴지 알지 못했지만 신자들이 한 사람씩 모임 장소에 나타나기 시작했습니다. 모임 참석자들은 그날 아침 일찍 기도 중에 언제 어디로 가야 할지를 들었던 것입니다. 그렇게 해서 그 예배는 주님이 부르시는 사람들만 참석할 수 있었고, 사복 공안들의 원치 않는 방문도 막을 수 있었습니다.

성경은 하나님의 사람들이 하나님의 음성을 듣고 그대로 순종한 사례들로 가득합니다. 음성을 듣는 것은 누군가와 관계를 맺는 데 핵심적인 부분입니다. 남편과 아내가 서로 음성을 듣지 못한다면 부부관계가 어떻게 될지 상상할 수 있겠습니까? 하늘 아버지와 관계를 맺는 우리의 경우도 마찬가지입니다.

많은 그리스도인들이 하나님의 음성을 듣지 못하는 이유 중 하나는 마음을 가라앉히고 주님의 음성을 경청할 시간을 내지 않기 때문입니다. 그들의 삶은 엉뚱한 일들로 너무 바빠 주님 앞에서 자신의 마음을 가라앉히지 않은 채 몇 달씩 그냥 살아갑니다.

하나님의 음성을 듣기 위해서는 자신의 마음과 생각에만 귀를 기울이는 것을 그쳐야 합니다. 무가치한 의견을 쏟아 내는 많은 사람들과 매체의 뉴스에만 집중하던 일을 그만둬야 합니다. 사탄의 음성과 악한 생각에 귀 기울이는 것을 그쳐야 합니다. 예수님은 우리에게 다음과 같이 기도하라고 말씀하셨습니다.

"너희는 기도할 때에 네 골방에 들어가 문을 닫고 은밀한 중에 계신 네 아버지께 기도하라. 은밀한 중에 보시는 네 아버지께서 갚으시리라. 또 기도할 때에 이방인과 같이 중언부언하지 말라. 그들은 말을 많이 하여야 들으실 줄 생각하느니라. 그러므로 그들을 본받지 말라. 구하기 전에 너희에게 있어야 할 것을 하나님 너희 아버지께서 아시느니라."(마 6:6-8)

주의 사역자들은 종종 곁길로 쉽게 빠져 들어 주님의 음성에 조용히 귀 기울일 시간을 거의, 또는 전혀 내지 않습니다. 성경은 곳곳에서 우리에게 "너희는 가만히 있어 내가 하나님 됨을 알지어다"(시 46:10)라고 권합니다. 엘리야는 삶에서 하나님의 본성을 드러내기 원하거나 그분의 음성을 듣기 원하는 사람들이 갖춰야 할 조건이 무엇인지 보여 주는, 놀라운 체험을 소개하고 있습니다.

하나님은 호렙산의 어느 동굴에 숨어 있던 엘리야에게 친히 그곳을 지나갈 테니 동굴 어귀에 서 있으라고 말씀하셨습니다.

"여호와 앞에 크고 강한 바람이 산을 가르고 바위를 부수나 바람 가운데에 여호와께서 계시지 아니하며, 바람 후에 지진이 있으나 지진 가운데에도 여호와께서 계시지 아니하며, 또 지진 후에 불이 있으나 불 가운데도 여호와께서 계시지 아니하더니, 불 후에 세미한 소리가 있는지라. 엘리야가 듣고 겉옷으로 얼굴을 가리고 나가 굴 어귀에 서매 소리가 그에게 임하여 이르시되 '엘리야야, 네가 어찌하여 여기 있느냐.'"(왕상 19:11-13)

형제자매 여러분, 하나님은 크게 외치시지 않습니다. 세상은 온갖 소음을 내지만, 하나님이 그보다 더 소리를 높이시는 경우는 드뭅니다. 오히려 그분은 세미한 음성으로 말씀하십니다. 따라서 세상의 거센 소리를 멀리하는 사람들만이 하나님의 말씀을 들을 수 있습니다.

예수님을 따르는 모든 사람이 배워야 할 또 다른 중요한 교훈은 하나님의 방법론과 전략이 매 순간 모두 다르다는 점입니다. 하나님이 주신 100년 전이나 작년, 지난주의 전략을 다시 사용하는 것은 부질없는 짓입니다. 하나님은 기계 같은 존재가 아니십니다. 그분은 인격적이고 친밀하신 분이며 그분의 자비는 아침마다 새롭습니다! 이스라엘 백성은 홍해를 건넌 후 낮에는 구름기둥, 밤에는 불기둥의 인도를 받았습니다. 이스라엘 자손들은 구름기둥이나 불기둥이 움직일 때마다 곧장 주님을 따라가야 했습니다. 늦으면 홀로 남겨질 수 있기 때문입니다. 우리는 매일 하나님의 음성을 듣고 그분의 인도하심을 따라야 합니다. 그렇게 할 때, 여러분은 사람들과 하나님의 사랑을 나눌 기회가 얼마나 많이 열리는지를 깨닫고 놀라게 될 것입니다.

사람을 두려워하는 이는 하나님의 음성을 제대로 듣기 힘듭니다. 그는 언제나 사람들의 온갖 비판과 의견을 염려합니다. 다른 사람들의 목소리는, 여러분이 전진하여 하나님이 원하시는 일을 성취하는 것을 막을 것입니다. 그렇기 때문에 성경은 "사람을 두려워하면 올무에 걸리게 되거니와 여호와를 의지하는 자는 안전하리라"(잠 29:25)라고 말합니다.

"여호와를 경외하는 자에게는 견고한 의뢰가 있나니 그 자녀들에게 피난처가 있으리라. 여호와를 경외하는 것은 생명의 샘이니 사망의 그물에서 벗어나게 하느니라."(잠 14:26-27)

세상은 하나님을 따르고 그분의 명령에 순종하며 살아가는 하나님의 자녀를 멈추게 할 수 없습니다. 우리는 사람에 대한 두려움을 떨쳐 버리고 예수님을 향하여 사는 쪽을 항상 선택해야 합니다. 우리에게는 '사람들이 우리를 어떻게 생각하고 말할지를 두려워할 권리'가 없습니다.

사실 우리에 대한 사람들의 견해에 관심을 가질 권리조차 없습니다. 우리는 이 세상과 세상을 대표하는 모든 것에 대해 죽어야 할 존재입니다. 주님 안에서 죽은 사람은 자신의 모습이나 자신에 대한 다른 사람들의 생각에 개의치 않습니다. 중요한 것은 하나님뿐입니다! 그분은 "만물보다 먼저 계시고 만물은 그분 안에 함께 서 있습니다. 또 하나님의 아들은 그분의 몸인 교회의 머리십니다. 그분은 근본이시요, 죽은 사람들 가운데서 먼저 살아나신 분입니다. 이는 그분이 친히 만물 가운데 으뜸이 되시려는 것입니다."(골 1:17-18, 우리말성경)

제가 본 바에 따르면, 많은 그리스도인들은 주님의 음성을 들을 수 있는 곳이 '주일 오전 예배 시간뿐'이라고 생각합니다. 이 시간은 '영적' 목적을 위해 떼어 놓고, 한 주의 나머지 시간은 '세속적인' 일을 추구하며 사는 경우가 많습니다. 그런 구별은 철저히 비성경적이고 여러분의 삶을 솜먹습니다. 여러분! 그저 교회 예배민 출석하여 교회의 가르침에 귀 기울이는 것만으로는 충분하지 않습니다. 하나님은 여러분이 교회에서의 메시지를 받아들이고 한 주 동안 지역사회 내에서 그 말씀대로 살아가길 원하십니다. 여러분 주위에 있는 잃어버린 사람들이 달리 어떻게 구원을 받겠습니까?

예수님은 그분의 제자들이 세상의 빛이고 지상의 소금이라고 말씀하셨습니다. 어두운 곳일수록 빛이 더욱 필요합니다. 썩은 장소일수록 소금이 더욱 필요합니다. 참된 그리스도인들이 있으면 삭막하기 짝이 없는 곳이라 해도 예수 그리스도의 즐거운 향기가 풍길 것입니다.

"우리는 구원받는 자들에게나 망하는 자들에게나 하나님 앞에서 그리스도의 향기니, 이 사람에게는 사망으로부터 사망에 이르는 냄새요 저 사람에게는 생명으로부터 생명에 이르는 냄새라."(고후 2:15-16)

성경의 가르침에 귀는 기울이되 배운 대로 살지 않는 그리스도인이 되는 것은 위험합니다. 성경은 그런 사람을 가리켜 '속았다'고 말합니다. 야고보는 경고합니다.

"너희는 말씀을 행하는 자가 되고 듣기만 하여 자신을 속이는 자가 되지 말라. 누구든지 말씀을 듣고 행하지 아니하면 그는 거울로 자기의 생긴 얼굴을 보는 사람과 같아서 제 자신을 보고 가서 그 모습이 어떠했는지를 곧 잊어버리거니와 자유롭게 하는 온전한 율법을 들여다보고 있는 자는 듣고 잊어버리는 자가 아니요 실천하는 자니 이 사람은 그 행하는 일에 복을 받으리라."(약 1:22-25)

오늘날 더 많은 그리스도인들이 어거스틴을 본받아야 합니다. 그는 아침에 복음서를 읽고 오후에 밖으로 나가 자신이 읽은 내용을 실행에 옮기곤 했습니다. 젊은 부자 관원에 대해 읽었을 때는 자신의 소유를 가지고 나가 가난한 사람들에게 나눠 주었습니다. 예수님이 제자들의 발을 씻기신 기록을 읽었을 때는 그리스도 안에서 형제 된 이들의 발을 씻겨 주었습니다.

하나님은 그분의 말씀에 기꺼이 순종하는 이들을 통해 일하십니다. 주님은 선언하셨습니다.

"무릇 마음이 가난하고 심령에 통회하며 내 말을 듣고 떠는 자 그 사람은 내가 돌보려니와."(사 66:2)

하나님의 명령에 순종하기가 너무 어렵다고 생각하지 마십시오. 그렇게 생각한다면 여러분은 혼란에 빠진 것입니다. 인간의 전통과 요구 조건에 따라야 한다는 압박에 짓눌린 나머지 하나님의 명령과 사람의 명령을 혼동한 것입니다. 성경은 다음과 같이 말합니다.

"우리가 하나님을 사랑하고 그의 계명들을 지킬 때에 이로써 우리가 하나님의 자녀를 사랑하는 줄을 아느니라. 하나님을 사랑하는 것은 이것이니 우리가 그의 계명들을 지키는 것이라. 그의 계명들은 무거운 것이 아니로다."(요일 5:2-4)

우리의 관심을 끄는 온갖 다른 목소리에 귀를 막고, 우리는 오직 성령의 음성만을 들으며 순종할 것을 다짐해야 합니다. 그리스도인들은 과거의 실패와 성공, 그리고 귀청이 터질 듯 울리는 교회 전통의 목소리에 귀를 기울일 때가 많습니다. 이런 목소리들은 하나님이 과거에 하신 일을 오늘도 하실 거라고 속삭입니다. 그러나 꼭 그런 것만은 아닙니다.

물론 하나님은 결코 변하지 않으십니다. 그러나 그분의 자녀들이 동시대 사람들에게 다가가는 것을 돕기 위해 주시는 그분의 전략은 끊임없이 변합니다. 우리는 하나님의 음성을 들을 수 있는 능력과 오늘날 그분이 하시는 일을 분별할 감수성이 필요합니다.

하나님의 목적을 위해 순종하며 나의 삶을 주저 없이 바칠 때, 하나님은 그분의 마음을 열어 보여 주십니다. 하나님의 마음을 아는 것, 그것은 구원 외에 사람이 지상에서 누릴 수 있는 가장 큰 특권입니다! 하나님이 마음을 보여 주시면, 여러분은 그분의 사랑을 새롭게 알게 될 것입니다.

"누구든지 예수를 하나님의 아들이라 시인하면 하나님이 그의 안에 거하시고 그도 하나님 안에 거하느니라. 하나님이 우리를 사랑하시는 사랑을 우리가 알고 믿었노니 하나님은 사랑이시라. 사랑 안에 거하는 자는 하나님 안에 거하고 하나님도 그의 안에 거하시느니라."(요일 4:15-16)

하나님의 심장은 세계 모든 나라와 그분의 형상을 따라 창조된 모든 개인을 향해 뛰고 있습니다. 하나님은 모든 남녀노소를 열정적으로 사랑하십니다. 그분의 마음은 사랑과 연민으로 터질 듯합니다. 하나님은 모두가 구원받기를 원하십니다. "아무도 멸망하지 아니하고 다 회개하기에 이르기를"(벧후 3:9) 간절히 원하십니다.

하나님은 온 세상을 사랑하시고 바로 여러분을 사랑하십니다! 여러분에게 예수 그리스도 안에 있는 영광을 보여 주시기를, 하나님나라를 위해 여러분을 지상에서 들어 쓰시기를 원하십니다.

14 참된 연합

보라, 형제가 연합하여 동거함이 어찌 그리 선하고 아름다운고! 머리에 있는 보배로운 기름이 수염 곧 아론의 수염에 흘러서 그의 옷깃까지 내림 같고 헐몬의 이슬이 시온의 산들에 내림 같도다. 거기서 여호와께서 복을 명령하셨나니 곧 영생이로다. 시편 133:1-3

태어나고 자란 곳을 사랑하는 것은 자연스러운 일입니다. 예수님도 베들레헴과 예루살렘을 사랑하셨습니다. 성경은 예수님이 예루살렘을 두고 우셨다고 기록하고 있습니다. 예루살렘이 그분의 사랑과 가르침을 거부했기 때문입니다. 헤롯이 자신을 죽이고 싶어 한다는 말을 들으신 후, 예수님은 외치셨습니다.

"예루살렘아 예루살렘아, 선지자들을 죽이고 네게 파송된 자들을 돌로 치는 자여, 암탉이 제 새끼를 날개 아래에 모음같이 내가 너희의 자녀를 모으려 한 일이 몇 번이냐! 그러나 너희가 원하지 아니하였도다. 보라, 너희 집이 황폐하여 버린 바 되리라. 내가 너희에게 이르노니 너희가 '주의 이름으로 오시는 이를 찬송하리로다' 할 때까지는 나를 보지 못하리라."(눅 13:34-35)

예수님은 제자들과 함께 지내신 3년 반 동안, 그들에게 하나 됨을 주셔서 그들이 서로를 사랑하고 사기를 내세우지 않게 하시고자 끊임없이 힘쓰셨습니다. 그것은 어려운 일이었습니다. 그들의 귀는 둔하고 이해력은 느려 하나님의 목적을 이해하지 못했기 때문입니다.

예수님이 죽고 부활하시기 전까지도, 제자들은 하나님의 아들이 세상의 죄를 위해 피 흘려 죽는 것이 하나님의 계획임을 이해하지 못했습니다. 그들은 교만과 이기적인 야심 때문에 이해력이 어두워져 있었습니다. 예수님은 제자들에게 말씀하셨습니다.

"'이 말을 너희 귀에 담아 두라. 인자가 장차 사람들의 손에 넘겨지리라' 하시되 그들이 이 말씀을 알지 못하니 이는 그들로 깨닫지 못하게 숨긴 바 되었음이라. 또 그들은 이 말씀을 묻기도 두려워하더라."(눅 9:44-45)

예수님은 자신이 핍박당할 것임을 제자들에게 분명히 말씀하셨지만, 그 말씀 바로 다음 절은 이렇게 기록되어 있습니다.

"제자 중에서 누가 크냐 하는 변론이 일어나니 예수께서 그 마음에 변론하는 것을 아시고 어린아이 하나를 데려다가 자기 곁에 세우시고 그들에게 이르시되, '누구든지 내 이름으로 이런 어린아이를 영접하면 곧 나를 영접함이요 또 누구든지 나를 영접하면 곧 나를 보내신 이를 영접함이라. 너희 모든 사람 중에 가장 작은 그가 큰 자니라.'"(눅 9:46-48)

사도 바울은 다음과 같이 가르쳤습니다.

"아무 일에든지 다툼이나 허영으로 하지 말고 오직 겸손한 마음으로 각각 자기보다 남을 낫게 여기고 각각 자기 일을 돌볼뿐더러, 또한 각각 다른 사람들의 일을 돌보아 나의 기쁨을 충만하게 하라."(빌 2:3-4)

하나님의 자녀들 가운데 겸손이 존재하지 않는 한, 하나 됨은 이루어질 수 없을 것입니다.

주님이 고통스럽게 십자가에 달려 돌아가신 후, 제자들은 갈릴리로 갔습니다. 그곳이 그들의 고향이기 때문입니다. 재난이 닥치고 세상이 거꾸로 뒤집힐 때, 우리는 친숙한 환경을 찾아 고향으로 돌아갑니다. 이제 열한 명이 된 제자들은 예수님이 가라고 명하셨던 산으로 갔고, 부활하신 주님이 그들 앞에 나타나셨습니다. 예수님은 조금도 지체하지 않으시고, 곧장 본론으로 들어가 말씀하셨습니다.

"하늘과 땅의 모든 권세를 내게 주셨으니, 그러므로 너희는 가서 모든 민족을 제자로 삼아 아버지와 아들과 성령의 이름으로 세례를 베풀고 내가 너희에게 분부한 모든 것을 가르쳐 지키게 하라. 볼지어다, 내가 세상 끝 날까지 너희와 항상 함께 있으리라."(마 28:18-20)

이것이 바로 참된 그리스도인의 연합 비결입니다!

교회의 분쟁과 내분은 대부분 사소한 문제들을 가지고 논쟁을 벌이기 시작할 때 찾아옵니다. 우리가 받은 지상명령에서 눈을 뗄 때, 우리는 사탄의 일에 맞서 싸우는 대신 서로 싸우기 시작합니다. 하지만 예수님이 세상에 오신 이유는, 바로 사탄의 일과 싸우기 위해서였습니다.

"하나님의 아들이 나타나신 것은 마귀의 일을 멸하려 하심이라."(요일 3:8)

그리스도인들은 먼저 완전한 교리적 일치에 이르러야만 협력할 수 있다고 믿는 경우가 많습니다. 하지만 그렇게 될 가능성은 거의 없습니다. 물론 교리는 대단히 중요합니다. 그러나 저는 두 사람의 그리스도인이 성경의 모든 주제에 대해 완전히 똑같이 믿는 경우를 본 적이 없습니다.

물론 성경의 주요한 근본 교리에 대해서는 다른 그리스도인들과 뜻을 같이해야 합니다. 그런 교리가 무엇인지는 히브리서 기자가 밝혀 놓았습니다.

"그러므로 우리가 그리스도의 도의 초보를 버리고 죽은 행실을 회개함과 하나님께 대한 신앙과 세례들과 안수와 죽은 자의 부활과 영원한 심판에 관한 교훈의 터를 다시 닦지 말고 완전한 데로 나아갈지니라. 하나님께서 허락하시면 우리가 이것을 하리라."(히 6:1-3)

죽치고 앉아 자신의 교리를 완벽하게 다듬는 그리스도인들은 많지만,

세상에 나가 모든 족속으로 제자를 삼으라는 예수님의 명령에 순종하는 사람은 적습니다. 이제 신자들은 하나님을 속이려 드는 시도를 멈추어야 합니다. 많은 신자들이 경건해 보이고 싶어 하면서도 실제로는 불순종과 기만 속에서 살아갑니다.

중국에서 저는 여러 분파로 나뉜 가정교회들이 서로 화합을 이루게 하기 위해 여러 해 동안 노력했습니다. 이것은 제가 부름 받아 행한 일들 중 가장 어려운 일에 속했습니다.

1980년대에 대부분의 중국 가정교회는 하나로 뭉쳐 있었습니다. 모두 함께 예수님을 섬겼고 각자 어떤 그룹에 속했는지는 개의치 않았습니다. 모두 예수님께 속해 있다는 사실만이 중요했습니다. 그런데 1980년대 후반과 1990년대 초반에 이르자 상황은 달라졌습니다.

중국에서 엄청난 부흥이 일어나고 있다는 소식을 들은 서구의 많은 그리스도인들이 그 역사에 참여하고 싶어 했습니다. 그들은 자기 나라의 대표자들을 중국에 보내 가정교회 지도자들과 만나도록 했습니다. 그리고 우리에게 교육이 부족하다며 지금 가장 필요한 것은 신학훈련을 더 받는 일이라고 말했습니다. 그들은 우리를 이렇게 설득했습니다.

"우리 교단은 최고의 훈련 프로그램을 보유하고 있습니다. 우리가 여러분에게 그것을 제공하겠습니다."

여러 해 동안 그들은 홍콩으로 성경을 가져와 국경을 지나 중국에 있는 우리에게 가져다주었고 우리는 그것을 무척 감사하게 생각했습니다. 하지만 이제는 수천 권이 넘는 신학훈련 서적들도 함께 국경을 넘어와 각 교단의 특정 교리들을 퍼뜨리고 있습니다.

그전에는 상황이 훨씬 단순했습니다. 예수님이 우리의 교사이자 교수셨습니다. 우리는 서로 어느 학교 출신인지 묻지 않았습니다. 다음 질문이면 족했습니다.

"어느 감옥에서 주님이 주시는 고등교육을 받으셨습니까?"

1991년, 제가 감옥에 있는 동안 가까운 형제들 몇 명이 면회를 왔습니다. 그들은 눈물을 흘리면서 중국 교회에서 벌어지고 있는 상황을 알려주었고 사탄이 하나님의 자녀들 사이로 다시 장벽을 쌓고 있다고 말했습니다. 생명수가 주님의 교회 전체에 자유롭고 거침없이 흐르게 하시고자, 주님이 지난 30년 동안 허무셨던 바로 그 장벽이었습니다!

저는 감옥에서 풀려난 후 다시 복음을 선포했습니다. 하지만 이전과는 상황이 달랐습니다. 가는 곳마다 사람들은 제게 물었습니다.

"형제, 어느 교단 소속입니까?"

저는 대답했습니다.

"저는 그저 예수님 소속입니다. 예수님을 위한 증인으로 부름 받았습니다."

그러나 제게 질문을 했던 사람들은 이 대답에 만족하지 못했습니다.

이런 상황의 변화에 제 마음은 찢어지는 듯했고 하나님의 자녀들을 분열시키는 벽들이 세워지는 모습을 보며 슬피 울었습니다. 저는 부르짖으며 기도했습니다.

"주 예수여, 중국은 이 모든 가르침과 교단이 필요하지 않습니다. 중국은 당신이 필요합니다!"

슬프게도 중국의 그리스도인들 사이에 장애물을 세우려고 애쓰는 서구의 교단들과 선교단체들이 지금도 있습니다. 그들은 그리스도의 몸을 섬기기 위해서가 아니라 자신들의 신념과 계획을 우리에게 강요하기 위해 중국에 왔습니다. 많은 단체들이 중국 교회를 섬기기 위해 존재한다고 스스로 주장하지만, 일하는 방식을 볼 때 그들의 계획에 봉사하기 위해 중국 그리스도인들이 존재한다고 생각하는 듯합니다.

다양한 집단 사이의 교리적 신념과 예배 방식을 보면서 저는 적어도 예수님이 재림하실 때까지는 우리가 결코 완전한 교리적 일치에 이르지 못할 것임을 깨닫게 되었습니다. 하지만 우리가 성경의 근본 교리들에 뜻을 같이하는 것은 분명합니다. 그러므로 우리는 지상명령을 성취하기 위해 각자의 일하는 방식을 제쳐 두고 협력할 필요가 있습니다.

중국의 그리스도인들이 하나 됨을 경험할 수 있는 주요 영역은 하나님의 일입니다. 우리는 각자의 믿음을 여러 다른 방식으로 표현하지만, 모두 한마음 한뜻으로 복음을 선포하고 하나님나라를 확장하라는 부름을 받았습니다. 많은 가정교회가 서로 다른 형태의 사역에 초점을 맞추고 있지만, 우리는 하나이신 하나님의 가족을 이루는 서로 다른 지체로서 하나가 되어 사랑할 필요가 있음을 깨닫습니다.

우리는 자신을 낮추고, 하나님이 가장 중요하게 여기시는 일들을 우리 스스로 가장 중요하게 여길 수 있도록 해 달라고 구했습니다. 저는 교회가 해야 할 가장 중요한 일이 전 세계의 모든 나라에 복음을 선포하는 것이라고 믿습니다. 사탄은 이 일을 하지 못하도록 우리의 마음을 흩뜨리는 데 선수입니다. 길을 잃고 지옥으로 향하고 있는 민족들에게 열심히 다가가지 않는 한, 사탄은 우리가 어떤 기독교 활동을 펼쳐도 개의치 않습니다.

중국 교회는 1억 명의 중국인들이 예수 그리스도의 능력과 사랑으로 변화되는 모습을 보았습니다. 그러나 이것은 시작에 불과합니다. 여러 면에서 볼 때, 이 일은 사도행전이 보여 준 것과 비슷했습니다. 우리가 사소한 언쟁을 접어 두고 진리를 선포하러 나아갔을 때, 하나님은 우리와 함께하셨습니다.

형제자매 여러분, 가만히 앉아서 자신이 완전해졌고 하나님을 섬길 자격을 갖추었다는 느낌이 찾아오기를 기다리지 마십시오. 그런 날은 평생 오지 않습니다! 나가서 예수님이 그분을 따르는 모든 자들에게 명하신 일을 하십시오. 그러면 주님께서 순종하는 여러분의 삶을 변화시키실 것입니다.

사람들에게 가장 덜 알려진 서신에서 사도 바울은 다음과 같이 말했습니다.

"그대가 부지런히 신앙을 전하기를 기도합니다. 그러면 그대는 그리스도 안에 있는 온갖 선한 것을 온전히 깨닫기에 이를 것입니다."(몬 6절, 옮긴이 번역)

다른 사람들에게 신앙을 전하고 하나님의 말씀에 순종할 때만, 충만한 축복과 임재가 여러분의 삶에도 흐르는 것을 체험할 수 있을 것입니다.

그런데 슬프게도 많은 그리스도인들이 그 원리를 놓치고 있습니다. 우리는 자신에게서 눈을 들어 하나님을 섬기기 시작해야 합니다! 이것은 이기심의 가장 확실한 치료책이기도 합니다. 성경은 바깥을 바라보며 자신이 가진 것을 아낌없이 주는 사람들과 자신의 축복을 움켜쥐고 있는 사람들 사이의 차이점을 비교해 보여 줍니다. 잠언 11장 24-26절 말씀을 들어 보십시오.

> 흩어 구제하여도 더욱 부하게 되는 일이 있나니, 과도히 아껴도 가난하게 될 뿐이니라. 구제를 좋아하는 자는 풍족하여질 것이요 남을 윤택하게 하는 자는 자기도 윤택하여지리라. 곡식을 내놓지 아니하는 자는 백성에게 저주를 받을 것이나, 파는 자는 그의 머리에 복이 임하리라.

우리는 예수 그리스도께서 주시는 구원이라는 큰 축복을 받았지만, 남은 인생에서 그것을 가능한 한 멀리, 가능한 한 널리 퍼뜨릴 책임도 받았습니다. 예수님은 복음의 빛을 주위에 비추지 않고 혼자 간직한 사람들에게 비유를 통해 경고하십니다. 여러분이 하나님의 자녀라면, 예수님이 제자들에게 내리신 엄중한 경고를 무시하지 마십시오.

"주인의 뜻을 알고도 준비하지 아니하고 그 뜻대로 행하지 아니한 종은 많이 맞을 것이요 알지 못하고 맞을 일을 행한 종은 적게 맞으리라. 무릇

많이 받은 자에게는 많이 요구할 것이요 많이 맡은 자에게는 많이 달라 할 것이니라."(눅 12:47-48)

사랑하는 형제자매 여러분, 이제 우리 자신을 낮춥시다. 그리고 쓸모 있는 그릇, 즉 하나님이 열방 가운데 그분의 영광을 위해 쓰실 수 있는 그릇으로 우리를 만들어 주시도록 주님께 구합시다. 왕 중 왕께 부르짖읍시다. 우리의 교만을 용서해 주시기를 구하고, 기만과 불순종의 죄에서 건져 달라고 간청합시다.

그리고 기도의 자리에서 일어날 때, 우리 눈을 여시사 하나님이 중요하게 여기시는 것을 우리도 보게 해 달라고 구합시다. 세상에서 추수할 들판을 보여 주시도록 성령께 구하십시오! 지금 이 순간부터 허세를 그치고 불순종에 대한 변명을 멈춰야 합니다. 예수님이 말씀하셨습니다.

"너희는 넉 달이 지나야 추수할 때가 이르겠다 하지 아니하느냐. 그러나 나는 너희에게 이르노니 너희 눈을 들어 밭을 보라. 희어져 추수하게 되었도다."(요 4:35)

15 능력의 하나님

여호와는 위대하시니 크게 찬양할 것이라. 그의 위대하심을 측량하지 못하리로다. 대대로 주께서 행하시는 일을 크게 찬양하며 주의 능한 일을 선포하리로다. 주의 존귀하고 영광스러운 위엄과 주의 기이한 일들을 나는 작은 소리로 읊조리리이다. 사람들은 주의 두려운 일의 권능을 말할 것이요 나도 주의 위대하심을 선포하리이다. 시편 145:3-6

우리 하나님은 전능하십니다. 예수님이 부활하신 후부터 승천하실 때까지, 그 소중한 시간에 우리가 예루살렘에 있었다면 정말 엄청난 광경을 보았을 것입니다. 사도 바울의 기록에 따르면, 이 기간에 예수님은 "오백여 형제에게 일시에 보이셨"(고전 15:6)습니다.

당시의 상황이 상상이 되십니까? 예수님이 돌아가신 바로 그 순간에 어떤 일이 일어났는지 아십니까?

"땅이 진동하며 바위가 터지고 무덤들이 열리며 자던 성도의 몸이 많이 일어나되 예수의 부활 후에 그들이 무덤에서 나와서 거룩한 성에 들어가 많은 사람에게 보이니라."(마 27:51-53)

그 광경은 한마디로 장관이었을 것입니다! 무덤에서 일어난 많은 성도들의 갑작스러운 출현에 헤롯과 빌라도, 바리새인과 서기관들, 그리고 예수님의 적들이 어떻게 대처했을지 궁금합니다!

제자들은 부활하신 예수님과 아주 특별한 시간을 보냈습니다. 한번은 예수님이 그들과 함께 식사를 나누시다가 명령하셨습니다.

"예루살렘을 떠나지 말고 내게서 들은 바 아버지께서 약속하신 것을 기다리라. 요한은 물로 세례를 베풀었으나 너희는 몇 날이 못 되어 성령으로 세례를 받으리라."(행 1:4-5)

예수님의 말씀을 이해하지 못한 제자들은 이스라엘을 한 국가로서 정치적으로 회복하시고 자신들을 잔인한 로마인들의 압제에서 구해 주시려는 것이냐고 여쭈었습니다. 그러자 예수님은 대답하셨습니다.

"'때와 시기는 아버지께서 자기의 권한에 두셨으니 너희가 알 바 아니요, 오직 성령이 너희에게 임하시면 너희가 권능을 받고 예루살렘과 온 유대와 사마리아와 땅 끝까지 이르러 내 증인이 되리라' 하시니라. 이 말씀을 마치시고 그들이 보는데 올려져 가시니 구름이 그를 가리어 보이지 않게 하더라."(행 1:7-9)

120명의 제자들은 예루살렘의 다락방에 모여 하나님께 기도하고 예수님이 약속하신 선물을 기다렸습니다. 성령으로 세례를 받은 후, 이들의 삶은 극적으로 영원히 바뀌었습니다. 그리스도를 세 번이나 부인했던 베드로는 변화를 받아 능력 있는 복음전도자가 되었습니다. 오순절 날에 베드로가 일어서서 구원의 도를 선포하자 3천 명이 구원받았습니다.

다른 사도들도 극적인 삶의 변화를 체험했습니다. 예수님이 가장 힘드실 때 그분을 버렸던 이들이지만, 성령의 능력을 덧입은 후에는 진리의 담대한 증인이 되었고 결국 복음을 위해 순교했습니다. 사도행전은 복음의 불길이 로마제국 전역과 지중해안의 많은 지역으로 퍼져 간 상황을 기록하고 있습니다. 얼마 후 유대인들은 바울과 실라에 대해 "천하를 어지럽게 하던 이 사람들이 여기도 이르"(행 17:6)렀다고 말했습니다.

중국에서 하나님을 섬기는 동안 저는 하나님의 능력이 그분의 교회를 통해 나타나는 사례를 수없이 보는 특권을 누렸습니다. 허다한 사람들이 암과 한센병을 포함한 여러 질병에서 극적으로 치유받았습니다. 한번은 모임 도중에 하나님의 능력이 임하여 인근의 정신병원에서 데려온 열두 명의 환자들이 모두 예수 그리스도를 만났으며 병도 깨끗이 치료받았습니다. 제정신으로 돌아온 그들은 곧 퇴원했습니다.

1997년은 제가 인생 밑바닥까지 경험한 해입니다. 저는 예수님을 전하다 투옥되었고 양다리가 으스러져 걸을 수도 없었습니다. 제 평생 가장 암울했던 그때, 많은 가정교회 지도자들도 함께 체포되어 감옥에 갇혔습니다. 제 아내 역시 여자 감옥에 감금되었습니다.

그때 하나님은 제게 일어나 감옥에서 걸어 나가라고 명령하셨고 위대한 능력으로 빠져나갈 길을 열어 주셨습니다. 주님을 섬기던 중국의 많은 형제자매들이 생활과 사역에서 비슷한 일들을 체험했습니다. 하지만 모든 일 중에서도 가장 큰 기적은 죄인이 회개하고 예수 그리스도를 영접할 때 일어났습니다. 새 생명은 정말이지 경이로웠습니다.

우리를 사랑하시는 왕께서는 세계 곳곳에 사는 수많은 종족·민족·국민을 구원하고 깨끗하게 하십니다. 전능하신 하나님만이 다음과 같이 말씀하실 수 있습니다.

"맑은 물을 너희에게 뿌려서 너희로 정결하게 하되 곧 너희 모든 더러운 것에서와 모든 우상숭배에서 너희를 정결하게 할 것이며, 또 새 영을 너희 속에 두고 새 마음을 너희에게 주되 너희 육신에서 굳은 마음을 제거하고 부드러운 마음을 줄 것이며, 또 내 영을 너희 속에 두어 너희로 내 율례를 행하게 하리니 너희가 내 규례를 지켜 행할지라."(겔 36:25-27)

서구 세계에 도착한 후 얼마 지나지 않아 저는 그리스도의 몸 된 교회에 근본적인 것이 빠져 있음을 깨달았습니다. 그것은 바로 하나님의 능력과 임재였습니다. 누군가를 정죄하기 위해서 하는 말이 아닙니다. 저는 오직 제 지적이 여러분의 마음을 흔들고 교회를 돕기만을 바랄 뿐입니다. 오늘날 세계 곳곳의 수많은 교회들은 예수님을 따르는 모든 사람에게 약속된 권세와 능력으로 말씀을 전하지 않습니다. 이것은 비극입니다. 하나님의 능력이 없는 교회들은 '결과'를 보기 위해 결국 인간의 지혜를 의지하기 때문입니다. 설익은 복음의 열매는 어김없이 '설익은 신자'라는 결실을 낳습니다. 그리고 그 결실의 대부분은 어려움의 조짐만 보여도 금세 떨어지고 맙니다.

수많은 교회, 선교단체, 가정 안에 죽음이 가득합니다. 이것은 주 예수 그리스도의 이름을 더럽히는 끔찍한 오점입니다. 그분은 살아 계신 하나님이십니다. 그분이 하시는 모든 일은 풍성한 생명을 낳습니다. 예수님은 "도적[사탄]이 오는 것은 도둑질하고 죽이고 멸망시키려는 것뿐이요 내가 온 것은 양으로 생명을 얻게 하고 더 풍성히 얻게 하려는 것이라"(요 10:10)고 말씀하셨습니다. 예수님이 장례식에 참석하시면 죽은 사람이 살아납니다. 그것은 오늘날도 마찬가지입니다. 예수님이 나타나시면, 우리의 가정과 교회는 극적인 변화를 맞을 것입니다.

좋은 소식이 있습니다. 예수님은 예나 지금이나 변하지 않으셨습니다! 하나님의 능력과 영광이 없으면, 우리가 시행하는 모든 인간적 방법과 기교는 실패를 거듭할 뿐 아무것도 이루지 못합니다. 예수님이 들어오시면 사탄의 쇠고랑이 부서지고 사람들의 삶이 즉시 변화됩니다. 하나님의 영광이 함께할 때 유명 설교자들의 도움을 기대할 필요는 없습니다! 사람이 아니라 하나님이 계셔야 합니다! 하나님의 영광이 1초만 함께해도 여러 해 동안 인간이 노력한 것보다 더 많은 것을 이룰 수 있습니다.

오늘날 신학교에 다니면서 대중 앞에서 말하는 법을 배운 많은 설교자들이 있습니다. 하지만 그들이 배운 것이 그것뿐이라면 여러분은 그들의 메시지에 귀를 기울이지 않는 편이 낫습니다. 선포되는 말씀이 인간의 지혜라면, 듣는 사람들에게 영적 유익을 주지 못하기 때문입니다. 사도 바울은 머리가 매우 좋고 교육도 많이 받은 사람이었습니다. 하지만 그는 하나님의 말씀을 전하면서 자신의 능력에 의지하지 않으려 주의했습니다.

그가 고린도 교인들에게 했던 말을 들어 보십시오.

"내 말과 내 전도함이 설득력 있는 지혜의 말로 하지 아니하고 다만 성령의 나타나심과 능력으로 하여, 너희 믿음이 사람의 지혜에 있지 아니하고 다만 하나님의 능력에 있게 하려 하였노라."(고전 2:4-5)

여러분의 믿음의 바탕이 잘못된 것일 수도 있다는 사실을 아십니까? 바울은, 고린도 교인들이 믿음의 바탕을 세상의 지혜가 아닌 하나님의 능력에 두기 원했습니다. 그의 건전한 조언을 따를 때, 시험이 닥쳐도 믿음에서 떨어지지 않는 그리스도의 굳건한 제자들이 생겨납니다. 중국 사람들은 대부분 하나님의 능력을 경험한 후 그리스도께 나아옵니다. 그들은 질병에서 치유되거나 압제에서 벗어난 이들입니다. 많은 이들이 하나님의 능력과 권세를 체험한 후 복음을 받아들였기에 그리스도께 인생을 드리는 데 아무 어려움도 겪지 않습니다. 하나님께 나오지 않는 것이 오히려 그들이 체험한 바를 부정하는 것입니다.

주의 능력으로 이슬람권에 복음을 전하기 원합니다. 이슬람 국가에는 10억이 넘는 사탄의 포로가 있습니다. 예수님은 그들의 구원을 위한 대가를 이미 지불하셨고, 그들이 주님의 소유가 될 때까지 쉬지 않으실 것입니다. 예수님은 그들을 매우 사랑하십니다.

무슬림에게 복음을 전하러 간다면, 손에 성경을 들고 그들과 논쟁을 벌이는 것만으로는 충분하지 않습니다. 그들은 코란을 높이 들고 이렇게 말할 것입니다.

"우리는 이미 성경이 있다!"

무슬림이 예수님을 받아들일 수 있는 유일한 길은 성령의 생명수가 그들의 삶에 흘러드는 체험을 하는 것뿐입니다. 그들에게는 대화나 신학 포럼이 필요하지 않습니다. 그들에게 필요한 것은 살아 계신 하나님과의 인격적 만남입니다! 무슬림에게 기독교가 얼마나 좋은지 말하면 그들은 어렵지 않게 그 주장을 반박하며 목에 핏대를 세울 것입니다. 그러나 그들이 예수 그리스도의 능력과 은혜를 삶에서 직접 체험하게 되면, 모든 논쟁을 그칠 것이며 예수님이 참으로 부활하신 주님이라고 설득할 필요조차 없을 것입니다.

하나님이 여러분을 통해 그렇게 일하실 수 있음을 믿으십니까? 하나님이 여러분을 사용해 기적을 행하실 수 있을까요? 그래서 예수 그리스도께서 영광 받으시고 많은 사람들이 구원을 경험할 수 있을까요? 사도 바울은 고린도의 일부 신자들에게 다음과 같은 도전장을 던졌습니다.

"주께서 허락하시면 내가 너희에게 속히 나아가서 교만한 자들의 말이 아니라 오직 그 능력을 알아보겠으니, 하나님의 나라는 말에 있지 아니하고 오직 능력에 있음이라."(고전 4:19-20)

사탄은 성공적인 인생을 사는 데 필요한 자양분을 사람들이 자신의 능력과 주위 사물에서 찾을 수 있다고 생각하기를 원합니다. 이러한 사람들은 늘 예수 그리스도를 경험할 때만 찾아오는 참된 기쁨과 평안을, 다른 것으로 채우고자 합니다. 하나님 없이 잘 될 수 있다는 거짓말에 속아 넘어가는 순간, 그들은 하나님의 임재와 능력에서 자신을 끊어 버리게 됩니다.

"육신의 생각은 사망이요 영의 생각은 생명과 평안이니라. 육신의 생각은 하나님과 원수가 되나니 이는 하나님의 법에 굴복하지 아니할 뿐 아니라 할 수도 없음이라. 육신에 있는 자들은 하나님을 기쁘시게 할 수 없느니라."(롬 8:6-8)

중국 부흥 절정기에는 기적이 너무 흔해 기적에 대해 그리 많이 생각지 않았습니다. 기적은 숨 쉬는 것만큼 자연스러웠습니다. 기적은 수백만의 사람들을 하나님나라로 불러들이는 데 도움이 되었고, 그것을 체험한 사람들의 신앙을 강하게 해 주었습니다. 어린아이들조차 밖으로 나가 다른 아이들에게 복음을 전했고, 그들이 가는 곳마다 치유와 축사, 표적과 기사 같은 기적이 나타났습니다. 그러한 기적들이 주 예수님이 약속하신 것임을 알았기에 우리는 이상하게 여기지 않았습니다.

"믿고 세례를 받는 사람은 구원을 얻을 것이요 믿지 않는 사람은 정죄를 받으리라. 믿는 자들에게는 이런 표적이 따르리니, 곧 그들이 내 이름으로 귀신을 쫓아내며 새 방언을 말하며 뱀을 집어 올리며 무슨 독을 마실지라도 해를 받지 아니하며 병든 사람에게 손을 얹은즉 나으리라."(막 16:16-18)

누군가에게 복음을 전할 때는 성령의 능력이 함께 나타나야 합니다. 이것은 다양한 방식으로 나타날 수 있습니다. 치유를 통해 나타날 수도 있고, 한 사람의 인생에 대한 지식의 말씀으로 나타날 수도 있고, 또 다른 은사로 나타날 수도 있습니다. 하나님의 능력은 불신자들의 마음을 움직여 복음의 메시지가 참되며 예수님이 오늘날도 살아 계심을 확신케 합니다! 복음의 능력이 참임을 알게 되면, 가장 완고한 사람들을 제외한 모두가 그리스도께서 삶의 주인이심을 받아들이게 됩니다.

기적과 표적과 기사는 교회 건물 안에 있는 사람들만을 위한 것이 **결코** 아닙니다. 기적은 시장이나 혼잡한 도심 거리, 어둠에 갇혀 있는 사람들의 집에서도 나타날 수 있습니다. 바로 그런 곳에서 예수님과 제자들이 대부분의 기적을 행하셨습니다. 그들은 교회 건물 안에서 일정대로 진행하는 '신유 집회'에 대해 알지 못했습니다. 그러나 '하나님을 믿는 사람은 누구나 하나님나라에 들어갈 수 있다'는 복음을 선포하는 곳마다 하나님의 능력이 나타났습니다.

하나님의 능력이 없는 기독교는 기독교가 아닙니다! 역사적으로 볼 때, 하나님의 기적은 그분이 인류 안에서 일하시는 방식의 핵심을 차지하고 있습니다. 성경의 매 장마다 하나님께서 기적으로 일하심이 나타나 있습니다. 성경의 맨 첫 구절부터 그렇습니다.

"하나님이 천지를 창조하시니라."

하나님의 기적은 구약성경과 신약성경 내내 줄곧 나타났고 예수님이 선포하신 계시록의 결론에서도 찾아볼 수 있습니다.

"나는 알파와 오메가요 처음과 마지막이요 시작과 마침이라."(계 22:13)

하나님은 너무나 능력이 많으셔서 우주를 창조하실 때 손을 쓸 필요도 없었다는 사실을 생각해 보셨습니까? 하나님이 말씀하시자 우주가 생겨났습니다. 하나님은 그저 능하신 분이 아닙니다. 그분은 전능하십니다. 그분은 힘이 강하신 분이 아닙니다. 무엇이든 하실 수 있는 분입니다. 주님의 위엄에 대해 성경은 "땅과 하늘이 그 앞에서 피하여 간 데 없더라"(계 20:11)고 합니다. 그분의 능력은 무엇과도 비교할 수 없습니다!

여러분의 교회는 어떤 메시지를 전하고 있습니까?

여러분의 믿음은 사람의 지혜를 바탕으로 서 있습니까, 아니면 하나님의 능력 위에 있습니까? 성경은 우리에게 마지막 날에 나타날 사람들에 대해 경고하고 있습니다.

"경건의 모양은 있으나 경건의 능력은 부인하니 이 같은 자들에게서 네가 돌아서라."(딤후 3:5)

많은 그리스도인들이 하나님에 대해 아주 왜곡된 견해를 갖고 있습니다. 그들은 하나님이 그들의 계획에 따라 그들이 원하는 방식으로만 일하신다고 생각합니다. 그런 생각은 너무나 서글프고 위험합니다. 그 무엇도 하나님을 제한할 수 없습니다. 그분은 하나님이십니다! 하나님의 능력과 사랑에 대한 올바른 시각을 잃어버릴 때, 우리 자신뿐 아니라 주위 사람들에게까지 해를 끼치게 됩니다. 그분에 대한 제한된 생각은 암처럼 퍼져 나가 우리의 신앙생활을 삼켜 버리고 하나님이 생명을 주기 원하시는 곳에 죽음을 가져옵니다.

여러분은 그리스도인입니까? 자신의 마음을 점검하고 여러분이 하나님을 제한하고 있었던 영역을 보여 주시기를 구하십시오.

머리로는 하나님이 능하신 분임을 알 수 있습니다. 하지만 과연 여러분은 그분의 능력으로 여러분의 죄악 된 습관과 태도를 부수도록 맡겨 드렸습니까?

머리로는 예수님이 "하늘과 땅의 모든 권세를 내게 주셨으니"(마 28:18)라고 말씀하신 것을 알 수 있습니다. 그러나 한 영혼의 몸과 마음을 모든 권세를 가지신 예수님의 능력으로 치유해 달라고 믿음으로 기도한 적이 있습니까?

머리로는 역사상의 예수님이 능력 있는 분임을 알 수 있습니다. 그러나 예수님이 여러분에게도 그 능력을 나눠 주기 원하시는 분임을 알고 있습니까? 그래서 길 잃고 아파하는 세상에 여러분을 하나님의 대사(大使)로서 세워 나가기 원하심을 알고 있습니까?

시간이 얼마 남지 않았습니다. 하나님은 하나님나라를 진지하게 따르는 사람들을 찾고 계십니다. 하나님은 여러분이 정결하게 행하고 전 세계에 복음을 선포하도록 힘주시기 원합니다. 여러분이 예수 그리스도를 따른다면, 이제 깨어날 때입니다. 전능하신 하나님을 진심으로 믿지 못하는 나약하고 활기 없는 삶을 그칠 때입니다. 주님에 대한 좁고 빈약한 생각을 회개하고, 예수님의 능력을 드러내 주시기를 구하십시오.

여러분 중에 목회자나 교회 지도자가 있습니까? 그렇다면 하나님이 자신의 백성 안에서 행하시려는 일을 가로막지 마십시오. 하나님만이 유일한 목자이시며, 그분은 사랑하는 양 떼를 위해 돌보아 주십니다. 여러분의 좁은 신학적 틀 안에 하나님을 밀어 넣으려 애쓰는 데 에너지를 다 쏟지 마십시오. 여러분의 삶을 하나님께 새롭게 바치고, 하나님이 그분의 백성 가운데서 뜻을 이루시도록 맡기십시오. 이제 변할 시간입니다! 교회가 죽음의 악취를 떨쳐 내고 예수님처럼 다시 한 번 되살아날 때입니다! 여러분이 하나님을 가까이 하면, 하나님도 여러분을 가까이 하십니다. 그리고 여러분의 삶에서 그분의 능력과 권세를 체험하게 될 것입니다.

16 고기잡이 교훈

시몬 베드로가 올라가서 그물을 육지에 끌어올리니 가득히 찬 큰 물고기가 백쉰세 마리라. 이같이 많으나 그물이 찢어지지 아니하였더라.

요한복음 21:11

하나님의 말씀 속에는 성령이 하시는 말씀을 들을 귀와 말씀을 배울 마음이 있는 사람들을 위한 격려와 교훈이 가득합니다. 여러분이 하나님의 말씀에 순종하면 기적을 보게 될 뿐 아니라, 삶 자체가 움직이는 기적이 될 것입니다.

예수님이 처음 베드로와 야고보 그리고 요한을 불러 따라오라고 하셨을 때 그들은 갈릴리 해변에서 멀지 않은 고깃배에서 일하고 있었습니다. 여기에 흥미로운 부분이 있는데 예수님은 그저 고기잡이에 관심 있는 사람, 즉 취미 삼아 고기잡이하는 사람을 찾지 않으셨다는 것입니다. 예수님은 직업 어부, 고기잡이를 평생 업으로 삼고 '헌신하는' 사람을 찾으셨습니다. 오늘날에도 예수님은 하나님나라를 위한 고기잡이에 헌신할 생각 없이 결과에만 관심 갖는 사람들이 아닌, 그 과정에 진심으로 헌신하기 원하는 그리스도인들을 찾으십니다.

베드로와 야고보와 요한이 그물을 씻고 있을 때, 왕 중 왕께서 그들에게 다가오셨고 그들 중 한 명의 배에 오르시더니 사람들을 가르칠 수 있도록 바다로 좀 나가자고 요청하셨습니다. 성경은 그날 예수님이 무엇을 가르치셨는지 기록하지 않고 있지만, 예수님은 가르치기를 마치시고 시몬 베드로에게 말씀하셨습니다.

"깊은 데로 가서 그물을 내려 고기를 잡으라."(눅 5:4)

예수님과의 첫 만남은 베드로와 요한, 야고보의 인생행로를 완전히 바꿔 놓았습니다. 세 사람 모두 예수님의 제자가 되었고, 상상하지도 못했던 일들을 보고 행하게 되었습니다. 예수님은 그들의 실패와 약점에도 그날, 그들을 부르셨습니다. 예수님은 한 번도 그 부르심을 철회하지 않으셨습니다. "하나님의 은사와 부르심에는 후회하심이 없"(롬 11:29)기 때문입니다. 이것은 여러분과 제게 멋진 소식입니다! 하나님은 마음이 변치 않는 분입니다. 하나님은 누군가를 부르시면, 결코 그들을 버리지 않으십니다. "그가 친히 말씀하시기를 내가 결코 너희를 버리지 아니하고 너희를 떠나지 아니하리라 하셨"(히 13:5)기 때문입니다.

세상 사람들은 늘 서로를 버리고 그것을 아무렇지도 않게 생각합니다. 그러나 하나님은 다릅니다. 성경은 "우리는 미쁨이 없을지라도 주는 항상 미쁘시니 자기를 부인하실 수 없으시리라"(딤후 2:13) 하고 말합니다. 하나님은 어떤 사업을 벌이시면 반드시 마무리하십니다. 좋은 소식이 또 있습니다. 그분의 자녀인 우리가 하나님의 가장 소중한 사업이라는 사실입니다. 바울은 "너희 안에서 착한 일을 시작하신 이가 그리스도 예수의 날까지 이루실 줄을……확신"(빌 1:6)해야 한다고 말했습니다.

어쩌면 여러분 중에는 오랫동안 예수님을 따르기는 했지만 자신의 삶을 향한 하나님의 계획은 놓쳐 버린 사람이 있는지도 모릅니다. 만약 그렇다면 무릎 꿇고 회개하여 하나님이 여러분을 용서해 주시고 깨끗하게 해 주시기를 구하십시오. 그다음, 애초에 여러분을 부르셨던 바른길로 삶을 되돌려 주시기를 구하십시오. 여러분이 이제껏 주님께 불순종하고 반역했다 해도, 그분은 여러분의 삶을 변화시키고 "메뚜기 먹은 햇수대로" (욜 2:25) 여러분에게 갚아 주실 것입니다.

예수님이 베드로에게 다시 갈릴리 바다 깊은 데로 나가라고 하셨을 때 노련한 어부인 베드로는 깜짝 놀랐을 것입니다. 아마도 그는 예수님이 육지로 둘러싸인 동네인 나사렛 출신의 목수라는 소문을 이미 들었을 것입니다. 베드로는 대낮에 고기를 잡으러 가는 것이 어리석은 일이라고 생각했을 것입니다. 물고기들이 낮에는 밝은 수면을 피해 물속 깊숙한 곳에 머문다는 건, 어부라면 누구나 아는 사실이기 때문입니다. 하지만 내면 깊은 곳에서 베드로는 그 모든 불안을 내려놓고 예수님이 명하시는 일을 해야 한다고 느꼈습니다. 인간의 논리에 맞지 않는 명령이었지만, 베드로는 대답했습니다.

"선생님, 우리들이 밤이 새도록 수고하였으되 잡은 것이 없지마는 말씀에 의지하여 내가 그물을 내리리이다."(눅 5:5)

예수님께 순종하는 것은 언제나 득이 됩니다! 예수님은 무엇이 여러분의 삶에 최선인지 잘 아십니다. 하지만 당시에는 예수님의 말씀이 논리적으로 말이 안 되는 것처럼 느껴질 수도 있습니다. 이 구절은 베드로의 거친 겉모습 안에 순전한 믿음이 깃들어 있음을 보여 줍니다. 그는 억세고 모난 성격 때문에 수없이 곤경에 빠졌지만, 아이 같은 그의 믿음과 순종은 예수님의 마음을 감동시키기도 했습니다. 많은 설교자들이 예수님의 부르심을 받고 물 위를 걸으려 했던 베드로를 조롱했지만, 다른 제자들에겐 배 밖으로 나올 믿음조차 없었다는 것을 언급하지는 않습니다! 여러분, 베드로가 잠시나마 **정말** 물 위를 걸었다는 사실을 잊지 맙시다!

제 삶에서 가장 기억에 남는 체험은, 예수님이 주위 상황과는 완전히 상반되는 듯 보이는 일을 제게 명하시면서 일어났습니다. 1997년, 예수님은 정저우 감옥에 있던 제게 감옥 밖으로 걸어 나가라고 말씀하셨습니다. 저는 일어나 가라고 명령하시는 예수님의 음성을 분명히 들었습니다. 그러나 잠시 동안 그 명령을 놓고 고심했고, 저의 이성으로 상황을 판단하기 시작했습니다. 그때 강하고 분명한 또 한 번의 음성이 제 마음속에서 말씀했습니다.

"이 감옥은 진짜이지만, 나는 진리니라!"

저는 순종했고 주님은 많은 간수들의 눈을 멀게 하셨으며 제가 빠져나갈 수 있도록 감옥 문들을 열어 주셨습니다. 이 놀라운 경험을 통해 저는 순종에 대한 중요한 교훈을 배웠습니다. 하나님이 우리에게 어떤 일을 명하실 때, 그분은 우리가 말대답하기를 기대하지 않으십니다. 우리가 그저 하나님께 순종하고 또 순종하기를 원하십니다. 저는 하나님의 음성에 순종으로 답할 때 기적이 따라옴을 알게 되었습니다. 여러분이 하나님의 말씀을 신뢰한다면, 그 신뢰를 결코 후회하지 않을 것입니다. 순종은 도무지 어쩔 수 없을 것 같은 상황에서도 제 역할을 감당하게 해 줍니다. 예수님은 우리가 보고 만질 수 있는 어떤 것보다 더 강하시기 때문입니다.

"믿음으로 모든 세계가 하나님의 말씀으로 지어진 줄을 우리가 아나니 보이는 것은 나타난 것으로 말미암아 된 것이 아니니라."(히 11:3)

중국의 가정교회 지도자들은 집회 장소를 즉시 떠나라는 성령의 경고를 받은 적이 얼마나 많은지 모릅니다. 당시에는 말도 안 되는 지시처럼 느껴졌지만, 그들은 순종해서 달아났고 불과 몇 분 후 공안이 들이닥쳤을 때 집회 장소는 비어 있었습니다!

베드로와 요한, 야고보도 주님이 명하시는 대로 했습니다.

"그렇게 하니 고기를 잡은 것이 심히 많아 그물이 찢어지는지라. 이에 다른 배에 있는 동무들에게 손짓하여 와서 도와 달라 하니 그들이 와서 두 배에 채우매 잠기게 되었더라."(눅 5:6-7)

예수님이 우리 삶에서 뭔가 놀라운 일을 하실 때, 우리는 먼저 자신의 죄와 결점을 깊이 인식하게 됩니다.

"베드로가 이를 보고 예수의 무릎 아래에 엎드려 이르되 '주여, 나를 떠나소서. 나는 죄인이로소이다' 하니, 이는 자기 및 자기와 함께 있는 모든 사람이 고기 잡힌 것으로 말미암아 놀라고 세베대의 아들로서 시몬의 동업자인 야고보와 요한도 놀랐음이라."(눅 5:8-10)

그날은 베드로에게 정말 대단한 날이었습니다! 밤새 배에 앉아 있었던 그는 몇 시간 전만 해도 물고기를 한 마리도 잡지 못했습니다. 예수님을 만난 후, 그의 인생은 완전히 변화되었고 새로운 목적과 방향을 갖게 되었습니다.

"예수께서 시몬에게 이르시되 '무서워하지 말라. 이제 후로는 네가 사람을 취하리라' 하시니 그들이 배들을 육지에 대고 모든 것을 버려두고 예수를 따르니라."(눅 5:10-11)

하나님이 우리에게 하시는 말씀은 항상 옳다는 것을 깨달아야 합니다. 하나님은 어떤 일에서는 옳고 어떤 일에서는 틀릴 수 있는 사람과 같은 존재가 아니십니다. 그분은 언제나 백 퍼센트 옳으시고, 우리는 언제나 백 퍼센트 하나님을 신뢰해야 합니다. 우주에서 맨 처음으로 나온 말이 우리 주님의 말씀이었고, 그 말씀으로 하나님은 지구와 그 안의 모든 것을 창조하셨습니다.

여러분에게 한 가지 물어보겠습니다. 베드로가 밤새 잡으려고 애썼던 물고기들은 어디에 있었을까요? 한번 상상해 봅시다.

그놈들은 어두운 바다 속, 바로 거기에 있었지만 베드로와 동료들에게는 보이지 않았을지 모릅니다. 그놈들은 자기들을 잡으려고 놓은 그물을 쉽게 피했을 수도 있습니다. 그러나 다음 날 아침, 세상의 창조주 예수님은 물고기들이 어디 있는지 정확히 아셨을 것입니다. 예수님은 물고기 한 마리 한 마리를 직접 만드신 분이기 때문입니다. 그 작은 물고기들이 창조주의 음성을 듣고 얼마나 흥분했을지 상상해 보십시오. 어쩌면 그놈들은 주님을 잠시나마 보려고 표면 가까이로 올라왔을지도 모릅니다. 그리고 기꺼이 베드로의 배로 헤엄쳐 가 그의 그물에 들어갔는지도 모릅니다. 전능하신 하나님의 아들에게 순종하는 특권을 누리기 위해서 말입니다! 하나님의 모든 피조물이 "고대하는 바는 하나님의 아들들이 나타나는 것"(롬 8:19)임을 아십니까?

중국에서 우리는 더없이 완고한 죄인들이 예수님과 대면한 후 회개하고 무릎 꿇는 모습을 보았습니다. 수많은 살인범, 강간범, 매춘부가 그들을 부르는 예수님의 음성을 듣고 하나님의 그물에 걸려드는 것을 보았습니다.

나중에 제자들은 예수님이 "저편으로 건너가자"고 말씀하시는 것을 들었습니다. 그들은 "예수를 배에 계신 그대로 모시고"(막 4:35-36) 호수로 나갔습니다. 예수님은 곧 잠드셨고 사나운 폭풍이 일어났습니다. 사역에 돌입할 때, 예수님이 여러분의 배에서 잠드시지 않게 하십시오! 여러분의 힘으로 열심히 노를 젓고 사역을 꾸리기 위해 애쓸 수는 있지만, 예수님이 주무시면 멀리 가지 못할 것입니다.

제자들이 어떤 형편에 처했는지 보십시오. "큰 광풍이 일어나며 물결이 배에 부딪쳐 들어와 배에 가득하게 되었"(막 4:37)습니다. 예수님을 깨워 여러분이 하는 모든 일을 다스리는 주가 되게 하십시오! 과거에 예수님을 중심에 모셨던 많은 교회와 선교단체들이 오늘날에는 자신의 힘으로 공동체를 꾸려 가려고 합니다. 그리고 예수님이 주무시는 동안 그들만의 계획을 세우고 있습니다.

하나님은 모든 그리스도인이 사람 낚는 어부가 되길 바라십니다. 세상은 절박한 난장판 속에서 파괴되고 있습니다. 나라들은 서로 전쟁을 벌이고, 사람들은 매일 서로 말할 수 없는 잔혹 행위를 저지릅니다. 우리가 예수님을 마음속에 모시면, 각자의 배경이나 교육 수준이나 경제적 지위에 상관없이 사람 낚는 어부로 부름 받습니다. 우리보다 고기잡이에 훨씬 능한 사람들이 있겠지만, 예수님은 베드로와 야고보와 요한 같은 사람을 찾으십니다. 그들은 자신들이 무가치한 죄인임을 알았고, 자신들의 약함을 하나님 앞에 내어놓으며 그분의 능력을 받았고, 더러운 옷을 벗고 의의 옷을 입었습니다.

대체로 사도들은 교육을 받지 못한 거친 젊은이들이었지만, 하나님은 그들을 사용해 복음으로 세상을 흔들어 놓으셨습니다. 하나님이 그들을 쓰셨으므로, 우리 역시 잃어버린 영혼에게 다가가야 할 개인적인 책임에서 자유로울 수 없습니다. 우리 자신과 어쩌면 다른 사람들은 속일 수 있을지 모릅니다. 그러나 주님을 속일 수는 없습니다. 모든 그리스도인은 언젠가 하나님께 받은 재능을 사용했는지 안 했는지, 했다면 어떻게 사용했는지 하나님 앞에 고하게 될 것입니다.

지금은 주저함 없이 하나님의 일에 우리 자신을 온전히 바쳐야 할 때입니다. 그러면 하나님의 축복과 임재를 감미롭고도 강력하게 체험하게 될 것입니다.

예수님이 처음 베드로와 야고보, 요한을 발견하셨을 때 그들은 그물을 씻고 있었습니다. 늘 그물을 사용해 고기를 잡는다면 종종 그물을 깨끗이 씻을 필요가 있습니다. 그러나 오늘날 많은 교회들은 어부가 아닌 그물 씻기 전문가가 되어 버렸습니다. 그들은 하나님나라를 위해 영혼을 사로잡는 대신, 내내 고기잡이에 대해 이야기하고 다양한 고기잡이 전략과 기법을 공부하며 고기잡이 전문가들의 강연을 듣고 고기잡이에 대한 노래를 부릅니다. 하지만 실제로 고기를 잡으러 가는 일은 거의, 아니 전혀 없습니다!

많은 목회자들이 고기 잡는 이야기를 설교하고, 교인들은 교회 벽에 전시된 그물들을 보며 경탄을 보냅니다. 그 그물은 아주 깨끗합니다. 그들은 교회에서 모든 더러움과 불결함을 몰아내는 데 수고를 아끼지 않았습니다. 그물을 얼마나 새하얗게 만들어 놓았는지 누구도 한때 그것들이 고기잡이에 쓰였다고는 생각하지 못할 것입니다! 그물코 하나하나가 모두 같은 크기와 모양이 되도록 그물망이 주의 깊게 정리되어 있습니다. 그들의 구호는 '하나님은 질서의 하나님이시라' 입니다. 목회자들은 자신들의 그물을 자랑하길 좋아하고, 다른 교회의 교인들을 초대해 함께 자신의 그물을 보며 감탄하기까지 합니다.

몇 년마다 '열성이 지나친' 새신자들이 와서 벽에 걸려 있는 그물들을 호수에 던져 물고기를 잡자고 말합니다. 그러면 교인들 중 '성숙한' 신자들은 하나님이 전 세계에서 많은 고기들을 잡고 계시며 모든 일이 잘되고 있다고 설명합니다. 자기들이 할 일은 거룩하고 평화롭게 사는 것이지 주제넘게 나서는 것이 아니라는 말도 덧붙입니다. 그 말에 수긍하는 새신자들은 이제부터 몇 년간 이 교회에서 주님을 따르고 나면 다른 사람들처럼 성숙한 신자가 될 것이라 확신합니다. 그래서 당장은 조용히 있으면서 경솔한 말을 삼가는 것이 상책이라고 판단합니다.

주마다, 해마다 사탄은 거짓말로 개별 신자와 교회와 교단 전체를 조용히 달래며 잠재웁니다. 그물의 온갖 얼룩과 먼지를 제거한 표백제에 그리스도인들도 효과적으로 소독되어 다시는 어부가 될 생각조차 하지 않는 것 같습니다.

그리스도인들이여, 밤새 일했지만 고기를 한 마리도 잡지 못한 베드로 같은 느낌이 듭니까? 더 이상 바다에 남은 물고기가 없다고 생각하게 되었습니까? 여러분의 교회 프로그램으로 새로운 물고기를 낚아 본 지가 너무 오래되었습니까? 한 번만 더 고기잡이에 실패하면 그 패배감을 감당할 수 없을 것 같아 차라리 둑에 머물며 그물이나 씻는 게 낫다고 생각하게 되었습니까? 이렇듯 많은 교회들이 '해 봤지만 성과가 없어서' 복음전도를 포기해 버렸습니다.

많은 그리스도인들이 '하나님나라를 위해 고기를 잡으라'고 부르시는 하나님의 음성을 듣지만 베드로와 야고보, 요한이 그랬던 것처럼 '물에 고기가 남아 있다'고 믿지 않습니다. 여러분은 그리스도인들이 다음과 같이 말하는 것을 자주 듣지 않았습니까?

"이곳에는 복음에 관심을 갖는 사람이 없어요. 사람들의 마음이 너무 굳어 있어요."

그러나 이것은 사실이 아닙니다! 혹 여러분의 고기잡이가 주 예수 그리스도의 지도 아래에서 이루어지지 않는 것이 문제일 수 있다는 생각을 해본 적 있습니까? 혹시 여러 해 동안 엉뚱한 곳에다 그물을 던져 온 건 아닐까요? 여러분 주위의 바다에는 물고기가 가득합니다. 여러분의 방식대로가 아닌, 예수님의 지휘 아래에서 고기잡이를 시작해야 합니다.

베드로와 동료들이 자기 힘으로 일했을 때 단 한 마리의 물고기도 잡지 못했습니다. 그들은 물고기가 남아 있지 않다고 믿었습니다. 그러나 그들이 포기하고 하나님이 고기잡이를 지휘하시도록 맡겨 드리자 갑자기 "고기를 잡은 것이 심히 많아 그물이 찢어"(눅 5:6)지기 시작했습니다.

부디 이 사실을 이해하시기 바랍니다! 자신의 힘과 프로그램, 기상(氣像)으로 주님을 섬기고 복음을 전하려 하면 우리는 실패하게 됩니다. 그리고 얼마 안 가서 우리가 문제가 아니라 '복음에 관심을 보이지 않는 냉담한 이교도들'에게 문제가 있다고 믿게 될 것입니다. 그러나 우리 자신을 전폭적으로 하나님께 드리고 주의 능력으로 채워 주시고 덧입혀 주시기를 구하는 일이 무엇을 의미하는지 진정으로 파악하게 되면, 우리는 하나님이 그분의 영광을 위해 우리를 쓰시는 자리에 서게 될 것입니다. 하나님이 '여러분'의 사역에 복을 내리시기만을 바라는 한, 여러분은 시간만 낭비하게 됩니다. 하나님은 그분의 인도하심을 따라 그분의 방식대로 이루어지는 그분의 사역에만 복 주십니다. 마침내 우리의 온갖 쓸모없는 프로그램이 바닥나고 우리가 어쩔 줄 몰라 포기할 때, 그 자리에서 예수님은 우리에게 더 나은 길, 즉 그분의 길을 보여 주실 것입니다. 그물을 어디로 던져야 할지 말씀해 주실 것이고, 우리는 물고기로 불룩해진 그물을 보며 놀랄 것입니다.

목회자들이여, 여러분의 교회는 사람을 낚는 데 바빠야 합니다. 그것이 원래 교회가 할 일입니다. 예수님은 그분의 사람들이 고립된 채 자기들끼리만 둘러앉아 서로를 세워 주는 것을 원하지 않으십니다. 교회 안의 문제들을 다루는 데 모든 시간을 다 쓰는 것은 지도자의 본분이 아닙니다. 물론 예수님이 다시 오실 때까지 언제나 교회 안에는 문제가 있겠지만, 그것 때문에 주저앉지 마십시오. 오히려 그런 문제들을 더 많은 영혼을 낚을 수 있도록 그물을 튼튼하게 손질할 기회로 보십시오.

사탄은 여러분이 사람을 낚지 못하도록 신경을 분산시키고 온갖 문제를 일으킬 것입니다. 따라서 여러분은 '영혼을 구원하겠다'는 '확고하고 흔들림 없는 초점'을 갖고 있어야 합니다. 여러분의 교회가 고기를 낚는 시도를 포기했습니까? 바다에 고기가 남아 있지 않다고 믿고 그물을 씻는 데만 바쁩니까? 하나님 말씀에는 신나는 소식이 담겨 있습니다! 하나님은 여러분을 변화시키고 여러분의 사역에 힘주기 원하십니다. 그렇게 되면 여러분은 다른 이들이 보고 배울 수 있는 굉장한 본이 될 것입니다.

예수님이 여러분을 주관하시고 여러분 각각을 사람 낚는 어부로 만들어 가시도록 모든 것을 그분께 맡길 의향이 있습니까? 예수님을 여러분의 배에 모시고 그분께 배우십시오. 예수님은 여러분의 배와 그물을 그분의 영광을 위해 쓰실 수 있습니다. 어쩌면 하나님은 여러분에게 이미 복음을 전할 지침을 주셨을지도 모릅니다. 여러분을 당신께서 사랑하는 독생자의 증인으로 세우시고 아시아와 아프리카로, 혹은 무슬림 국가로 부르실지도 모릅니다.

지금이 바로 그물을 던져 고기를 잡을 때입니다.

17 잠자는 교회여, 깨어나라! 자다가 깰 때가 벌써 되었으니 이는 이제 우리의 구원이 처음 믿을 때보다 가까웠음이라. 로마서 13:11

1997년 중국을 떠나기 전, 저는 서구 기독교에 대해 아주 좋은 인상을 갖고 있었습니다. 중국에 왔던 선교사들은 대단히 경건한 사람들이었기 때문입니다. 그들은 많은 반대를 무릅썼고 중국에 와서 복음을 위해 피를 쏟았습니다.

저는 독일에 도착한 후 정부가 거주 신청을 처리하는 동안 난민 시설에 머물렀습니다. 그 몇 달 동안, 주일마다 걸어서 근처 루터파 교회에 나갔습니다. 독일어를 한 단어도 이해하지 못했고 교인들도 제가 누군지 몰랐지만, 저는 매주 꼬박꼬박 교회에 나가 거기서 벌어지는 이상한 광경을 지켜보았습니다. 목회자는 높은 단상 위로 올라갔고 몇 명의 할머니 교인들이 그를 지켜보고 있었습니다. 목사님은 무거운 짐을 진 사람처럼 보였고 얼굴에는 기쁨이나 활력이 전혀 없었습니다. 그는 기도책에 나오는 기도문을 읽은 후 한동안 설교를 했습니다. 저는 낯선 언어에 익숙해질 요량으로 그의 말을 흉내 내어 보기도 했습니다.

예배가 끝나자마자 목사님은 예배에 참석한 대여섯 명의 교인들과 악수하기 위해 문으로 달려갔습니다. 그 이상한 과정 전체를 보고 난 뒤 참으로 슬펐습니다. 목회자도 소수의 양도 세상 짐을 가득 지고 예배에 왔다가 똑같은 상태로 집으로 돌아가는 게 분명했습니다. 중국의 부흥 한복판에서 자라났던 제게 그것은 참으로 충격적인 장면이었습니다.

나중에 저는 독일을 비롯한 서구 교회가 모두 그렇게 심한 상태는 아니라는 것을 알았지만, 제가 경험한 대부분의 서구 교회에서는 예수님의 진정한 임재를 찾기 어려웠습니다. 어떤 교회들은 요란한 음악을 연주하고 겉으로는 힘이 넘치고 기쁨이 있는 듯 보였습니다. 하지만 그렇다고 그것이 오래된 루터파 교회보다 그들에게 예수님이 더 많이 임재하고 계신다는 뜻은 아닙니다. 예수님은 말씀하셨습니다.

"하나님의 나라는 볼 수 있게 임하는 것이 아니요 또 여기 있다 저기 있다고도 못하리니, 하나님의 나라는 너희 안에 있느니라."(눅 17:20-21)

1998년에 독일 당국으로부터 난민 지위를 부여받은 후, 주님은 제게 유럽과 세계 여러 곳에서 사역할 기회를 열어 주셨습니다. 처음부터 저는 하나님이 제게 중국을 떠나도록 허락하신 이유 중 하나가 잠자는 서구 교회가 깨어나도록 돕게 하려는 것임을 알았습니다!

그리스도인들이 들어야 할 메시지는 예수님이 사데 교회에 하신 다음 말씀과 동일합니다.

"내가 네 행위를 아노니 네가 살았다 하는 이름은 가졌으나 죽은 자로다. 너는 일깨어 그 남은 바 죽게 된 것을 굳건하게 하라. 내 하나님 앞에 네 행위의 온전한 것을 찾지 못하였노니 그러므로 네가 어떻게 받았으며 어떻게 들었는지 생각하고 지켜 회개하라."(계 3:1-3)

잠자는 교회는 어둠 속에서 길 잃고 방황하는 세상에 결코 다가설 수 없습니다.

성경은 온 인류가 영적으로 죽었고 죄와 불의의 바다로 빠져 죽어 간다고 선언합니다. 이생에서 복음을 듣지 못한 사람들은 지옥에서 영원한 형벌을 받을 수밖에 없습니다. 이것은 비극입니다. 예수님은 지옥의 영원한 형벌은 하나님의 형상과 모양을 따라 창조된 인간이 아니라, "마귀와 그 사자들을 위하여 예비된"(마 25:41) 곳이라 말씀하셨기 때문입니다.

사람들이 무시무시한 운명에서 벗어날 길을 예수님이 마련해 놓으셨다는 소식을 들을 방법은 하나뿐입니다. 우리가 그들에게 직접 말해 주는 것입니다! 하지만 많은 그리스도인들은 잃어버린 영혼들에게 예수님을 전하는 일이 다른 사람의 책임이라고 생각합니다. 그들은 수많은 핑곗거리를 대며 행동하지 않는 자신의 모습을 정당화하고 양심을 진정시키려 합니다만, 주님은 진실을 아십니다. 성경은 우리에게 다음과 같이 분명하게 가르칩니다.

"너는 사망으로 끌려가는 자를 건져 주며 살육을 당하게 된 자를 구원하지 아니하려고 하지 말라. 네가 말하기를 '나는 그것을 알지 못하였노라' 할지라도 마음을 저울질하시는 이가 어찌 통찰하지 못하시겠으며 네 영혼을 지키시는 이가 어찌 알지 못하시겠느냐! 그가 각 사람의 행위대로 보응하시리라."(잠 24:11-12)

시간이 얼마 남지 않았습니다. 수백만의 사람들이 멸망의 구렁텅이에 빠져 지옥으로 가고 있는데, 그리스도인들이 계속 변명만 해서는 안 됩니다. 신자들은 요한계시록 3장 20절을 구원의 초청으로 자주 사용합니다.

"볼지어다. 내가 문밖에 서서 두드리노니 누구든지 내 음성을 듣고 문을 열면 내가 그에게로 들어가 그와 더불어 먹고 그는 나와 더불어 먹으리라."

하지만 이 말씀을 자세히 살펴보면 예수님이 이 말씀을 하실 때 불신자를 염두에 두신 것이 아님을 알게 됩니다. 예수님은 라오디게아의 타락한 교회의 문을 두드리고 계셨습니다. 예수님은 교회의 문밖에 서서 노크하시며 교회를 향해 안으로 들어가게 해 달라고 요청하신 것입니다! 서글프기 짝이 없는 고발이지만, 예수님은 오늘날의 많은 교회에서도 여전히 불청객이십니다. 많은 교회들이 생명 없는 종교활동을 계속하며 "경건의 모양은 있으나 경건의 능력은 부인"(딤후 3:5)하고 있습니다.

깨어나십시오! 회개하십시오! 주 예수님을 여러분의 삶과 여러분의 교회에 모셔 들이십시오. 예수님은 모든 사람을 사랑하십니다. 우리의 숨이 붙어 있는 한 예수님이 그분의 영광을 위해 우리를 쓰시는 것에 늦는 법은 결코 없습니다.

영적으로 활기 없는 교회나 신자는 부활하여 살아 계신 예수님을 제대로 전할 수 없습니다. 교회는 전쟁을 위한 훈련장이자 지휘본부입니다. 그러나 농담을 주고받고 위선이나 떠는 사교클럽으로 전락한 교회에서, 사람들은 그리스도의 명령에 순종하기를 거부하고 하나님을 향해 입에 발린 말만 합니다. 하나님은 여러분이 깨어나기를 바라실 뿐 아니라 여러분에게 맡기실 일도 있습니다.

저는 전 세계를 다니며 훌륭한 형제자매를 많이 만났습니다. 그들은 제가 하는 모든 말을 열심히 경청했습니다. 하지만 제가 만난 많은 이들의 신앙생활에는 한 가지 중요한 것이 빠져 있었습니다. 바로 순종입니다. 그들은 하나님의 말씀에 순종해야 합니다. 말씀을 듣기만 하지 말고 나가서 말씀을 행하는 이가 되어야 합니다. 야고보가 말했습니다.

"너희는 말씀을 행하는 자가 되고 듣기만 하여 자신을 속이는 자가 되지 말라."(약 1:22)

여러분, 보십시오. 하나님의 말씀을 자꾸 들으면, 여러분의 마음은 영적 음식으로 가득하게 됩니다. 이것은 좋은 일이지만, 말씀을 듣는 데는 목적이 있습니다. 나가서 굶주린 사람들에게 여러분이 가진 음식을 나눠주는 것입니다. 그래야 그들도 예수님을 알 수 있습니다. 여러분이 하나님의 축복을 혼자서만 간직한다면, 여러분은 거만하고 병든 그리스도인이 될 것입니다. 여러분이 하나님의 말씀을 다른 사람들과 나눌 때, 성령께서는 여러분이 더 나눌 수 있도록 풍성히 주실 것입니다. 이것은 정말 멋진 일입니다.

지금 이 순간 인류 역사에서 가장 격렬한 전투가 벌어지고 있습니다. 그것은 '테러와의 전쟁'이 아닙니다. 그보다 훨씬 강력하고 파장이 큰 전투입니다. 그것은 사람의 영혼을 얻기 위해 벌이는 전쟁입니다. 이 전쟁은 세상 모든 사람에게 영향을 미칩니다. 인류의 영원한 운명이 전쟁의 결과에 달려 있기 때문입니다. 사탄은 가능한 한 많은 사람들을 지옥으로 끌고 가려고 애쓰느라 바쁩니다.

"땅과 바다는 화 있을진저 이는 마귀가 자기의 때가 얼마 남지 않은 줄을 알므로 크게 분 내어 너희에게 내려갔음이라."(계 12:12)

지금은 지구상에서 사탄의 분노가 그 어느 때보다 강렬하게 나타나고 있습니다. 하나님의 사람들은 하늘 아버지의 일을 분주하게 해내야 합니다. 하나님을 섬기고 그분이 부르신 자리에 서서 잃어버린 영혼들에게 다가가야 합니다. 그런데 수백만 그리스도인들이 다시 오실 주님을 기다리면서도 코 골며 깊이 잠들어 있습니다!

농장에서 살아 본 적이 있다면 추수철에 수확을 할 일꾼들이 필요함을 알 것입니다. 오늘날 주님은 그분의 나라를 위해 영혼을 추수하기 원하시지만, 순종할 일꾼들이 충분치 않습니다. 이 현상에 대해 잠언은 경고합니다.

"여름에 거두는 자는 지혜로운 아들이나 추수 때에 자는 자는 부끄러움을 끼치는 아들이니라."(잠 10:5)

"게으른 사람은 제철에 밭을 갈지 않으니, 추수 때에 거두려고 하여도 거둘 것이 없다."(잠 20:4, 표준새번역)

이제 깨어날 때입니다!

"잠자는 자여, 깨어서 죽은 자들 가운데서 일어나라. 그리스도께서 너

에게 비추이시리라."(엡 5:14)

오늘날 전 세계에는 **자칭 그리스도인**이 무려 20억이 넘습니다. 한번 생각해 보십시오. 예수 그리스도를 따른다고 말하는 사람들이 20억이라니! 엄청난 수입니다.

그렇다면 왜 아직도 가난한 나라와 영적으로 어두운 지역이 그토록 많을까요? 문제는 대다수 신자들에 의해 어느 정도 관습화된 기독교입니다.

수백만이 넘는 사람들이 예수님을 따르는 것을 그저 문화적인 경험으로 여깁니다. 그들은 교회에 나가는 일을 새로운 사람들을 만나고 사소한 문제들에 대해 담화를 나눌 수 있는 하나의 사교클럽에 참여하는 것으로 여깁니다. 성경을 읽는 것도 의무감일 뿐, 실재하시고 능력이 있으시며 생명을 변화시키시는 하나님과의 관계에서 나오는 행위가 아닙니다.

예수님을 십자가에서 죽으신 역사적 인물로 또 언젠가 다시 오실 미래의 인물로 자주 그리지만, 연인이자 친구이신 예수님과 진정으로 동행하며 자신의 꿈과 두려움과 염려를 말씀드리는 그리스도인은 오늘날 거의 없는 것 같습니다. 전 세계 수백만 신자들이 율법주의에 매여 있습니다. 인간이 만든 규칙을 지키는 것이, 하나님의 손을 잡고 날이 서늘할 때 그분과 동행하는 것보다 더 중요해졌습니다. 그리스도인의 삶은 인내심 테스트가 되어 버렸고, 생명과 기쁨의 모든 흔적이 사라져 버린 지 오래입니다!

형제자매 여러분, 속지 마십시오. 그렇게 매인 교회는 하나님나라를 위해 어떤 영혼도 구원할 수 없습니다. 불신자들은 모든 것을 버리고 예수님을 좇은 그분의 참된 제자들을 만날 때, 그리고 참된 제자들의 삶에 드러난 하나님 말씀의 진리와 은혜에 직면할 때에만 반응합니다.

오늘날 전 세계에 '신자'는 차고 넘칩니다. 그러나 하나님은 더 많은 제자들을 원하십니다! 하나님의 뜻대로, 열방에 영향을 끼칠 수 있는 사람들은 예수님의 제자들뿐입니다!

몇 년 전 치명적인 사스 바이러스가 중국 전역과 아시아 일부 지역에 퍼져 나갔습니다. 과학자들은 사스가 '슈퍼 보균자들'에 의해 퍼졌다고 믿습니다. 이 슈퍼 보균자들은 수백 명의 사람들과 어울리며 주위 사람들을 감염시켰습니다. 그들은 가는 곳마다 바이러스를 퍼뜨렸고 그들을 만난 사람들 중 어떤 이들의 삶은 영원히 달라졌습니다.

하나님은 복음을 퍼뜨릴 수 있는 **복음 슈퍼 보균자**들을 찾고 계십니다! 그분을 전폭적으로 따르며 하나님의 불과 사랑을 들고 수백만 명의 사람들을 찾아가 영적 생명을 퍼뜨릴 사람들을 원하십니다!

1950년대 이전까지, 중국의 그리스도인들도 대부분 그저 그리스도를 '믿는 자들'일 뿐이었습니다. 그리고 고난의 열기가 뜨거워지면서 많은 사람들이 믿음에서 떨어져 나갔습니다. 하지만 하나님을 진지하게 생각한 몇몇 무리는 어떤 대가를 치르고서라도 하나님을 따르기로 결심했습니다. 그들은 주 예수 그리스도의 제자들로 서서히 변화되어 갔습니다. 오늘날 중국 가정교회 그리스도인들 대부분은 예수님의 제자들입니다.

참된 제자들은 자주 오해를 받습니다. 그들은 '불안정한 광신도' 취급을 받습니다. 일반 신자들의 존재는 용인하는 정부가 주님의 제자들은 국경 내에서 철저히 뿌리 뽑으려고 수단과 방법을 가리지 않습니다.

'신자들'은 하나님을 따르려고 노력합니다만, 그들의 기도와 헌신은 우유부단함에 가려져 있습니다. 그들은 다음과 같이 기도합니다.

"오 주님, 저는 너무나 약합니다. 당신의 능력을 보여 주소서. 저는 죄에 짓눌려 있습니다. 부디 오셔서 저를 건져 주소서."

'신자'는 언제나 예수님을 위해 걸어가면 모든 일이 잘될 거라는 확증을 구합니다. 그들은 아무런 방해 세력이 없고 자신들이 어떤 해도 입지 않을 거라는 확신이 들 때만 첫 발걸음을 떼려 합니다! '하나님나라를 위해 어딘가로 가서 일하라'는 왕의 부르심을 듣더라도, 안전하게 발을 내딛기 전에 주위의 추가적인 격려가 필요하다고 생각합니다. 그래서 그들은 다음과 같이 말하곤 합니다.

"그렇게 해도 괜찮은지 아내와 목사님, 또는 사장님이나 장모님과 먼저 상의해 보겠습니다."

그러나 '제자들'의 태도는 다릅니다. 그들은 하나님의 다이너마이트 같은 능력을 조금만 달라고 구합니다.

"오 하나님, 제게 영적 다이너마이트를 조금만 빌려 주십시오. 그러면 그 다이너마이트를 가지고 제가 찾을 수 있는 가장 어두운 지역에 가서, 하나님이 하늘의 불을 내리시사 그것을 폭발시키시기를 기도하겠습니다."

하나님은 언제나 이 기도에 응답하십니다. 중국과 세계의 다른 지역들에서 복음이 그토록 빨리 퍼져 나간 것은 바로 이 때문입니다.

서구 세계에 온 이후, 저는 설교를 아무리 많이 해도 별 영향이 없다는 것을 알게 되었습니다. 대다수의 신자들은 '설교에 끄떡도 하지 않기' 때문입니다. 그들은 수천 편의 설교를 들었고 설교 내용을 흘려듣는 데 전문가가 되었습니다. 그들의 몸은 교회 안에 있지만 그들의 생각과 마음은 멀리 떠나 있습니다. 그들은 연설에 귀를 기울이는 데 익숙해졌을 뿐, 복음의 능력에 반응하지 않으며 그들의 삶은 변화되지 않습니다.

신자들이 주일에 교회에서 보여 주는 모습과 주중에 가정과 직장에서 살아가는 실상이 전혀 다른 경우도 매우 많습니다. 가정은 쪼개지고 부부 관계는 무너지고 삶은 죄와 유혹에 잠겨 있는데, 주일에 미소 짓고 거룩한 척 행세하는 것은 건강에 좋지 않습니다. 그것은 진짜가 아닙니다. 교회는 하나님을 만나는 곳, 하나님이 여러분을 어둠에서 빛으로, 죽음에서 생명으로 변화시키는 장소여야 합니다. 우리는 서로 진실해지고 하나님나라를 만들기 위해 동행하기를 구해야 합니다. 그리고 다른 신자들과 교제하며 서로 격려와 영감을 주고받아야 합니다. 우리는 가정과 교회를 연결시켜야 합니다. 그래서 사람들이 주일에 하는 행동이 그들의 일상생활과 조화를 이루게 해야 합니다.

서구 세계의 많은 교회들은 공연장으로 전락해 버렸습니다. 목사는 매주 공연을 하고 신자들은 멀뚱멀뚱 구경만 하고 있습니다. 그러므로 그토록 많은 사람들이 삶에서 어려움을 겪고 믿음에서 떨어져 나가는 상황이 전혀 이상하지 않습니다. 주님은 그리스도의 소중한 신부가 이런 통탄할 상태에 빠진 것을 보시며 분노하십니다. 예수님은 그분의 신부를 열렬히 사랑하십니다. 예수님은 "교회를 사랑하시고 그 교회를 위하여 자신을 주심"으로 "물로 씻어 말씀으로 깨끗하게 하사 거룩하게 하시고 자기 앞에 영광스러운 교회로 세우사 티나 주름 잡힌 것이나 이런 것들이 없이 거룩하고 흠이 없게 하려 하"(엡 5:25-27)셨습니다.

혹시 여러분 중에 양 무리를 이런 식으로 보살피는 목회자가 있습니까? 그렇다면 간청합니다. 부디 강단에서 내려와 교인들과 함께하십시오. 사람들에게 강연하기를 그치고 그들과 함께 살면서 그들의 짐을 나눠지고 성령의 능력으로 그들을 예수님께 인도하십시오. 여러분이 교회에서 특별한 역할을 감당한다거나 다른 누구보다 지위가 더 높다고 생각하지 마십시오. 우리 모두 하나님나라로 가는 동료 순례자들이고 하나님은 사람을 차별하지 않으십니다.

교회 지도자의 역할은 사람들 위에 군림하거나 모임을 지배하는 것이 아닙니다. 형제자매를 섬기는 것입니다. 그래서 신자들이 주님을 섬기고 복음을 선포할 준비를 갖추도록 돕는 것입니다.

여러분은 다음 구절을 천 번도 넘게 봤을지도 모릅니다. 하지만 부디 다시 읽어 보십시오. 기도하면서 다음의 말씀을 다시 읽고 하나님께 자신의 사역이 정말 사도 바울의 가르침대로 이루어지고 있는지 보여 달라고 구하십시오.

"그가 어떤 사람은 사도로, 어떤 사람은 선지자로, 어떤 사람은 복음 전하는 자로, 어떤 사람은 목사와 교사로 삼으셨으니 이는 성도를 온전하게 하여 봉사의 일을 하게 하며 그리스도의 몸을 세우려 하심이라. 우리가 다 하나님의 아들을 믿는 것과 아는 일에 하나가 되어 온전한 사람을 이루어 그리스도의 장성한 분량이 충만한 데까지 이르리니."(엡 4:11-13)

소중한 형제자매 여러분, 하나님은 여러분을 사랑하십니다. 하나님은 여러분이 단지 신자가 아니라 예수님을 전심으로 따르는 제자가 되기 원하십니다. 지구상의 모든 그리스도인은 매일 아침마다 이 선택을 내려야 합니다. 우리가 제자인지 신자인지는 우리가 내리는 선택에 달려 있습니다. 우리는 늘 편안한 안락의자로 다시 돌아가 냉담한 그리스도인으로 살아가고픈 유혹을 받습니다. 하나님께는 입에 발린 말만 할 뿐, 정작 헌신의 비용을 계산하여 자기 십자가를 지고 예수님을 따라가고 싶지는 않은 그런 유혹입니다.

여러분이 이 순간부터 전심으로 예수님을 따르기로 단단히 결심하기를 기도합니다. 여러분은 커다란 고난에 직면하거나 끊임없이 공격을 당할 수도 있습니다. 하지만 자신의 결정을 결코 후회하지 않을 것입니다.

18 세계를 품는 비전
오직 성령이 너희에게 임하시면 너희가 권능을 받고 예루살렘과 온 유대와 사마리아와 땅 끝까지 이르러 내 증인이 되리라 하시니라.

사도행전 1:8

    1997년 처음으로 서구 세계에 발을 들이기 전까지, 저는 그토록 많은 교회가 영적으로 잠들어 있는 줄 정말 몰랐습니다. 놀라운 믿음과 집요함으로 중국에 복음을 전해 준 서구 교회였던 만큼 당연히 강하고 활력이 넘칠 줄 알았습니다. 과거 서구의 많은 선교사들은 예수님을 위해 목숨을 버림으로써 우리에게 강력한 본이 되었기 때문입니다.

    때때로 저는 서구의 교회들에서 말씀을 전할 때 어려움을 겪습니다. 뭔가 빠져 있는 듯한 아주 끔찍한 기분이 들기 때문입니다. 어떤 모임들은 매우 냉랭하고 중국 교회에서 보았던 하나님의 불과 임재를 거의 느낄 수 없습니다.

    서구의 많은 그리스도인들은 경제적으로 풍요롭지만 영적으로는 타락한 상태로 살아갑니다. 은과 금은 있지만 일어나서 예수님의 이름으로 행하지 않습니다. 중국의 신자들은 자신을 내리누르는 소유가 거의 없기 때문에 주님을 섬기는 일에서 자유롭습니다. 중국 교회는 미문에 있던 베드로와 같습니다. 그는 다리를 못 쓰는 거지를 보고 말했습니다.

"은과 금은 내게 없거니와 내게 있는 이것을 네게 주노니 나사렛 예수 그리스도의 이름으로 일어나 걸으라."(행 3:6)

저는 이처럼 하나님이 중국 교회를 사용하셔서 서구 교회가 성령의 능력으로 일어나 걷는 것을 도우시길 기도합니다. 현재 상황에서 중국의 그리스도인들이 잠드는 것은 거의 불가능합니다. 중국 교회를 달리게 하는 일이 계속 벌어지고 있는데, 달리는 동안에는 잠들기가 무척 어렵기 때문입니다. 오히려 박해가 그칠 때 자만에 빠져 잠들지 않을까 두렵습니다.

유럽과 아메리카의 많은 목회자들이 큰 부흥을 보고 싶다는 말을 제게 했습니다. 그들은 대부분의 서구 국가들이 부흥을 경험하지 못하고 있는데, 중국이 부흥을 경험하는 이유가 무엇인지를 자주 물었습니다. 이것은 대답하기 쉽지 않은 질문이지만, 몇 가지 이유는 매우 분명해 보입니다.

저는 서구에서 지내면서 온갖 거대한 교회 건물과 값비싼 장비들, 호화 카펫, 최신 음향시설 등을 보았습니다. 제가 드릴 수 있는 말씀은 서구 교회에는 더 이상 교회 건물이 필요하지 않다는 것입니다. 교회 건물들은 결코 여러분이 추구하는 부흥을 가져다주지 못합니다. 더 많은 소유를 추구하는 것도 부흥을 불러오지 못합니다. 예수님은 참으로 말씀하셨습니다.

"사람의 생명이 그 소유의 넉넉한 데 있지 아니하니라."(눅 12:15)

여러분의 교회에 부흥이 일어나기 위해 필요한 것은, 주님의 말씀입니다. 서구의 교회에는 하나님의 말씀이 실종되었습니다. 물론 많은 설교자들이 있고 수많은 성경 강해 테이프와 비디오가 있지만, 성경의 예리한 진리는 거의 담겨 있지 않습니다. 또 하나님의 말씀에 대한 지식뿐 아니라 그 말씀에 대한 순종도, 행함도 찾아보기 어렵습니다.

"하나님의 말씀은 살아 있고 활력이 있어 좌우에 날선 어떤 검보다도 예리하여 혼과 영과 및 관절과 골수를 찔러 쪼개기까지 하며 또 마음의

생각과 뜻을 판단하나니."(히 4:12)

하나님의 말씀은 여러분을 자유롭게 할 진리임을 잊지 마십시오. 저는 열여섯 살에 주 예수 그리스도를 처음 만난 이후 주님이 제게 어떤 일을 명하시건, 무슨 말씀을 하시건 그대로 순종하리라 결심했습니다. 그것이 쉽지 않을 때도 있었지만, 하나님은 그 길을 가는 저의 한 걸음 한 걸음을 도우셨습니다. 중국의 신자들에게 부흥이 찾아왔을 때, 수천 명의 복음전도자들이 하나님의 제단에서 불을 받고 그것을 들고 중국 방방곡곡으로 흩어졌습니다. 그런데 서구의 그리스도인들은 하나님이 움직이실 때 그 자리에 멈추어 하나님의 임재와 복을 오랫동안 음미하면서 체험의 제단을 쌓고 싶어 하는 듯 보입니다.

성경에 따라 변화받기를 원하기 전까지는 결코 성경을 진정으로 알 수 없습니다. 주님이 주시는 모든 참된 부흥의 결과는, 신자들이 잃어버린 영혼을 위해 열렬히 기도하고 직접 행동으로 나서는 것에서 나타납니다. 참으로 하나님이 여러분의 마음속에서 움직이시면, 여러분은 가만히 있을 수 없습니다.

저는 서구의 여러 교회에서 사람들이 이미 천국에 이른 듯한 모습으로 예배하는 것을 보았습니다. 그러면 누군가가 어김없이 다음과 같은 위로의 메시지를 전합니다.

"내 자녀들아, 내가 너희를 사랑하노라. 두려워 말라. 내가 너희와 함께하노라."

그 말씀에 반대하는 것은 아닙니다. 하지만 주님이 주시는 또 다른 말씀은 아무도 듣지 못하는 것처럼 보이는 이유가 무엇입니까?

"내 아이야, 나는 너를 아시아의 슬럼가나 아프리카의 어둠 속으로 보내어 죄 가운데 죽어 가는 사람들에게 나의 말씀을 전하려 하노라."

서구의 수많은 교인들은 하나님께 최소한의 것을 드리며 만족해합니다. 저는 교회에서 헌금하는 교인들의 모습을 지켜보았습니다. 그들은 두

툼한 지갑을 열어 그중 가장 적은 액수의 돈을 찾습니다. 이런 태도로는 안 됩니다! 예수님은 우리를 위해 목숨까지 주셨는데, 우리는 자신의 삶과 시간, 경제적인 부분에서 가능한 한 적은 부분만 되돌려 드립니다. 수치스러운 일입니다! 회개하십시오!

하나님의 일에 무언가를 바치는 것은 커다란 특권입니다. 동방박사들이 베들레헴에 왔을 때, 그들은 값비싼 선물을 사서 아기 예수의 발 앞에 놓았습니다. 아마도 이 선물들이 예수님과 그 부모가 얼마 후 애굽으로 피난하는 비용을 마련하는 데 보탬이 되었을 것입니다. 하나님은 여러분이 하나님께 드린 것을 당신의 독생자의 통치를 전 세계로 확장하는 일에 사용하실 수 있습니다.

이상하게 들릴지 모르지만, 저는 중국에서 많은 그리스도인들이 바치던 헌금이 그립기까지 합니다. 중국에서는 이런 일들이 많았습니다. 지도자가 "내일 주님을 섬기러 떠나는 새 일꾼이 있습니다"라고 광고합니다. 그러면 즉시 모든 사람이 주머니에 든 것을 다 내놓습니다. 그리고 새 일꾼은 그 돈으로 다음 날 떠나는 기차표나 버스표를 구입합니다.

오늘날 중국의 가정교회 교인들 대부분은 가진 것이 그리 많지 않습니다. 대부분 가난한 농촌 마을 출신이고 그해 추수한 것으로 다음 해 추수 때까지 살아야 합니다. 하지만 그들은 가진 것이 무엇이건 하나님께 바칩니다. 따로 숨겨 놓는 법이 없습니다.

어느 날 예배 도중 헌금을 걷던 기억이 납니다. 복음을 들고 먼 지역으로 갈 복음전도자들을 위해 헌금하자며 작은 주머니를 돌렸습니다. 많은 사람들이 수중에 있던 돈 전부를 그 주머니에 넣었습니다. 예수님을 위해 영혼을 구원하는 일에 참여하는 것보다 더 중요한 일은 없다는 것을 깨닫고 있었기 때문입니다. 그것 때문에 가난해지고 어려움에 직면한다 해도 물질보다 더 소중한, 한 영혼이 구원받을 수 있다는 생각에 그들은 기꺼이 희생을 감수했습니다.

주머니가 자기 앞에 왔는데 그 안에 넣을 것이 아무것도 없는 사람들도 있었습니다. 그들은 돈도, 소유물도 전혀 없었습니다. 그들이 가진 것은 자기 자신뿐이었습니다. 저는 그들 앞으로 주머니가 지나갈 때, 그들이 눈물을 쏟으면서 말 그대로 자기 자신을 헌금 주머니 속에 넣는 것을 보았습니다. 목숨밖에 가진 것이 없던 그들은 하나님의 영광을 위해 기꺼이 목숨을 바치겠다는 지극히 정성스러운 전심을 하나님께 보여 드리고 싶어 했습니다.

여러분은 어떻습니까? 여러분도 자신의 마음 전부를 예수님께 드리겠습니까? 그렇게 한다면, 여러분은 하나님의 영광을 보고 그분의 능력과 권세를 체험하게 될 것입니다. 하나님은, 전심으로 그분에게 향하는 사람을 보실 때 감동하십니다. 성경은 선언합니다.

"여호와의 눈은 온 땅을 두루 감찰하사 전심으로 자기에게 향하는 자들을 위하여 능력을 베푸시나니."(대하 16:9)

이 병든 세상은 예수 그리스도의 사랑과 은혜가 절실히 필요합니다. 이미 예수님을 사랑하게 된 사람들은 그분의 일을 위해 자신의 삶을 전부 드려야 합니다. 그보다 못한 것은 충분치 않습니다.

물론 모든 서구 교회가 잠든 것은 아닙니다! 제가 방문했던 서구의 강건한 교회들에는 공통점이 있었습니다. 그것은 미전도 국가 선교에 대한 강하고 희생적인 헌신이었습니다. 그들은 지역사회 봉사활동이나 자국 내의 다른 도시에 교회를 개척하는 일을 할 뿐 아니라, 전 세계에서 복음에 가장 굶주리고 있고 영적으로 가장 어두운 지역들에 하나님나라를 세우려는 마음을 갖고 있습니다. 아직 아무도 예수님의 이름을 듣지 못한 어두운 지역이 있습니다. 그곳에 시간과 기도와 재정을 들이기 시작한다면, 얼마 안 가 여러분의 손길에 하나님의 축복이 깃드는 것을 경험할 것입니다.

주님을 위한 여러분의 비전이 너무 작았다면, 하나님께 **그분의** 비전을 나누어 달라고 구하십시오. 하나님의 비전은 전 세계를 품는 것입니다.

"하나님이 세상을 이처럼 사랑하사 독생자를 주셨으니 이는 그를 믿는 자마다 멸망하지 않고 영생을 얻게 하려 하심이라. 하나님이 그 아들을 세상에 보내신 것은 세상을 심판하려 하심이 아니요 그로 말미암아 세상이 구원을 받게 하려 하심이라."(요 3:16-17)

지상명령은 바뀌지 않았습니다. 바뀌어야 할 것이 있다면 우리의 계획입니다. 이곳 지상에 천국을 만들어 내려는 교회들이 많이 있습니다. 그러나 지상명령에 순종하지 않고 복음을 지구 끝까지 전하지 않는 많은 서구 교회들은 하나님을 상대로 장난을 치는 것이고, 진리에 대해 진정으로 관심이 없는 것입니다. 많은 교회들이 겉모습은 근사하지만 정말 중요한 내면은 죽어 있습니다. 하나님이 움직이시는 것을 진정 보고 싶다면, 두 가지를 반드시 행해야 합니다. 첫째로 하나님의 말씀을 배워야 하고, 둘째로 그 말씀에 순종해야 합니다.

하나님께 순종하여 나아갈 때, 여러분이 혼자라고 생각하지 마십시오. 하나님은 여러분이 그분의 몸을 이루는 다른 지체들과 나란히 일하기 원하십니다. 그것이 여러분에게도 유익이 되고, 하나님나라를 위해 훨씬 많은 일을 성취할 수 있기 때문입니다.

고립되어 있을 때 우리는 전체를 보는 시각을 잃어버리기 쉽고 잘못된 결정을 내릴 수 있습니다. 엘리야는 사역의 성공과 실패를 다 아는 하나님의 종이었습니다.

어느 날 엘리야는 하늘에서 불이 떨어져 번제물과 물에 잔뜩 젖은 나무에 불이 붙는 것도 보았고(왕상 18:16-39 참조) 하나님이 자신의 기도에 응답하여 3년 가뭄을 그치게 하시는 것도 보았습니다. 두 가지 모두 하나님나라를 위한 위대한 승리였고, 이스라엘 백성은 여러 해 동안 계속해 오던 우상숭배와 불순종을 회개했습니다.

바로 그다음 날, 사악한 왕비 이세벨이 "해가 지기 전까지 엘리야를 죽이겠다"고 위협했습니다. 하나님의 사람 엘리야는 두려움에 가득 차, 목숨을 건지기 위해 사막으로 달아났습니다. 그곳에서 그는 말했습니다.

"여호와여, 넉넉하오니 지금 내 생명을 거두시옵소서. 나는 내 조상들보다 낫지 못하니이다."(왕상 19:4)

모든 하나님의 종은 이 사건에서 교훈을 배워야 합니다. 가장 큰 승리 직후에 영혼을 가장 연약하게 만드는 순간이 찾아오는 경우가 많습니다. 우리는 자신의 실패뿐 아니라, 성공까지도 하나님께 드려야 합니다. 매일 새롭게 시작하면서 도움과 힘을 달라고 하나님께 부르짖어야 합니다. 어제의 승리가 오늘의 전투에서 우리를 붙들어 주지는 못합니다.

하나님은 엘리야를 불쌍히 여기시고 음식과 힘을 제공하셨습니다. 선지자는 호렙산까지 갔습니다. 시내산이라고도 하는 그곳은 모세가 십계명을 받은 장소입니다. 그곳에서 주님은 녹초가 된 엘리야에게 부드럽게 물으셨습니다.

"네가 어찌하여 여기 있느냐?"(왕상 19:13)

엘리야의 반응은 무척 흥미롭습니다.

"내가 만군의 하나님 여호와께 열심이 유별하오니 이는 이스라엘 자손이 주의 언약을 버리고 주의 제단을 헐며 칼로 주의 선지자들을 죽였음이오며, 오직 나만 남았거늘 그들이 내 생명을 찾아 **빼앗으려** 하나이다."(왕상 19:14)

엘리야는 하나님의 선지자 중에서 자신만 살아남았다고 믿었습니다.

그런데 그것이 사실이었습니까?

얼마 전 엘리야는 오바댜를 만나 다음과 같은 말을 들었습니다.

"내가 여호와의 선지자 중에 백 명을 오십 명씩 굴에 숨기고 떡과 물로 먹인 일이 내 주에게 들리지 아니하였나이까?"(왕상 18:13)

하지만 바로 그날, 엘리야는 백성 앞에서 "여호와의 선지자는 나만 홀로 남았"(왕상 18:22)다고 말했습니다. 엘리야가 하나님께 자기가 홀로 남은 선지자라고 말하자, 전능자는 부드러운 음성으로 대답하셨습니다.

하늘 생명수 174

"내가 이스라엘 가운데에 칠천 명을 남기리니 다 바알에게 무릎을 꿇지 아니하고 다 바알에게 입 맞추지 아니한 자니라."(왕상 19:18)

주님을 따르다 고립될 경우, 전체를 보는 올바른 시각을 잃어버려 전투에서 나만 남은 듯하고 세상 전체가 나를 대적한다는 생각이 들 때가 종종 있습니다. 엘리야가 전체를 보는 눈을 잃어버린 후, 엘리사를 후임자로 임명하라는 하나님의 명령을 받은 것이 매우 흥미롭습니다. 엘리야의 사역이 후임 선지자를 정하는 것으로 끝난 것입니다.

지상명령에 순종하여 앞으로 나아갈 때, 하나님께 여러분과 함께 갈 사람을 보여 달라고 간절히 구하십시오. 주님을 섬길 때 우리는 언제나 그리스도의 몸을 이루는 다른 지체들과 연결되어야 합니다. 그렇지 않으면 엘리야처럼 전체를 보는 눈을 놓쳐 버리고 자신이 지상에 남은 유일한 하나님의 종이라고 생각하게 됩니다. 여러분이 세상에서 가장 재능 있는 그리스도인이라 해도, 혼자서는 하나님을 섬길 수 없습니다. 제자들은 언제나 두 명씩 짝지어 보냄을 받았고, 사도 바울은 혼자 여행하는 법 없이 항상 동역자들과 함께했습니다.

우리는 신앙의 길을 가면서 동행하는 다른 사람들의 격려를 받아야 합니다. 낙심은 질병과 같습니다. 그것은 여러분의 모든 에너지와 평화를 빼앗아 가고 여러분의 마음에 냉소를 심습니다. 낙심을 뜻하는 영어 단어 'dis-courage-ment'가 잘 보여 주듯, 낙심은 용기(courage)를 빼앗고(dis) 삶에서 우리를 나약하고 두려워하게 만듭니다. 성경의 여러 곳을 통해 주님은 그분의 백성들에게 '강하고 담대하라'고 촉구하십니다. 우리 모두 하나님의 사자들의 참된 격려가 필요합니다.

하나님은 여러 가지 방법으로, 기가 꺾인 자녀들의 머리를 들게 하십니다. 엘리야가 낙심했을 때, 하나님은 두 번이나 천사를 보내 떡과 물을 주셨고 그가 긴 여행을 할 수 있도록 도우셨습니다(왕상 19:3-8 참조). 오늘날 우리에게는 성령의 생수가 필요합니다. 성령의 생수가 우리 안에 넘쳐흘러야 합니다. 거기서 여행을 계속할 활력과 힘을 얻어야 합니다.

여러분이 받은 은사는 다른 지체들의 은사로 보완되어야 합니다. 성경은 가르칩니다.

"몸은 한 지체뿐만 아니요 여럿이니, 만일 발이 이르되 나는 손이 아니니 몸에 붙지 아니하였다 할지라도 이로써 몸에 붙지 아니한 것이 아니요 또 귀가 이르되 나는 눈이 아니니 몸에 붙지 아니하였다 할지라도 이로써 몸에 붙지 아니한 것이 아니니……오직 하나님이 몸을 고르게 하여 부족한 지체에게 귀중함을 더하사 몸 가운데서 분쟁이 없고 오직 여러 지체가 서로 같이 돌보게 하셨느니라. 만일 한 지체가 고통을 받으면 모든 지체가 함께 고통을 받고 한 지체가 영광을 얻으면 모든 지체가 함께 즐거워하느니라."(고전 12:14-16, 24-26)

여러분에게 권합니다. 머리 숙여 기도하고 성령께서 여러분에게 세상을 향한 하나님의 마음을 주시기를 구하십시오. 예수님처럼 세상을 품는 비전과 열방을 향한 사랑을 갖게 해 달라고 기도하십시오. 그다음에는 하나님의 음성을 들을 수 있는 예민함과 그분의 부르심에 순종하는 결심을 구하십시오.

저는 압니다. 하나님나라를 위해 세상을 품는 비전을 얻게 될 때, 여러분의 삶의 목적이 분명해져 다시는 방향을 잃지 않을 것을!

19 초콜릿 군병

초콜릿 그리스도인은 물에 용해되고 불 냄새에도 쉽게 녹아 버린다. 유리 접시나 판지 상자에서 사는 그들은 모두 부드러운 옷을 입고 있다. 작고 앙증맞은 그 모양을 보존하기 위해 제작된 주름진 종이 포장지이다. ······하나님은 초콜릿 제조업자가 아니시며 그렇게 될 일은 앞으로도 영원히 없을 것이다. 하나님의 사람들은 언제나 영웅이었다. 우리는 성경이 보여 주는 시간의 모래밭을 따라 성경 속 인물들의 거대한 발자취를 따라갈 수 있다. C.T. 스터드

하나님이 사람들을 사용해 지상에서 그분의 뜻을 이뤄 가시는 모습을 우리는 성경 전체에 걸쳐 볼 수 있습니다. 하나님이 보통 사람들을 일으켜 그분의 나라를 위한 용사들로 변화시키시는 수많은 기록들도 우리는 봅니다. 담대하고 용감한 사람들은 언제나 하나님과 공동체의 존중과 존경을 받았습니다. 성경은 종종 그런 사람들을 지나가듯 언급합니다.

"이는 다 아셀의 자손으로 우두머리요 정선된 용감한 장사요 방백의 우두머리라."(대상 7:40)

이상하게도 오늘날 어떤 교회들은, 예수 그리스도를 감수성이 예민하고 약하고 감성적인 사람으로 묘사합니다. 물론 예수님의 상징은 어린양입니다. 그러나 그분의 또 다른 상징물이 '사자'라는 사실을 잊어선 안 될 것입니다! 어린아이들과 부드럽게 놀아 주시고 그들을 무릎에 앉히셨던 예수님은 성전에서 장사하는 상인들을 몰아내기 위해 채찍을 만들어 성전

뜰에서 큰 소란을 일으키기도 하셨습니다.

　예수님은 강인하며 남자답고 고결한 용기의 화신입니다. 그분은 최고의 용사이자 주님 군대의 총지휘관이며 눈에 불꽃이 일고 손에 양날검을 드신 분입니다.

　예수님을 믿는 전 세계 수백만의 여성들이, 교회에 강하고 경건한 남성 그리스도인들이 없다고 한탄하고 있습니다. 그리고 예수님도 한탄하고 계십니다. 하나님은 그분의 교회에 더 많은 용사들이 모이길 원하십니다. 하나님은 그분을 진지하게 섬기는 사람들, 성품이 강직하고 고결한 사람들, 군인처럼 잘 훈련된 사람들을 찾고 계십니다. "여호와의 눈은 온 땅을 두루 감찰하사 전심으로 자기에게 향하는 자들을 위하여 능력을 베푸"(대하 16:9)신다는 사실을 알고 계십니까?

　중국에서 저는 담대한 하나님의 사람들을 많이 만났습니다. 그들은 하나님의 사랑에 너무나 감격하여 가능한 한 많은 사람들에게 예수님을 알리기 위해 모진 대가와 희생을 무릅쓰고 자신들의 남은 삶을 주저 없이 바쳤습니다.

　갈렙은 용사의 정신을 가진 사람이었습니다. 그는 육체적으로만 용사가 아니었습니다. 그의 전투는 영적인 영역에서도 이루어졌습니다. 주님의 지혜와 인도하심이 필요한 수많은 상황에 대처해야 했기 때문입니다. 용사의 정신은 나이가 들거나 시간이 흐른다고 해서 희미해지지 않습니다. 생애 말년에 이르러서도 갈렙은 선언합니다.

　"이제 보소서! 여호와께서 이 말씀을 모세에게 이르신 때로부터 이스라엘이 광야에서 방황한 이 사십오 년 동안을 여호와께서 말씀하신 대로 나를 생존하게 하셨나이다. 오늘 내가 팔십오 세로되 모세가 나를 보내던 날과 같이 오늘도 내가 여전히 강건하니 내 힘이 그때나 지금이나 같아서 싸움에나 출입에 감당할 수 있으니."(수 14:10-11)

　설교자들은 하나님이 '군대를 일으키기' 원하신다는 말을 종종 합니다.

하지만 성경의 많은 부분에서 우리는, 하나님이 무엇보다도 한 개인을 일으키시는 데 관심이 있으심을 보게 됩니다. 그리고 그 개인을 통해 하나님의 백성을 위한 거대한 구원이 찾아옵니다. 우리는 이런 광경을 하나님이 모세, 노아, 다윗, 엘리야, 예레미야, 바울 등과 일하시는 모습에서 찾아볼 수 있습니다.

하나님께 '양'은 '질'만큼 중요하지 않습니다. 하나님은 많은 사람들로 이루어진 군대가 있어야만 그분의 뜻을 이루시는 분이 아닙니다. 성경을 보면 성령의 기름부음을 받은 순종하는 몇몇 종들이 하나님나라를 위한 위대한 일들을 이루어 내곤 합니다.

사사기에는 하나님의 사사 기드온이 양이 아닌 질로 미디안 군대를 무찌르는 놀라운 이야기가 나옵니다. 하나님은 기드온이 미디안 족속을 무찌를 것을 미리 예비하셨습니다(삿 6:16 참조). 적군과 맞서 싸우기 위해 큰 군대가 동원되었습니다. 그러나 하나님은 다음과 같이 선언하심으로 기드온을 놀라게 하셨습니다.

"너를 따르는 백성이 너무 많은즉 내가 그들의 손에 미디안 사람을 넘겨주지 아니하리니, 이는 이스라엘이 나를 거슬러 스스로 자랑하기를 내 손이 나를 구원하였다 할까 함이니라. 이제 너는 백성의 귀에 외쳐 이르기를 누구든지 두려워 떠는 자는 길르앗 산을 떠나 돌아가라."(삿 7:2-3)

그날 2만 3천 명의 군인들이 떠나갔습니다. 여러분, 하나님이 이스라엘의 군대 규모를 줄이기 원하셨던 이유를 놓쳐서는 안 됩니다. 하나님은 전쟁에서 승리를 거두고 나면 이스라엘 백성이 자신의 힘으로 자신을 구원했다고 생각할 것을 우려하셨습니다. 우리 하나님은 선언하셨습니다.

"나는 여호와이니 이는 내 이름이라. 나는 내 영광을 다른 자에게……주지 아니하리라."(사 42:8)

원래 3만 2천 명이었던 기드온의 군대는 이제 3분의 1로 줄어들었습니다. 하지만 하나님은 거기서 멈추지 않으셨습니다. 사람들이 무릎을 꿇고 손으로 물을 떠 마시는지, 아니면 개처럼 물을 핥는지를 보시고서 출전할 병력을 고작 300명으로 정하셨습니다!

인간의 마음으로 보면 가망이 없는 상황입니다. 300명의 숫자로 어찌 대담하게 맞서는 미디안 대군을 물리칠 수 있겠습니까? 하지만 하나님께 숫자는 문제가 되지 않았습니다. "여호와의 구원은 사람이 많고 적음에 달리지 아니하였"(삼상 14:6)기 때문입니다.

우리가 하나님의 능력과 크심을 살짝이라도 엿볼 수 있다면 전과는 태도가 전혀 달라질 것입니다! 여러분, 주님이 개입하시면 달라집니다.

"여호와께서 너를 대적하기 위해 일어난 적군들을 네 앞에서 패하게 하시리라. 그들이 한 길로 너를 치러 들어왔으나 네 앞에서 일곱 길로 도망하리라."(신 28:7)

모세는 물었습니다.

"그들의 반석이 그들을 팔지 아니하였고 여호와께서 그들을 내주지 아니하셨더라면 어찌 하나가 천을 쫓으며 둘이 만을 도망하게 하였으리요, 진실로 그들의 반석이 우리의 반석과 같지 아니하니 우리의 원수들이 스스로 판단하도다."(신 32:30-31)

성경에는 하나님의 크심을 알아 악한 자들을 전혀 두려워하지 않았던 하나님의 사람들이 등장합니다. 제가 특히 좋아하는 이야기를 소개하겠습니다. 아람 왕이 엘리사 선지자를 잡으려 했을 때 엘리사와 그의 종 게하시가 겪은 이야기입니다. 성경은 "군사와 말과 병거가 성읍을 에워쌌"(왕하 6:15)다고 적고 있습니다. 여러분은 그 광경을 상상할 수 있습니까? 분노한 왕이 여러분을 죽이려고 모든 군대를 보냈고, 여러분은 완전히 포위된 상황이라면 어떤 기분이 들겠습니까?

그러나 엘리사는 하나님의 크심에 대한 깊은 계시를 받았고 눈에 보이는 것이 아니라 믿음으로 행했습니다. 겁먹은 시종이 어떻게 해야 하느냐고 묻자, 엘리사는 차분히 대답했습니다.

"두려워하지 말라. 우리와 함께한 자가 그들과 함께한 자보다 많으니라."(왕하 6:16)

이어서 그는 기도했습니다.

"여호와여, 원하건대 그의 눈을 열어서 보게 하옵소서 하니, 여호와께서 그 청년의 눈을 여시매 그가 보니 불 말과 불 병거가 산에 가득하여 엘리사를 둘렀더라."(왕하 6:17)

그다음 엘리사는 주님께 아람 군대가 앞을 보지 못하게 해 달라고 기도했고 그대로 되었습니다. 선지자와 종은 그들의 사역을 계속했습니다. 이 기적 때문에 "아람 군사의 부대가 다시는 이스라엘 땅에 들어오지 못하"(왕하 6:23)게 되었습니다.

하나님의 자녀여, 예수님이 얼마나 크신 분인지 여러분의 삶에서 경험한 적이 있습니까? 사탄을 두려워하지 마십시오. 사탄은 줄로 묶인 개에 불과합니다. 하나님은 때때로 사탄이 우리를 공격하도록 허락하셔서 우리로 하여금 정신이 번쩍 나게 하시기도 합니다. 그러나 그놈은 결코 우리를 파괴할 수 없습니다.

"여러분 안에 계신 분이 세상에 있는 자보다 크시기 때문입니다."(요일 4:4, 표준새번역)

주님은 제자들에게 말씀하셨습니다.

"내가 그들에게 영생을 주노니 영원히 멸망하지 아니할 것이요 또 그들을 내 손에서 빼앗을 자가 없느니라. 그들을 주신 내 아버지는 만물보다 크시매 아무도 아버지 손에서 빼앗을 수 없느니라. 나와 아버지는 하나이니라."(요 10:28-30)

하나님은 복음 위에 굳게 서서 용사로 살아갈 제자들을 부르고 계십니다. 겉모습은 용사처럼 보이지 않을지 모르지만, 겉모습은 중요하지 않습니다. 중요한 것은 내면입니다. "내가 보는 것은 사람과 같지 아니하니 사람은 외모를 보거니와 나 여호와는 중심을 보느니라"(삼상 16:7)고 하셨기 때문입니다.

오늘날, 겉으로는 주님을 위한 용사처럼 보이지만 실제로는 초콜릿 군병인 그리스도인들이 많습니다. 성경은 그들에 대해 말하고 있습니다.

"네가 만일 환난 날에 낙담하면 네 힘이 미약함을 보임이니라."(잠 24:10)

초콜릿 군병의 겉모습은 진짜 군병과 똑같습니다. 그러나 열을 가하면 달라집니다. 갑자기 불안함을 느끼고 두려움에 사로잡혀 녹아 버리게 되고, 곧 하나의 무더기가 됩니다. 초콜릿 군병은 상황이 좋을 때는 강해 보이지만, 압력을 받으면 무너져 버립니다. 그들은 속이 비었기 때문입니다. 예수님은 말씀의 씨앗을 기쁨으로 받아들인 사람에 대해 다음과 같이 말씀하셨습니다.

"그 속에 뿌리가 없어 잠시 견디다가 말씀으로 말미암아 환난이나 박해가 일어날 때에는 곧 넘어지는 자요."(마 13:21)

사실 예수님이 오셔서 우리 삶의 굳건한 토대를 놓아 주시기 전까지는 우리 모두 초콜릿 군병입니다. 우리 안에서 경건한 성품과 결의를 솟아나게끔 하는 주요한 요소 중 하나는 박해입니다. 바울은 다음과 같이 썼습니다.

"우리가 환난 중에도 즐거워하나니 이는 환난은 인내를, 인내는 연단을, 연단은 소망을 이루는 줄 앎이로다."(롬 5:3-4)

"깨어 믿음에 굳게 서서 남자답게 강건하라."(고전 16:13)

다윗은 인생 초반부에 많은 실수를 저질렀습니다. 하지만 그는 온전히 변했으며 하나님 앞에서 이렇게 기도했습니다.

"아 하나님, 내 속에 깨끗한 마음을 새로 지어 주시고 내 안에 정직한 새 영을 넣어 주십시오."(시 51:10, 표준새번역)

다윗은 자신의 마음이 불결하고 정신이 위태로움을 알았습니다. 하나님은 그의 기도에 응답하셨고 다윗은 나중에 시편에 다음과 같이 적었습니다.

"할렐루야, 여호와를 경외하며 그의 계명을 크게 즐거워하는 자는 복이 있도다. ……그는 흉한 소문을 두려워하지 아니함이여 여호와를 의뢰하고 그의 마음을 굳게 정하였도다. 그의 마음이 견고하여 두려워하지 아니할 것이라. 그의 대적들이 받는 보응을 마침내 보리로다."(시 112:1, 7-8)

주 예수께서는 반대에 부딪혀도 "끝까지 견디는" 일의 유익을 제자들에게 가르치셨습니다.

"너희가 내 이름으로 말미암아 모든 사람에게 미움을 받을 것이나 끝까지 견디는 자는 구원을 얻으리라."(마 10:22)

"너희의 인내로 너희 영혼을 얻으리라."(눅 21:19)

그분은 다음 말씀으로 우리를 격려하십니다.

"너희가 피곤하여 낙심하지 않기 위하여 죄인들이 이같이 자기에게 거역한 일을 참으신 이를 생각하라."(히 12:3)

예수 그리스도를 위한 용사가 되고 싶다면, 먼저 하나님께 순복하고 하나님이 여러분의 삶에 인격과 끈기, 오래 참음과 인내, 소망과 용기를 만드시도록 맡겨 드려야 합니다. 이런 속성들은 주님을 섬기기 원하는 사람들에게 주어집니다.

"그것은 하나님의 사람으로 하여금……온갖 선한 일을 할 준비를 갖추게 하려는 것입니다."(딤후 3:17, 표준새번역)

주 예수께서는 여러분이 거룩한 고집을 기르기 원하십니다. 사탄에게 굴복하거나 세상과 타협하기를 거부하는 고집 말입니다. 예수님은 여러분을 복음을 위한 참된 군병으로 훈련시키기 원하시지, 압력을 받자마자 두려움으로 녹아 버리는 초콜릿 군병이 되는 것을 원하시지 않습니다. 지금 당장 일어서서 여러분을 초콜릿 군병에서 "그리스도 예수의 좋은 병사로……함께 고난을 받"(딤후 2:3)는 사람으로 변하게 해 달라고 주님께 구하십시오.

예수 그리스도의 군병이 되어 전심으로 하나님을 섬기게 되면, 전투에서 여러분과 동료에게 활력을 줄 생수가 필요합니다. 성경에는 모압 군에 맞서 전투를 벌이러 가는 유다와 이스라엘 연합군을 구원하기 위해 하나님이 물을 보내시는 이야기가 나옵니다. 남북 연합군은 전장에 이르기 위해 에돔 광야를 지나 행군했습니다. 가는 길은 힘들었고 "그들이 길을 돌아 행군하는 이레 동안에, 군대와 함께 간 가축들이 마실 물이 바닥났"(왕하 3:9, 표준새번역)습니다.

목마른 이스라엘 군대는 골짜기에 멈춰 섰고, 엘리사에게 사자를 보내 어떻게 해야 하는지 물었습니다. 엘리사는 대답했습니다.

"여호와께서 이르시기를 너희가 바람도 보지 못하고 비도 보지 못하되 이 골짜기에 물이 가득하여 너희와 너희 가축과 짐승이 마시리라 하셨나이다. 이것은 여호와께서 보시기에 작은 일이라. 여호와께서 모압 사람도 당신의 손에 넘기시리니."(왕하 3:17-18)

여러분이 영적 광야에 처하고 죽음이 닥친다 해도, 하나님은 생명수의 강물을 여러분에게 보내실 수 있습니다. 지구상에서 하나님이 여러분에게 이르실 수 없는 곳은 존재하지 않습니다. 군대는 메마른 사막 한복판에 갇혀 있었지만 "아침이 되어 소제 드릴 때에 물이 에돔 쪽에서부터 흘러와 그 땅에 가득하였"(왕하 3:20)습니다.

하나님이 그분의 용사들을 돕기 위해 보내신 것은 작은 개울물이 아니었습니다. 거대한 호수에 가까웠던 것으로 생각됩니다. 다음 날, 멀리서 그 물에 비친 아침 태양을 본 모압 사람들은 그것이 거대한 피바다라고 생각했습니다. 그리고 그들은 노략물을 거두기 위해 달려왔다가 이스라엘 군대에 패하고 말았습니다. 사탄과 그의 세력에 맞서 전투를 벌일 때, 하나님의 생명수가 적군을 무찌를 힘을 줄 것입니다.

견고히 서십시오. 초콜릿 군병처럼 되지 마십시오. 전투 도중에 하나님의 개입이 절실히 필요한 순간들이 있습니다. 그럴 때 멈춰 서서 주님께

하늘 생명수 **184**

구해야 합니다. 그러면 주님이 여러분에게 생명수를 통한 원기와 활력을 주실 것입니다.

다음의 말씀을 기도하며 읽어 보는 것으로 결론을 대신하려 합니다. 하나님의 종이 전투에 앞서 준비해야 할 것을 말해 주는 가장 위대한 구절이라 생각합니다. 이 말씀을 읽으며 주 예수께서 여러분을, 하나님나라를 위한 큰 용사로 준비시켜 주시고 무장해 주시기를 기도합시다.

> 끝으로 너희가 주 안에서와 그 힘의 능력으로 강건하여지고 마귀의 간계를 능히 대적하기 위하여 하나님의 전신 갑주를 입으라. 우리의 씨름은 혈과 육을 상대하는 것이 아니요 통치자들과 권세들과 이 어둠의 세상 주관자들과 하늘에 있는 악의 영들을 상대함이라. 그러므로 하나님의 전신 갑주를 취하라. 이는 악한 날에 너희가 능히 대적하고 모든 일을 행한 후에 서기 위함이라. 그런즉 서서 진리로 너희 허리 띠를 띠고 의의 호심경을 붙이고 평안의 복음이 준비한 것으로 신을 신고 모든 것 위에 믿음의 방패를 가지고 이로써 능히 악한 자의 모든 불화살을 소멸하고 구원의 투구와 성령의 검 곧 하나님의 말씀을 가지라. 모든 기도와 간구를 하되 항상 성령 안에서 기도하고 이를 위하여 깨어 구하기를 항상 힘쓰며 여러 성도를 위하여 구하라. (엡 6:10-18)

그리스도의 군병

20 기꺼이 고난을 받으라
그러므로 너는 내가 우리 주를 증언함과 또는 주를 위하여 갇힌 자 된 나를 부끄러워하지 말고 오직 하나님의 능력을 따라 복음과 함께 고난을 받으라. 디모데후서 1:8

2천 년 전, 주 예수님은 감람산에 서서 제자들에게 명령하셨습니다.

"너희는 온 천하에 다니며 만민에게 복음을 전파하라. 믿고 세례를 받는 사람은 구원을 얻을 것이요 믿지 않는 사람은 정죄를 받으리라."(막 16:15-16)

그 놀라운 승천의 날에 주님이 주신 명령에 따라 예루살렘에서 생겨난 그분의 교회는 널리 확장되어 전 세계로 뻗어 나갈 것이며 땅 끝까지 이르게 될 것이었습니다.

좋은 소식이 있습니다. 여러분은 그 영광스러운 복음이 전 세계를 돌아 저의 조국 중국에 이르렀다는 얘기를 들으셨을 것입니다. 성령의 능력이 중국에 강하게 역사하셨고 수많은 사람들이 주 예수님을 사랑하고 신뢰하게 되었습니다! 이것은 모두 우리 하늘 아버지께서 하신 일이고 모든 영광은 오직 그분의 것입니다.

두 세대에 걸쳐 중국의 신자들은 새장에 갇힌 새와도 같았습니다. 중국 정부가 신자들을 통제하고 복음의 확산을 막았기 때문입니다. 하지만 하나님의 은혜로, 오늘날 중국에는 새장에 갇히기를 거부하는 수천만의 새들이 있습니다! 예수님 덕분에 자유를 얻은 그들은 이제 인간이 만든 새장 안에서는 단 하루도 머물고 싶어 하지 않습니다. 그들은 여러 다른 나라들로 날아다니며 가는 곳마다 복음을 전했습니다!

'백 투 예루살렘 비전'은 몇몇 사람들이 생각하는 것처럼 예루살렘이 초점이 아닙니다. 이 비전의 주된 관심사는 중국과 예루살렘 사이의 많은 나라에 사는 수백만의 잃어버린 영혼들인 무슬림, 불교도, 힌두교도입니다. 우리는 하나님이 그 나라들에 사는 수천 개의 인종 집단 하나하나를 소중히 여기신다고, 그래서 그들에게 독생자의 희생과 부활 소식을 들려주기 원하신다고 믿습니다. 우리는 가장 저항이 심하고 복음화가 덜 된 사람들에게 복음을 선포함으로써 지상명령의 마무리를 도울 수 있다고 믿습니다. 예수님이 "이 천국 복음이 모든 민족에게 증언되기 위하여 온 세상에 전파되리니 그제야 끝이 오리라"(마 24:14)고 말씀하셨기 때문입니다.

성경은 이스라엘에 대해 말합니다.

"이방인의 충만한 수가 들어오기까지 이스라엘의 더러는 우둔하게 된 것이라. 그리하여 온 이스라엘이 구원을 받으리라. 기록된 바 구원자가 시온에서 오사 야곱에게서 경건하지 않은 것을 돌이키시리라."(롬 11:25-26)

중국 교회는 하나님이 마지막 때에 우리가 감당해야 할 역할을 주셨다고 믿습니다. 그것은 복음의 능력과 은혜를 모하메드의 집, 부처의 집, 힌두의 집에 전하는 것입니다. 수억의 잃어버린 영혼들이 그곳에서 복음의 빛도 없이 사그라지고 있습니다. 그들을 그냥 두고 볼 수는 없습니다! 하나님은 모든 사람을 똑같이 사랑하십니다. 그분의 영광이 모든 민족에게 계시된 후에야 마지막이 올 것입니다. 우리는 로마서 말씀처럼 "이방인의 충만한 수"가 하나님나라에 들어오는 것을 보고 싶습니다! 그것이 우리의 소명이자 갈망이며, 하박국 선지자의 예언이 이루어질 때까지 우리는 멈추지 않을 것입니다.

"바다에 물이 가득하듯이 주의 영광을 아는 지식이 땅 위에 가득할 것이다."(합 2:14, 표준새번역)

오늘날에도 하나님의 영광을 아는 지식이 온 땅에 가득하지는 않습니다. 수백만 명의 사람들이 예수 그리스도가 오셔서 자신들의 죄를 위해 십자가에서 피 흘려 죽으시고 무덤에 묻히셨다는 사실을, 평생 단 한 번도 들어 보지 못한 채 죽어 가고 있습니다. 그들은 삼일째 되는 날 하나님의 강한 능력이 예수님을 죽은 자 가운데서 일으키셨다는 사실도 듣지 못했습니다. 여러 세대에 걸쳐 하나님은 하늘에서 내려다보시며, 그분의 자녀들이 지상명령에 순종해 사탄의 포로로 잡혀 있는 모든 사람에게 자유 주기를 기다리셨습니다. 이제 각처에 있는 하나님의 사람들이 지상명령을 성취하고 영광의 왕이 재림하실 날을 앞당기기 위해 일해야 할 때입니다.

우리는 하나님을 모르는 나라들에 복음을 전하는 일이 쉽지 않음을 잘 압니다. 사탄은 중동, 중앙아시아, 인도 등에 사는 사람들을 수천 년 동안 사로잡아 왔고 포로로 삼아 순순히 놓아주지 않고 있습니다. 그 지역 사람들에게 복음을 전하는 데는 엄청난 싸움이 따를 것입니다. 하지만 하나님을 찬양합시다. 하나님은 우리에게 사탄의 나라를 무너뜨리는 데 필요한 모든 능력과 권세를 허락하셨기 때문입니다! 예수님이 물으셨습니다.

"사람이 먼저 강한 자를 결박하지 않고서야 어떻게 그 강한 자의 집에 들어가 그 세간을 강탈하겠느냐. 결박한 후에야 그 집을 강탈하리라."(마 12:29)

강한 자 사탄은 기도와 복음 선포를 통해 결박할 수 있습니다. 이 외에도 사탄을 제압하는 데 쓸 수 있는 무기가 또 있습니다. 바로 고난입니다.

몇십 년 전만 해도 중국에는 그리스도인이 거의 없었고, 선교사들은 복음으로 누군가에게 다가가기가 무척 어려웠습니다. 그러나 하늘 아버지께서는 계획이 있으셨습니다. 하나님은 그분의 아들에게, 중국에서 영광스럽게 구원받은 신부를 허락하셨습니다. 불똥 하나가 작은 불꽃으로 자라났고, 성령께서는 그 불꽃들 위에 기름을 잔뜩 부어 주셨습니다. 그리고 모든 것을 사르는 부흥의 불길이 강력하게 타올랐습니다.

1억 명 정도의 사람들이 예수님께 자신의 삶을 바쳤고 그분의 사랑과 선하심에 감동했습니다. 그래서 그 복음을 가능한 한 많은 사람들에게 전하지 않을 수 없었습니다. 하나님의 불은 중국의 많은 그리스도인들에게 하늘의 바이러스와 같았고, 지금도 그렇습니다. 그들은 그것을 다른 사람들에게 전하지 않으면 미칠 것 같다고 말합니다! 예레미야는 그러한 심정을 다음과 같이 표현했습니다.

"내가 다시는 여호와를 선포하지 아니하며 그의 이름으로 말하지 아니하리라 하면 나의 마음이 불붙는 것 같아서 골수에 사무치니 답답하여 견딜 수 없나이다."(렘 20:9)

예레미야와 같은 체험을 한 적이 있습니까? 성령께서 여러분에게 이런 부담을 주셔서 그분의 말씀을 누군가에게 전할 기회가 생기기까지 고통스러웠던 적이 있습니까? 많은 그리스도인들이 예레미야처럼 하나님을 체험하고 싶다고 말할 것입니다. 그러나 예레미야가 이렇게 말하기 직전에 어떤 말씀이 등장하는지 아십니까? 예레미야가 어떤 삶을 살았기에 하나님을 위한 열정이 불붙어 그분의 말씀을 마음속에 넣어 두기가 고통스럽기까지 되었는지 살펴봅시다.

"여호와여, 주께서 나를 권유하시므로 내가 그 권유를 받았사오며 주께서 나보다 강하사 이기셨으므로 내가 조롱거리가 되니 사람마다 종일토록 나를 조롱하나이다. 내가 말할 때마다 외치며 파멸과 멸망을 선포하므로 여호와의 말씀으로 말미암아 내가 종일토록 치욕과 모욕거리가 됨이니이다."(렘 20:7-8)

예레미야는 조롱과 놀림과 모욕과 비난을 "종일토록" 받았습니다. 그러나 그는 하나님의 말씀이 '그의 마음에 붙은 불', '골수에 사무친 불' 같다고 말했습니다.

중국에서 우리는, 모든 제자들이 언제라도 다섯 가지를 할 수 있도록 준비해야 한다고 가르칩니다.

첫째, 어떤 상황에서든 기도할 준비가 되어 있어야 합니다. 둘째, 언제나 복음을 전할 준비가 되어 있어야 합니다. 셋째, 예수님의 이름을 위해 고난을 받을 준비가 되어 있어야 합니다. 넷째, 모든 제자는 예수 그리스도를 위해 죽을 준비를 해야 합니다. 마지막으로, 기회가 되면 복음을 위해 도망갈 준비도 해야 합니다. 예수님이 "이 동네에서 너희를 박해하거든 저 동네로 피하라"(마 10:23)고 말씀하셨기 때문입니다.

복음을 위해 받는 고난에는 커다란 능력이 있습니다. 중국의 수많은 신자들은 복음을 위해 잔인한 고문을 당하고 투옥되고 심지어 죽임까지 당했습니다. 하지만 교회는 계속 확장되어 왔습니다.

사도행전의 초기 신자들도 고난을 통해 힘과 담력을 얻었습니다. 하나님은 감옥에 끌려간 여러 사도들을 초자연적인 방법으로 구원해 주셨습니다. 산헤드린은 당황했고 그들이 어떻게 빠져나갔는지 알 수 없었습니다. 다음 날 아침, 그들은 사도들이 모두 흩어져 어딘가로 숨었을 거라고 생각했습니다. 하지만 그렇지 않았습니다.

"사람이 와서 알리되 '보소서. 옥에 가두었던 사람들이 성전에 서서 백성을 가르치더이다' 하니 성전 맡은 자가 부하들과 같이 가서 그들을 잡아 왔으나 강제로 못함은 백성들이 돌로 칠까 두려워함이더라. 그들을 끌어다가 공회 앞에 세우니 대제사장이 물어 이르되 '우리가 이 이름으로 사람을 가르치지 말라고 엄금하였으되 너희가 너희 가르침을 예루살렘에 가득하게 하니 이 사람의 피를 우리에게로 돌리고자 함이로다.' 베드로와 사도들이 대답하여 이르되 '사람보다 하나님께 순종하는 것이 마땅하니

라.'"(행 5:25-29)

고난은 담대함을 낳고 하나님나라를 확장시키며 사탄의 계략을 꺾어 놓습니다.

성경은 스데반이 돌에 맞아 죽은 날을 이렇게 기록하고 있습니다.

"그날에 예루살렘에 있는 교회에 큰 박해가 있어 사도 외에는 다 유대와 사마리아 모든 땅으로 흩어지니라."(행 8:1)

이렇게 박해가 일어나고 신자들이 흩어진 결과가 무엇입니까? "그 흩어진 사람들이 두루 다니며 복음의 말씀을 전"(행 8:4)했습니다. 그리스도인들이 복음을 선포하는 곳마다 큰 기사와 이적이 일어났고 수많은 사람들이 얼마나 교회에 더해졌던지, 얼마 후 유대인들은 바울과 실라에 대해 "천하를 어지럽게 하던 이 사람들이 여기도 이르"(행 17:6)렀다고 말했습니다.

복음을 위해 극심한 고난을 받을 때, 더 많은 영혼의 추수가 있고 사탄의 견고한 진이 더 크게 손상되는 것을 저 또한 체험했습니다. 주님이 그리스도인의 인생을 인도하시는 데는 많은 방법이 있겠지만, 저는 모든 신자의 길에는 고난이 있다고 확신합니다. 늘 겸손한 마음으로 주님께 의지하게 하시고자, 주님은 우리 인생에 시련을 주십니다.

고난을 두려워하지 마십시오. 고난이야말로 하나님나라가 지상에서 확장되어 가는 방식이기 때문입니다! 베드로전서 4장 1절에서 이렇게 가르칩니다.

"그리스도께서 이미 육체의 고난을 받으셨으니 너희도 같은 마음으로 갑옷을 삼으라. 이는 육체의 고난을 받은 자는 죄를 그쳤음이니."

우리가 그리스도인으로서 어떻게 얼마만큼 성숙해 나가는지는 고난에 직면할 때 어떤 태도를 취하는지에 상당 부분 달려 있습니다. 어떤 사람들은 고난을 피하려 하거나 고난이 존재하지 않는 것처럼 생각하려 애쓰지만, 그것은 상황을 악화할 따름입니다. 그런가 하면 어떤 사람들은 구원을 바라며 굳세게 견딥니다. 후자가 더 낫지만, 하나님이 그분의 자녀 한 사람 한 사람에게 주기 원하시는 온전한 승리에는 미치지 못합니다.

주님은 우리가 고난을 친구로 받아들이기 원하십니다. 우리가 예수님을 위해 핍박을 받을 때, 그것이 하나님이 주시는 축복임을 깊이 깨달아야 합니다. 그래서 예수님은 말씀하셨습니다.

"나로 말미암아 너희를 욕하고 박해하고 거짓으로 너희를 거슬러 모든 악한 말을 할 때에는 너희에게 복이 있나니 기뻐하고 즐거워하라! 하늘에서 너희의 상이 큼이라."(마 5:11-12)

저는 여러 해를 지나면서, 주님을 위한 사역이 가장 많은 열매를 맺는 시기는 커다란 반대와 핍박이 있는 때와 일치한다는 것을 깨달았습니다. 주님을 위한 효과적인 사역과 극심한 박해 사이에는 직접적인 상관관계가 있는 듯합니다. 사도 바울도 이것을 체험하고 "내가 효과적으로 일할 수 있는 큰 문이 활짝 열려 있고 또 나를 대적하는 사람들도 많이 있"(고전 16:9, 현대인의성경)다고 말했습니다.

사람들이 비방할 때에도 웃고 즐거워할 수 있을 정도로, 우리는 그리스도 안에서 성숙해져야 합니다. 우리는 이 세상에 속한 이가 아니며 우리의 보증인은 하늘에 계신 분임을 알기 때문입니다. 그리스도를 위해 고난을 받을수록 천국에서 더 큰 상급을 얻게 될 것입니다.

사람들이 여러분을 비방할 때 기뻐하고 즐거워하십시오. 그들이 여러분을 저주할 때 오히려 그들을 축복하십시오. 고통스러운 경험을 할 때 그것을 받아들이면 자유를 얻을 것입니다! 이런 교훈들을 배운다면, 세상은 더 이상 여러분을 어떻게 할 도리가 없습니다.

저는 온갖 고문을 당하고 많이 얻어맞으면서도 저를 핍박한 사람들을 한 번도 미워하지 않았습니다. 하나님이 증인이십니다. 저는 그들을 '하나님의 축복의 도구'이자 저를 정결하게 하고 예수님처럼 만들기 위해 '선택하신 그릇'으로 보았습니다. 하나님의 자녀가 고난을 당할 때는 그것이 주님이 허락하신 일임을 알아야 합니다. 주님은 여러분을 잊지 않으셨습니다!

저는 중국에서 가정교회 신자가 그리스도를 위해 투옥되었다는 말을 들으면, 주님이 그의 석방을 위해 기도하라고 분명히 말씀하시기 전까지는 그러한 기도를 삼가라고 조언합니다. 병아리가 알에서 깨어나려면 21일 동안 껍질 속에서 따뜻한 보호를 받고 있어야 합니다. 하루만 일찍 꺼내도 병아리는 죽습니다. 오리 역시 부화하기 전에 28일 동안 알 속에 있어야 합니다. 27일째 되는 날에 오리 새끼를 꺼내면 새끼는 죽고 맙니다.

하나님이 그분의 자녀들이 감옥에 가도록 허락하실 때는 언제나 이유가 있습니다. 다른 죄수들에게 복음을 전하게 하시려는 것일 수도, 그들의 인격을 다듬기 원하시는 것일 수도 있습니다. 그러나 우리가 사람의 힘과 계획을 사용해 하나님이 의도하신 시간보다 더 빨리 그들을 감옥에서 꺼내면, 본의 아니게 하나님의 계획을 방해할 수도 있습니다. 하나님이 원하시는 만큼 온전히 다듬어지지 못한 채 그 신자가 감옥에서 나오는 것일 수 있기 때문입니다.

주님은 사도 바울에게 말씀하셨습니다.

"내 은혜가 네게 족하도다. 이는 내 능력이 약한 데서 온전하여짐이라."(고후 12:9)

이 말씀을 듣고 바울은 선언하게 되었습니다.

"그러므로 도리어 크게 기뻐함으로 나의 여러 약한 것들에 대하여 자랑하리니 이는 그리스도의 능력이 내게 머물게 하려 함이라. 그러므로 내가 그리스도를 위하여 약한 것들과 능욕과 궁핍과 박해와 곤고를 기뻐하노니 이는 내가 약한 그때에 강함이라."(고후 12:9-10)

잊지 마십시오. 하나님나라는 고난을 통해 전진합니다.

21 폭풍 속의 힘

너희는 강하고 담대하라. 두려워하지 말라. 그들 앞에서 떨지 말라. ……네 하나님 여호와 그가 너와 함께 가시며 결코 너를 떠나지 아니하시며 버리지 아니하실 것임이라. 신명기 31:6

그리스도의 군병이 되고 싶다면 강하고 담대해야 합니다. 두려워하고 소심해서는 군인이 될 수 없습니다. 그리스도의 군병은 어떤 상황에서도 살아남아 하나님이 주신 사명을 감당해야 하므로 훈련이 필요합니다. 기도와 성경 읽기를 비롯해 하나님의 뜻에 순종하는 것이 특히 중요합니다. 하나님이 그분의 백성에게 비전을 주실 때마다, 사탄은 그것을 대적하고 분쇄하고자 할 수 있는 일을 모두 합니다. 사탄은 그리스도인들이 자신의 비전과 계획을 추구하는 것에는 개의치 않습니다. 그러나 하나님의 영이 움직이셔서 잃어버린 영혼들을 얻기 위해 전략적으로 모든 일을 엮어 가실 때 사탄은 깜짝 놀라 온갖 역경을 만들어 냅니다.

젊은 시절 제가 복음을 선포하기 시작하자 얼마 안 가서 고생의 물결이 밀려왔습니다. 저와 동료들의 이름과 신고보상액이 적힌 수배전단이 지역 곳곳에 나붙었습니다. 감사하게도 중국은 매우 큰 나라이기에, 우리를 모르는 지역으로 옮겨 가 복음을 계속 전했습니다.

지난 몇 년 동안 '백 투 예루살렘 선교활동'은 엄청난 반대에 부딪혔습니다. 하지만 우리는 실망하기는커녕 이 일이 하나님의 마음에서 나온 비전이라는 사실과, 하나님은 시작하신 일을 언제나 이루고야 마신다는 것을 온전히 확신하고 있습니다! 바울은 다음 말씀으로 빌립보 교인들을 격려했는데, 이 말씀은 우리를 향한 격려이기도 합니다.

"간구할 때마다 너희 무리를 위하여 기쁨으로 항상 간구함은 너희가 첫날부터 이제까지 복음을 위한 일에 참여하고 있기 때문이라. 너희 안에서 착한 일을 시작하신 이가 그리스도 예수의 날까지 이루실 줄을 우리는 확신하노라."(빌 1:4-6)

하나님이 하시는 일을 조롱하고 의심하는 자들은 언제나 있게 마련입니다. 산발랏과 도비야처럼(느 2:10-20 참조), 하나님의 일에 위협을 느껴 오히려 비웃는 사람들도 있습니다. 그런가 하면 가나안 땅을 보고 왔던 열 명의 정탐꾼처럼 약속의 땅에서 선한 것을 보지 못하고 갈렙이 모세에게 보고하는 내용에 어리둥절해하는 사람들도 있습니다.

"'우리가 곧 올라가서 그 땅을 취하자 능히 이기리라' 하나 그와 함께 올라갔던 사람들은 이르되 '우리는 능히 올라가서 그 백성을 치지 못하리라. 그들은 우리보다 강하니라' 하고 이스라엘 자손 앞에서 그 정탐한 땅을 악평하여 이르되."(민 13:30-32)

하나님은 나중에 갈렙에 대해 친히 이렇게 증거하셨습니다.

"내 종 갈렙은 그 마음이 그들과 달라서 나를 온전히 따랐은즉 그가 갔던 땅으로 내가 그를 인도하여 들이리니 그의 자손이 그 땅을 차지하리라."(민 14:24)

저는 갈렙처럼 되고 싶습니다! 자기들과 직접 관련된 일이 아니면, 좋은 일이 있을 거라고 믿지 않고 그저 안 된다고 말하며 비판하는 사람들과는 다른 마음을 갖기 원합니다. 우리는 하나님을 섬길 때 주어진 일의 크기에 주목해서는 안 됩니다. 그렇게 하면 우리의 비전과 열정은 으스러지고 맙니다. 우리의 눈은 언제나 주님의 크심을 바라봐야 합니다. 주님이 예언하신 일은 언제나 그분의 완벽한 때에 일어나며, 그 어떤 것도 주님의 뜻이 하늘이나 땅에서 이루어지는 것을 막을 수 없습니다! 우리 능하신 하나님은 선언하셨습니다.

"내 입에서 나가는 말도……헛되이 내게로 되돌아오지 아니하고 나의 기뻐하는 뜻을 이루며 내가 보낸 일에 형통함이니라."(사 55:11)

'백 투 예루살렘 비전'과 관련된 좋은 일이 많이 일어나고 있습니다. 훈련이 이루어지고, 이슬람·불교·힌두교라는 거인이 지배하는 곳에서, 복음을 전하고자 하는 비전을 가진 중국 신자들도 점점 더 많아지고 있습니다. 하지만 동시에 오늘날 하나님의 백성 사이에 일종의 암이 퍼지고 있습니다. 그것은 많은 그리스도인들이 앓고 있는 영적 암으로, 바로 '불신'입니다. 이 암에 걸린 그리스도인들은 거인들과 어려움들만 눈에 보여 그 두려움에 온몸이 마비되고 말았습니다.

우리는 앞으로 계속 나아가야 합니다! '백 투 예루살렘'은 우리가 아니라 하나님의 비전이기 때문입니다. 그 비전이 인간에게서 나온 것이라면 우리는 실패할 수밖에 없겠지만, 하나님께로부터 온 비전이기에 우리의 승리는 보장되어 있습니다!

여러분이 하나님께 받은 비전이 있습니까? 그렇다면 두려워할 필요가 없습니다! 하나님이 여러분을 불러 행하게 하신 일을 사람들이 반대하더라도 강하고 담대하십시오. 하지만 여러분이 하는 일이 하나님의 뜻과 계획에서 나온 것이라는 온전한 확신이 없다면, 그나마 있는 확신도 얼마 안 가서 무너질 것이고 여러분은 앞으로 나아가지도 못할 것입니다.

다윗이 보여 준 인내와 충성스러움은 언제나 저를 격려합니다. 그의 초점은 하나님의 뜻에 순종하는 데 확고히 맞춰져 있었고, 다른 사람들이 어떤 일을 하건 그에 대해 무슨 말을 하건 개의치 않았습니다. 성경에는 다윗과 그의 부하들이 시글락의 본거지로 돌아온 후, 아말렉 족속이 마을에 불을 지르고 모든 여자를 데려간 것을 발견하게 되는 놀라운 장면이 등장합니다. 이 강한 용사들은 어떻게 반응했습니까? 즉시 함께 기도한 후 아내와 딸들을 되찾으러 나갔습니까? 아닙니다! 성경은 이렇게 적고 있습니다.

"다윗과 그와 함께한 백성이 울 기력이 없도록 소리를 높여 울었더라." (삼상 30:4)

사탄이 사람들을 사용해 우리를 공격하고 비방할 때, 자기연민에 빠져 그만두고 싶어질 때까지 주저앉아 울지 맙시다. 그렇게 해서는 우리 세대에 하나님의 뜻을 완수할 수 없습니다. 용서와 겸손의 정신, 열정과 단호함을 갖고 앞으로 나아갑시다. 열방 가운데 하나님의 명예가 걸려 있으니 우리 왕께 순종하는 데서 벗어나지 맙시다.

실컷 울고 난 다윗의 부하들은 자신들의 곤경을 생각하며 다윗을 탓했습니다. 다윗은 지금까지 그들이 적군을 상대로 연승을 거듭하도록 이끈 지도자였습니다. 하지만 환멸이 찾아들자, 그들은 금세 지도자를 탓했고 그를 죽이고 싶어 하는 지경에 이르렀습니다! "백성들이 자녀들 때문에 마음이 슬퍼서 다윗을 돌로 치자 하니 다윗이 크게 다급하였"(삼상 30:6)습니다. 저는 다윗의 심정을 압니다. 제 가족과 저도 여러 번 비슷한 처지를 경험했습니다. 많은 교회와 선교단체들이 커다란 돌로 저희를 치려고 했습니다. 그들은 말과 뒷담화로 저를 눌러 죽이고 싶어 안달이 난 듯했습니다.

하나님을 따라가면서, 사탄이 여러분의 인생길에 놓은 장애물을 헤쳐 나가는 비결이 바로 다음 절에 등장합니다. 다윗은 죽치고 앉아 부하들과 논쟁을 벌이거나 문제를 상의하지 않았고, 그들을 설득해 마음을 바꾸려고 하지도 않았습니다. 성경은 다만 다음과 같이 기록하고 있습니다.

"그의 하나님 여호와를 힘입고 용기를 얻었더라."(삼상 30:6)

적군이 다윗과 그의 부하들의 아내와 자식, 재산까지 다 훔쳐 간 상황이었습니다. 다윗은 하나님께 그들을 되찾을 수 있겠느냐고 여쭈었습니다. 주님께서 말씀하셨습니다.

"그를 쫓아가라 네가 반드시 따라잡고 도로 찾으리라."(삼상 30:8)

하나님이 말씀하시면, 지옥의 어떤 귀신도 그것을 막을 수 없습니다. 물론 그 과정이 쉬울 것이라는 뜻은 아닙니다. 추격 도중에 다윗의 부하 중 200명이 "피곤하여 브솔 시내를 건너지 못"(삼상 30:10)했기 때문입니다.

하나님은 불가능한 일을 하실 수 있고 재림하신 예수님이 하나님의 유산을 이어받기 전까지 지상명령을 완수하실 것입니다. 에스겔 선지자는 하나님의 성전에서 강물이 흘러나오는 놀라운 환상을 보았습니다. 처음에는 물이 발목까지 왔습니다. 그다음에 천사가 높은 곳에 이르러 물의 깊이를 재자 물이 에스겔의 무릎 높이까지 올라왔습니다. 물은 계속 차올라 에스겔의 허리까지 이르렀습니다. 그 환상의 마지막 네 번째 부분에서 에스겔은 말합니다.

"[천사가] 다시 천척을 측량하시니 물이 내가 건너지 못할 강이 된지라. 그 물이 가득하여 헤엄칠 만한 물이요 사람이 능히 건너지 못할 강이더라."(겔 47:5)

세 번째 수위(水位)까지는 에스겔이 물속에 서서 걸어 다닐 수 있었지만, 네 번째 수위에서는 걸을 수가 없었습니다. 물은 머리 한참 위까지 차올랐고 물속에서 움직일 방법은 하나님의 급류에 휩쓸리는 것뿐이었습니다. 이와 비슷하게 복음도 전 세계 곳곳으로 들어갔습니다. 예수님은 제자들에게 말씀하셨습니다.

"오직 성령이 너희에게 임하시면 너희가 권능을 받고 예루살렘과 온 유대와 사마리아와 땅 끝까지 이르러 내 증인이 되리라."(행 1:8)

복음은 예루살렘 전역으로 급속히 퍼져 나갔고 그다음에는 주변 유대

지방으로 들어갔습니다. 그리고 얼마 후 사마리아 지역을 적셨습니다. 하나님나라가 땅 끝까지 퍼지는 일은 성령의 강물이 우리를 사로잡아 휩쓸어 가지 않는 한 성취될 수 없습니다. 제자들은 예루살렘과 유대, 사마리아까지는 걸어갈 수 있었지만 땅 끝까지는 도저히 그럴 수 없었습니다. 그것은 하나님의 도우심이 있어야만 가능한 일이었습니다.

오늘날의 '백 투 예루살렘 비전'도 마찬가지입니다. 우리 힘으로는 복음을 들고 무슬림 세계를 뚫을 수 없습니다. 사람이 산을 향해 '바다로 옮겨져라' 하고 말한들 아무 소용없는 것과 마찬가지입니다. 그러나 하나님의 도우심이 있으면 달라집니다.

많은 그리스도인들이 제게 말했습니다.

"윈 형제님, 우리는 하나님이 불가능한 일을 맡기시진 않는다고 믿습니다. 하나님은 우리가 할 수 있는 일을 맡기시고 또 우리는 그 일을 해낸다고 믿습니다."

여러분, 말도 안 되는 소리입니다! 여러분이 폴짝폴짝 뛰면서 "난 할 수 있어! 할 수 있다구!"라고 말한다면, 그 일은 주님께로부터 나온 것이 아닙니다. 하나님은 그분이 개입하지 않으면 절대 불가능한 일들을 우리에게 맡기십니다. 그렇게 해서 그 일이 이루어질 때, 우리가 아니라 하나님이 영광을 받으십니다! 세상 사람들은 그 일을 보며 다음과 같이 말하지 않습니다.

"저 그리스도인들이 한 일 좀 봐."

그들은 말합니다.

"하나님이 하신 일 좀 봐!"

역사 속에서 하나님께 쓰임 받아 큰일들을 행한 사람들을 보십시오. 모세가 지팡이로 홍해를 가른 것이 가능한 일이었습니까? 그것은 불가능한 일을 행하시는 하나님만이 하실 수 있는 일 아니었습니까?

어린 소년이 골리앗을 죽인 것은 가능한 일이었습니까? 아브라함과 사라가 노령에 아이를 낳은 것은 가능한 일이었습니까? 엘리야가 바알 선지자들이 보는 앞에서, 하늘에서 불을 내려 희생제물을 태운 일은 가능한 것이었습니까?

이스라엘 자손들이 여리고 성벽을 돌 때 성벽이 무너진 것이 그들의 노력 때문이었습니까? 사자 굴에서 밤새 사자 입을 막은 이가 다니엘이었습니까? 그의 친구들이 불타는 화덕에 던져지고도 살아남은 것이 그들의 힘 때문이었습니까?

요나, 예수님의 제자들, 사도행전에 나오는 초대교회의 놀라운 기록들 등 하나님의 능력으로 가능케 된 일은 끝이 없을 것입니다. 하나님은, 여러분이 그저 자신의 힘으로 가능한 일만 하기를 원치 않으십니다. 하나님은 여러분이 할 수 없는 일을 해내십니다. 하나님은 여러분이 그것을 믿기 원하십니다! 그런 믿음의 발걸음을 통해 하나님나라가 전 세계로 확장되는 것입니다.

중국의 한 형제는, 제가 처음 투옥된 1984년 당시 어떻게 74일을 금식할 수 있었는지 물었습니다. 많은 분들이 같은 질문을 했습니다. 그러면서 사람이 물이나 음식을 먹지 않고 일정 기간 이상 사는 것이 불가능하다는 분명한 사실을 지적했습니다. 저는 그 형제에게 말했습니다.

"그렇게 오랜 시간 아무것도 먹지 않고 살기란 절대 불가능합니다. 하지만 하나님의 영이 저를 살아남게 해 주셨습니다. 왜냐하면 '사람으로는 할 수 없으되 하나님으로는 그렇지 아니하니 하나님으로서는 다 하실 수 있'(막 10:27)기 때문입니다."

감옥에서 74일 동안 금식한 일에 대해 여러분에게 드릴 말씀이 있습니다. 제가 먹고 마시기를 그만둔 것은 주님께 더 가까이 가기 위한 영적 훈련의 차원만은 아니었습니다. 금식을 시작하게 된 데는 또 다른 이유가 있었습니다. 제가 감옥에서 받은 고문이 너무나 극심했기 때문에 계속 사는 것보다는 주님을 위해 죽는 편이 더 낫다고 판단했던 것입니다. 하나님은 제게 중국의 남쪽과 서쪽에서 복음을 선포하라고 명령하셨지만, 감옥에서 잔인한 처우를 당하며 절망과 낙망에 빠졌던 저는 좌절감에 완전히 사로잡혀 있었습니다. 그 어두운 시간 동안, 제 삶을 향한 하나님의 부르심을 이룰 수 없다면 차라리 주님을 위해 죽으리라고 결정했던 것입니다.

저는 예수님께 갈 준비가 되었다고 말씀드렸고 제 영을 그분의 손에 맡겨 드렸습니다. 며칠이 지나고 몇 주가 지났습니다. 제 몸은 영양결핍으로 쪼그라들기 시작했고 저는 누구에게도 말하지 않았습니다. 그저 죽어서 하나님의 임재 앞에 들어갈 날만 기다리며 누워 있었습니다. 누워 있는 시간 동안 저는 하늘 아버지와의 친밀감을 놀랍도록 자주 체험했습니다. 저는 다음의 성경말씀을 묵상했습니다.

"내가 그리스도와 그 부활의 권능과 그 고난에 참여함을 알고자 하여 그의 죽으심을 본받아 어떻게 해서든지 죽은 자 가운데서 부활에 이르려 하노니."(빌 3:10-11)

하지만 주님은 저의 목숨을 받아 주지 않으셨고 그분의 초자연적인 능력으로 저를 보존해 주셨습니다. 이 세상에서 제가 감당해야 할 주님의 계획이 아직 남아 있었기에 주님은 저를 살려 주셨던 것입니다. 74일 후, 제 몸은 뼈와 가죽밖에 남지 않았습니다. 제 아내를 비롯한 가족이 감옥으로 면회를 왔을 때 처음에는 저를 알아보지 못했습니다.

그때의 경험으로 저는 하나님이 참으로 생사를 주관하는 능력을 갖고 계심을 배웠습니다. 부활하신 주 예수께서 친히 당당하게 선언하셨습니다.

"나는 알파와 오메가라. 이제도 있고 전에도 있었고 장차 올 자요 전능한 자라."(계 1:8)

저는 74일간의 금식 사건을 통해 "모든 생물의 생명과 모든 사람의 육신의 목숨이 다 그의 손에 있"(욥 12:10)음을 깨닫게 되었습니다. 하나님은 그분의 자녀들의 목숨과 모든 피조물의 생명을 온전히 주관하고 계십니다. 예수님은 분명히 말씀하셨습니다.

"참새 두 마리가 한 앗사리온에 팔리지 않느냐. 그러나 너희 아버지께서 허락하지 아니하시면 그 하나도 땅에 떨어지지 아니하리라. 너희에게는 머리털까지 다 세신 바 되었나니."(마 10:29-30)

많은 사람들이 자신의 생명을 자기가 쥐고 있다는 어리석은 생각을 하고 있습니다. 그래서 어떻게 하면 지상에서의 날들을 늘일 수 있을지를 고심하느라 많은 시간을 허비합니다. 하지만 솔로몬 왕은 "바람을 주장하여 바람을 움직이게 할 사람도 없고 죽는 날을 주장할 사람도 없"(전 8:8)다고 말했습니다.

사랑하는 형제자매 여러분, 여러분을 사랑하시는 창조주께서 여러분의 생명을 그분의 손바닥에 쥐고 계심을 아시기 바랍니다! 이스라엘 백성이 하나님께서 그들을 잊으셨다고 생각했을 때, 하나님은 다음과 같은 아름다운 약속을 주셨습니다.

> 여인이 어찌 그 젖 먹는 자식을 잊겠으며 자기 태에서 난 아들을 긍휼히 여기지 않겠느냐! 그들은 혹시 잊을지라도 나는 너를 잊지 아니할 것이라. 내가 너를 내 손바닥에 새겼고 너의 성벽이 항상 내 앞에 있나니.(사 49:15-16)

여러 해에 걸쳐 하나님은 제게 은혜를 베풀어 주셨고, 저는 예수님 안에만 생명이 있고 진리가 있으며, 예수님을 통해서가 아니면 어떤 일도 할 수 없음을 알게 되었습니다. 우리는 주님이 얼마나 위대하신 분인지 깨달아야 합니다!

"그는 보이지 아니하는 하나님의 형상이시요 모든 피조물보다 먼저 나신 이시니, 만물이 그에게서 창조되되 하늘과 땅에서 보이는 것들과 보이지 않는 것들과 혹은 왕권들이나 주권들이나 통치자들이나 권세들이나 만물이 다 그로 말미암고 그를 위하여 창조되었고, 또한 그가 만물보다 먼저 계시고 만물이 그 안에 함께 섰느니라. 그는 몸인 교회의 머리시라. 그가 근본이시요 죽은 자들 가운데서 먼저 나신 이시니 이는 친히 만물의 으뜸이 되려 하심이요."(골 1:15-18)

오늘날 여러분이 하나님의 말씀을 들을 때, 일어서서 전심으로 예수 그리스도를 따라갈 힘을 얻게 되시길 기도합니다. 포기하지 마십시오. 대적하는 자들에게 결코 굴복하지 마십시오. 대적이 있는 까닭은, 우리가 하나님의 손 안에서 더욱 효과적인 무기가 되도록 하나님께서 시험하고 다듬기 위함입니다. 앞에서도 말씀드렸듯, 사도 바울은 대적의 활동과 효과적인 사역이 동시에 나타남을 자주 경험했습니다. 그는 고린도 교회에 다음과 같은 편지를 썼습니다.

"이것은 내가 효과적으로 일할 수 있는 큰 문이 활짝 열려 있고 또 나를 대적하는 사람들도 많이 있기 때문입니다."(고전 16:9, 현대인의성경)

대적하는 자들이 없다면, 우리는 하나님이 원하시는 만큼 효과적으로 일하지 못할 것입니다. 박해가 없었다면 중국에 부흥이 일어나지 못했을 것입니다. 십자가가 없었다면 부활도 없었을 것입니다.

열방 가운데 복음을 선포하는 일에 삶을 드리는 모든 그리스도인은 분명 많은 폭풍을 만나게 될 것입니다. 사탄은 오늘날 기독교 활동으로 선전되는 대부분의 일에 전혀 염려하지 않습니다. 그러나 예수님을 따르는 이가 지상명령에 순종하여 나갈 때는 노리고 달려듭니다. 제가 하나님께 순종하기 시작한 후 제게 온갖 폭풍이 일어났고, 서른 번도 넘게 체포되면서 저는 네 개의 다른 감옥에서 주님을 섬겨야 했습니다. 중국을 비롯한 여러 나라들에는 저보다 더 심한 폭풍을 경험한 형제가 많습니다.

놀라운 소식이 있습니다. 여러분이 강력한 폭풍 한가운데 처하게 될 때마다, 예수님이 나타나셔서 구원을 베풀어 주실 것입니다. 예수님의 제자들이 사나운 폭풍 한가운데서 죽을까 봐 두려워할 때, 그분은 아무 염려 없이 배 뒤편에서 곤히 주무시고 계셨습니다!

"예수께서 잠을 깨사 바람과 물결을 꾸짖으시니 이에 그쳐 잔잔하여지더라. 제자들에게 이르시되 '너희 믿음이 어디 있느냐' 하시니."(눅 8:24-25)

이처럼 예수님은 언제나 우리 앞에 놓인 길이십니다. 예수님은 언제나 터널 끝에 있는 빛이시고 사탄이 일으키는 최악의 폭풍을 견딜 수 있는 굳건한 탑이십니다. **그분 안에서** 힘과 평안, 감당할 수 없는 기쁨을 발견합시다! 저는 주위에서 어떤 일이 벌어지건, 어떤 불화살이 노리고 있건 전혀 문제가 되지 않는다는 것을 배웠습니다. 그것들은 우리 안에 거하시는 예수님의 생명을 건드릴 수 없습니다. 그렇기 때문에 역사상 수많은 순교자들이 잔인한 고문에도 굴하지 않고 용감하게 죽을 수 있었던 것입니다. 그들의 내면에는 어떤 인간도 만질 수 없고, 어떤 불꽃도 태울 수 없는 비밀이 있었습니다.

새로운 결단과 비전을 위해 기도합시다. 거센 폭풍 한가운데서도 지탱할 수 있는 힘을 달라고 주님께 구합시다.

"믿음의 창시자요 완성자이신 예수를 바라봅시다. 그는 자기 앞에 놓여 있는 기쁨을 내다보고서, 부끄러움을 마음에 두지 않으시고, 십자가를 참으셨습니다. 그래서 그는 하나님의 보좌 오른쪽에 앉으셨습니다. 죄인들의 이러한 반항을 참아 내신 분을 생각하십시오. 그러면 여러분은 낙심하여 지쳐 버리는 일이 없을 것입니다."(히 12:2-3, 표준새번역)

22 언약의 하나님
내가 너희와 언약을 세우리니 다시는 모든 생물을 홍수로 멸하지 아니할 것이라. 땅을 멸할 홍수가 다시 있지 아니하리라. 창세기 9:11

구약성경은 여호사밧 왕에 대한 놀라운 이야기를 담고 있습니다. 이 왕은 성경에서 주님께 충성을 바친 몇 안 되는 왕 중 하나입니다. 아마도 여호사밧은 많은 계획과 사업을 구상하고 있었을 것입니다. 밤에 자리에 누우면 다음 날 왕으로서 결정해야 할 일들 때문에 머리가 복잡했을지도 모릅니다. 하지만 어느 날 아침, 왕의 계획들은 중단되어야 했습니다. 전령들이 도착해 다음과 같은 깜짝 놀랄 만한 소식을 전했기 때문입니다.

"큰 부대가 사해 건너편 에돔에서 임금님을 치러 왔습니다."(대하 20:2, 표준새번역)

왕의 모든 계획은 보류되었고, 왕은 자신의 나라를 파괴하기 위해 쳐들어온 큰 군대로 인해 두려워 떨었습니다. 여러분은 여호사밧 왕과 같은 마음을 경험한 적이 있습니까? 여러분을 파괴하고 여러분의 사역을 허물고 싶어 하는 적들에게 사방으로 둘러싸인 적이 있습니까?

여호사밧이 적군의 침입 소식을 접한 후 가장 처음으로 했던 일은, 바로 그가 사면초가의 상황에서 건짐 받을 수 있는 비결이었습니다.

"여호사밧이 두려워하여 여호와께로 낯을 향하여 간구하고 온 유다 백성에게 금식하라 공포하매 유다 사람이 여호와께 도우심을 구하려 하여 유다 모든 성읍에서 모여와서 여호와께 간구하더라."(대하 20:3-4)

심각한 위협에 맞닥뜨린 여호사밧은 긴급히 군대를 동원해 적군과 정면으로 대결할 방법을 찾는 것이 더 쉬웠을지도 모릅니다. 그러나 현명하게도 그는 주님을 구했으며, 그분의 도움을 구하기 전까지는 한 걸음도 전진해선 안 된다는 것을 깨닫고 있었습니다. 왕은 금식을 선포했고 유다 사람들은 자신을 낮추며 주님께 안전을 구했습니다.

하나님의 백성이 함께 모여 금식하며 기도하는 것은 놀라운 일입니다. 그것이 주님의 마음을 움직입니다. 음식은 인간의 가장 기본적인 욕구입니다. 사탄은 그것을 알고 음식으로 아담과 하와를 유혹했습니다. 주님을 찾기 위해 스스로 음식을 거부하는 행위는 여러분의 삶과 환경에 커다란 축복을 가져다줍니다.

여러분을 대적하는 적군이 매우 크고 강해 보여 기가 질릴 때, 여호사밧과 유다 사람들처럼 한 걸음 물러나 예수님의 얼굴을 진심으로 구하십시오. 하나님을 진심으로 구하는 일은 강력한 믿음의 행동입니다. 성경은 말하고 있습니다.

"믿음이 없이는 하나님을 기쁘시게 하지 못하나니 하나님께 나아가는 자는 반드시 그가 계신 것과 또한 그가 자기를 찾는 자들에게 상 주시는 이심을 믿어야 할지니라."(히 11:6)

이 사건의 핵심은 주님을 찾는 것임을 기억해야 합니다. 재산, 축복, 성공을 추구하기는 쉽습니다. 하지만 이런 것들을 가장 먼저 추구하지 않도록 주의해야 합니다. 우리가 그 무엇보다 간절히 추구해야 할 대상은 주 예수 그리스도입니다. 예수님은 다음과 같이 가르치셨습니다.

"너희는 먼저 그의 나라와 그의 의를 구하라. 그리하면 이 모든 것을 너희에게 더하시리라."(마 6:33)

다음 구절은 이렇게 말씀합니다.

"그러므로 내일 일을 위하여 염려하지 말라. 내일 일은 내일이 염려할 것이요 한 날의 괴로움은 그날로 족하니라."(마 6:34)

여호사밧 왕은 온 나라에 닥친 어려움에 대해 잘 알고 있었습니다. 그는 자기 나라를 무너뜨리려고 온 큰 부대에 둘러싸였습니다. 하지만 그는 주님을 찾는 것이 내일 일을 염려하는 것보다 우선한다는 사실을 알았습니다. 유다 사람들 역시 하나님만이 자신들을 절박한 곤경에서 건져 주실 수 있음을 깨닫고 있었습니다. 그들은 하나님의 긍휼하심에 자신을 맡겼고 조상들과 맺은 언약을 기억해 달라며 전능자께 구했습니다. 여호사밧은 성전 뜰에 서서 부르짖었습니다.

"우리 조상들의 하나님 여호와여, 주는 하늘에서 하나님이 아니시니이까. 이방 사람들의 모든 나라를 다스리지 아니하시나이까. 주의 손에 권세와 능력이 있사오니 능히 주와 맞설 사람이 없나이다. 우리 하나님이시여, 전에 이 땅 주민을 주의 백성 이스라엘 앞에서 쫓아내시고 그 땅을 주께서 사랑하시는 아브라함의 자손에게 영원히 주지 아니하셨나이까. 그들이 이 땅에 살면서 주의 이름을 위하여 한 성소를 주를 위해 건축하고 이르기를 만일 재앙이나 난리나 견책이나 전염병이나 기근이 우리에게 임하면 주의 이름이 이 성전에 있으니 우리가 이 성전 앞과 주 앞에 서서 이 환난 가운데에서 주께 부르짖은즉 들으시고 구원하시리라 하였나이다."(대하 20:6-9)

하나님은 자신의 언약을 결코 깨뜨리지 않으십니다. 그것은 말도 안 되는 일입니다. 하나님이 사람들과 언약을 맺으시는 모습은 성경 전체에 걸쳐 등장합니다. 하나님은 노아의 가족과 언약을 맺으셨고 그들은 구원을 받았습니다. 이어서 하나님은 다시는 물로 이 땅을 멸망하지 않겠다는 언약을 맺으셨고, 그 약속의 증표로 하늘에 무지개를 두셨습니다. 하나님은 아브라함과 이삭, 야곱과 더불어 모든 세대에 해당하는 언약을 맺으셨습니다. 이스라엘이 자신들의 멸망을 바라는 여러 나라에 둘러싸여 있으면서도 지금까지 살아남았다는 사실은 언약을 지키시는 하나님의 성실하심을 보여 주는 강력한 증표입니다.

모세는 하나님의 성품에 호소하는 것이 어려움을 이기는 최고의 방법임을 알았습니다. 또한 그는 인간이 자신의 의로움을 근거로 하나님께 호소할 수 없음을 알았습니다. 그랬다간 그들 모두 멸망당하고 말 것이었습니다. 그는 몇 번이나 하나님께 그분의 언약을 상기시켜 드렸습니다. 이스라엘 자손들이 금송아지 형상의 우상을 만들어 하나님이 그들을 멸망하려 하시자, 모세는 부르짖었습니다.

"주의 종 아브라함과 이삭과 이스라엘을 기억하소서. 주께서 그들을 위하여 주를 가리켜 맹세하여 이르시기를 '내가 너희의 자손을 하늘의 별처럼 많게 하고 내가 허락한 이 온 땅을 너희의 자손에게 주어 영원한 기업이 되게 하리라' 하셨나이다. 여호와께서 뜻을 돌이키사 말씀하신 화를 그 백성에게 내리지 아니하시니라."(출 32:13-14)

사도 바울은 하나님이 이스라엘과 맺으신 언약이 여전히 유효하다고 가르쳤습니다. 그는 로마 교인들에게 말했습니다.

"복음으로 하면 그들이 너희로 말미암아 원수 된 자요 택하심으로 하면 조상들로 말미암아 사랑을 입은 자라. 하나님의 은사와 부르심에는 후회하심이 없느니라."(롬 11:28-29)

그러므로 우리 그리스도인들은 '후회하심이 없는 언약'을 하나님과 맺은 이스라엘을, 그분 안에서 사랑해야 합니다.

여러분은 하나님의 은사를 받았습니까? 또한 하나님의 부르심을 받았습니까? 만약 은사를 받았다면 여러분에게 어떤 어려움이 닥칠지라도, 하나님이 은사를 철회하지 않음을 믿으십시오. 저는 감옥에 있을 때 이 사실을 체험했습니다.

1984년 처음 감옥에 투옥되었을 때, 저는 초반부터 지독한 대우를 받았습니다. 몇 번은 거의 죽도록 얻어맞기도 했습니다. 간수들과 다른 죄수들은 매일 저를 발로 차고 주먹으로 때리고 제 몸에 오줌을 누었습니다. 당국은 저를 심문할 때마다 다른 가정교회 지도자들의 이름을 밝히라고 했습니다. 저는 가룟 유다가 되지 말자고 다짐하며 어떤 질문에도 대답하지 않았습니다. 동료들을 배신하기보다는 차라리 입을 다물고 죽는 편이 낫다고 판단했기 때문입니다. 그래서 저는 먹고 마시는 것을 중단했고 하나님의 말씀을 묵상했습니다. 얼마 후 죄수들과 간수들은 제가 여전히 살아 있다는 사실에 놀랐습니다. 그들은 제가 몇 주 동안 아무것도 먹지도 마시지도 않았다는 것을 알고 있었기 때문입니다. 제 몸이 점점 쇠약해지자, 그들은 제가 하룻밤을 넘길 수 있을지 여부를 놓고 내기를 했습니다. 결국 전능하신 하나님은 제 생명을 보존해 주기로 하셨고 음식도 물도 없이 74일간을 버티게 하셨습니다.

하나님이 우리 삶에 소명을 주시면 그 소명에 대한 하나님의 마음은 결코 변하지 않으심을 저도 요나처럼 깨달았습니다. 우리가 하나님과 반대 방향으로 달려간다 할지라도, 그분의 부르심은 여전히 철회되지 않습니다. 제가 죽고 싶어 했을 때도, 그분의 부르심에는 변함이 없었습니다! 하나님이 저의 긴 금식 기간 동안 생명을 보존해 주신 이유는, 단지 제 생명의 제사를 받아들이실 뜻이 없었기 때문이라고 믿습니다. 저를 향한 하나님의 계획은 끝나지 않았고 하나님은 제게 맡기실 일이 더 있으셨던 것입니다.

형제자매 여러분, 만일 예수님이 여러분의 생명이 끝나는 것을 원치 않으시면 여러분은 절대 죽을 수 없습니다! 그 사실을 예수님이 온전히 주장하십니다.

사도 요한은 도미티아누스 황제의 박해로 밧모섬에 유배되었을 때에도 목숨을 부지할 수 있었습니다. 하나님이 요한에게 맡기실 일이 더 있었던 것입니다. 그는 요한계시록을 써야 했습니다! 다니엘의 세 친구 사드락, 메삭, 아벳느고는 불타는 화덕 속에 던져졌지만 머리털 하나도 그슬리지 않았습니다. 이 세 젊은이를 향한 하나님의 계획이 아직 끝나지 않았기 때문입니다. 중국에서 악당들이 신자들을 쏘아 죽이려고 했지만 그들의 총이 거듭 불발된 적도 있습니다. 심지어 목을 매달거나 절벽에서 떨어뜨리거나 산 채로 불태우려는 시도에서도 살아남은 사람들이 있습니다.

우리 하나님이 이 세상과 우리의 삶을 얼마나 철저히 주장하고 계시는지 얼핏 엿보기만 해도, 우리는 그분의 품 안에서 편안히 쉬면서 매일의 뉴스에 겁먹지 않을 것입니다. 위협과 협박을 당해도 심장이 내려앉는 일이 없을 것입니다. 예수님이 이 땅을 다스리십니다! 예수님은 "하늘과 땅의 모든 권세를 내게 주셨"(마 28:18)다고 선언하셨습니다. 예수님은 사도 요한을 다음과 같이 안심시키셨습니다.

"두려워하지 말라. 나는 처음이요 마지막이니 곧 살아 있는 자라. 내가 전에 죽었었노라. 볼지어다. 이제 세세토록 살아 있어 사망과 음부의 열쇠를 가졌노니."(계 1:17-18)

예수님은 여러분의 삶에서 벌어질 수 있는 모든 일도 주관하고 계십니다. 그분은 "열면 닫을 사람이 없고 닫으면 열 사람이 없는"(계 3:7) 분이기 때문입니다.

제가 여러분을 위해 드리는 기도는 바울이 에베소 교인들을 위해 드렸던 기도와 동일합니다.

"너희 마음의 눈을 밝히사 그의 부르심의 소망이 무엇이며 성도 안에서 그 기업의 영광의 풍성함이 무엇이며 그의 힘의 위력으로 역사하심을 따라 믿는 우리에게 베푸신 능력의 지극히 크심이 어떠한 것을 너희로 알게 하시기를 구하노라. 그의 능력이 그리스도 안에서 역사하사 죽은 자들 가운데서 다시 살리시고 하늘에서 자기의 오른편에 앉히사 모든 통치와 권세와 능력과 주권과 이 세상뿐 아니라 오는 세상에 일컫는 모든 이름 위에 뛰어나게 하시고 또 만물을 그의 발아래에 복종하게 하시고 그를 만물 위에 교회의 머리로 삼으셨느니라. 교회는 그의 몸이니 만물 안에서 만물을 충만하게 하시는 이의 충만함이니라."(엡 1:18-23)

하나님은 그분의 이름이 훼손되는 것을 허락지 않으십니다. 하나님은 어느 누구도 "하나님이 나와 언약을 맺으셨지만 약속을 지키지 않으셨어"라고 말하도록 내버려 두지 않으십니다. 하나님의 명성은 약속을 충실하게 지키시는 그분의 신실성과 이어져 있습니다.

하나님이 구약성경 여러 곳에서 스스로를 "아브라함과 이삭과 야곱의 하나님"이라 부르신 이유를 생각해 본 적이 있습니까? 하나님은 왜 그 목록에 모세나 다른 족장들을 포함하지 않으셨을까요? 따지고 보면, 야곱은 '사기꾼'이었지만, 모세는 '하나님의 친구'로 불리지 않았습니까.

하나님은 아브라함, 이삭, 야곱, 세 사람과, '너희 후손들을 큰 나라로 만들어 세상에 복을 주겠노라'는 언약을 맺으셨습니다! 하나님은 스스로를 "아브라함과 이삭과 야곱의 하나님"으로 부르심으로써 세상이 그분의 언약과 성실하심을 기억하게 하신 것입니다. 열국 가운데 하나님의 이름과 명성이 걸려 있으며, 주님은 그분의 이름이 훼손되거나 그분의 성품이 더럽혀지는 것을 결코 용납하지 않으십니다. 그분은 사랑과 긍휼과 진리가 많으신 전능하신 하나님이시고, 약속하신 바를 반드시 행하십니다.

히브리서 기자는 말했습니다.

"하나님이 아브라함에게 약속하실 때에 가리켜 맹세할 자가 자기보다 더 큰 이가 없으므로 자기를 가리켜 맹세하여 이르시되 '내가 반드시 너에게 복 주고 복 주며 너를 번성하게 하고 번성하게 하리라' 하셨더니 그가 이같이 오래 참아 약속을 받았느니라. 사람들은 자기보다 더 큰 자를 가리켜 맹세하나니 맹세는 그들이 다투는 모든 일의 최후 확정이니라. 하나님은 약속을 기업으로 받는 자들에게 그 뜻이 변하지 아니함을 충분히 나타내시려고 그 일을 맹세로 보증하셨나니 이는 하나님이 거짓말을 하실 수 없는 이 두 가지 변하지 못할 사실로 말미암아 앞에 있는 소망을 얻으려고 피난처를 찾은 우리에게 큰 안위를 받게 하려 하심이라."(히 6:13-18)

예수님은 1974년 당시 십 대이던 저를 부르셔서 중국의 남쪽과 서쪽으로 가서 복음을 전하라 말씀하셨습니다. 그때 저는 그 말씀을 허난 성 난양에 있는 제 고향 마을에서 남쪽과 서쪽에 있는 마을들로 가라는 뜻으로 해석했습니다. 나중에 시야가 넓어지자 저는 그 말씀이 중국의 남쪽과 서쪽에 있는 성들로 가라는 뜻임을 깨달았습니다. 그리고 여러 해가 지나 하나님은 저를 중국 땅에서 떠나게 하셨고, 그때 저는 1974년의 부르심이 그분의 말씀을 전 세계로 전하라는, '세계를 품는 부르심'이었음을 깨달았습니다. 이 부르심은 주님과 저 사이의 거룩한 언약입니다.

주님과 언약을 맺으면 모든 일이 순조로울 것이라는 뜻은 아닙니다. 지난 세월 동안, 저는 하나님의 부르심에 순종하는 가운데 여러 번 체포되고 고문을 당했습니다. 제게 가장 암울했던 순간은 1997년 두 다리가 부러진 채 풀려날 가망 없이 독방에 갇혀 지낼 때였습니다. 제가 처형될 거라는 소문이 무성했고, 감옥에서 평생을 보내게 될 거라고 말하는 이들도 있었습니다. 절망에 빠진 저는 주님께 불평하면서 제게 주신 부르심을 상기시켜 드렸습니다.

"제가 어릴 때 주님은 남쪽과 서쪽으로 복음을 전하라고 저를 부르셨습니다. 근데 제게 어떻게 이러실 수 있습니까? 제 다리는 못 쓰게 되었습니다. 저는 이렇게 감옥에 앉아 있고, 죽을 때까지 여기서 썩게 생겼습니다. 가족도 다시 볼 수 없을 겁니다."

암울한 미래에 직면한 저는 불평했고 하나님을 비난하기까지 했습니다.

"오 하나님, 저는 그저 당신을 섬기고 당신의 복음을 전하고 싶습니다. 하지만 이제 저는 이 감방에 갇혔고 걸을 수도 없습니다. 당신은 약하시고 저를 보호하지 못하십니다. 저를 속이셨습니다!"

느릿느릿 몇 주가 지나갔고, 저는 점점 더 우울해졌습니다. 당시 아내 덜링은 여성 감옥에 갇혀 있었고, 저는 두 아이가 어떻게 됐는지 알 길이 없었습니다. 주님이 저를 거절하시고 감옥에서 영원히 썩도록 내버려 두시는 듯 느껴졌습니다. 저는 절름발이가 되었고 마음은 꺾여 버렸습니다. 매일 밤, 다리의 통증을 줄여 보려고 불구가 된 다리를 벽에 기댔습니다. 제 삶이 바닥까지 추락한 순간이었습니다.

그 시점에서 주님은 제게 오셨고 약속을 재확인해 주셨습니다. 예수님은 말씀하셨습니다.

"이 감옥은 진짜지만, 나는 진리니라!"

그것으로 모든 것이 달라졌습니다. 예수님은 "진리가 너희를 자유롭게 하리라"(요 8:32)고 약속하셨습니다. 구세주께서는 저를 버리지 않으셨던 것입니다. 주님은 그분의 자녀들 중 단 한 사람도 버리시는 일이 절대 없습니다! 주님은 제게 말씀하셨고 일어나 걸으라 명령하셨습니다.

여러분이 아무도 모르는 곳에 홀로 버려졌다는 생각이 들 수도 있습니다. 하지만 그것은 사실이 아닙니다. 예수님은 여러분을 떠나지도, 버리지도 않으십니다. 이것이 진실입니다! 여러분의 몸은 벽에 매여 있을지 모르지만, 예수님과 그분의 말씀은 사슬에 매일 수 없습니다. 이것이 진리입니다! 사도 바울이 감옥에서 쓴 편지를 읽어 보십시오.

"내가 전한 복음대로 다윗의 씨로 죽은 자 가운데서 다시 살아나신 예수 그리스도를 기억하라. 복음으로 말미암아 내가 죄인과 같이 매이는 데까지 고난을 받았으나 하나님의 말씀은 매이지 아니하니라. 그러므로 내가 택함 받은 자들을 위하여 모든 것을 참음은 그들도 그리스도 예수 안에 있는 구원을 영원한 영광과 함께 받게 하려 함이라."(딤후 2:8-10)

주님의 크신 능력과 긍휼로, 저는 정저우 감옥에서 걸어 나와 복음을 전하는 일을 계속했습니다. 하나님은 꿈에서 제게 말씀하셨습니다.

"내가 너희를 새로운 곳으로 보내겠다. 너는 그들의 언어를 한마디도 이해하지 못할 것이다. 네 앞에 많은 낯선 얼굴들이 나타날 것이다. 그러나 너는 내 명령에 순종해야 한다. 가서 그 사람들을 깨워라!"

얼마 후 주님은 한 용감한 형제를 통해 제가 중국을 떠나도록 도와주셨습니다. 그 후, 저는 주님이 약속하신 대로 남쪽과 서구 세계 전역에서 복음을 전해 왔습니다.

언약의 하나님은 언제나 약속을 지키십니다! 때때로 인생의 폭풍을 겪느라 그분의 모습을 보기 어려울 때도 있지만, 다음의 진리는 변함없습니다.

"하나님은 사람이 아니시니 거짓말을 하지 않으시고 인생이 아니시니 후회가 없으시도다. 어찌 그 말씀하신 바를 행하지 않으시며 하신 말씀을 실행하지 않으시랴."(민 23:19)

여호사밧 왕의 이야기로 돌아가 봅시다. 여호사밧 왕과 유다 사람들은 자신들의 마음을 하나님께 쏟아 냈습니다. 하나님은 그들에게 말씀하셨습니다.

"너희는 이 큰 무리로 말미암아 두려워하거나 놀라지 말라. 이 전쟁은 너희에게 속한 것이 아니요 하나님께 속한 것이니라. 내일 너희는 그들에게로 내려가라. ……이 전쟁에는 너희가 싸울 것이 없나니 대열을 이루고 서서 너희와 함께한 여호와가 구원하는 것을 보라. 유다와 예루살렘아, 너희는 두려워하지 말며 놀라지 말고 내일 그들을 맞서 나가라. 여호와가 너희와 함께하리라."(대하 20:15-17)

적들이 여러분을 에워쌀 때, 전쟁은 주님께 속한 것임을 기억하십시오. 여러분은 주님의 자녀이고 주님이 여러분을 위해 싸우실 것입니다. 하나님에 대한 이런 의존은 우리를 겸손하게 만들고 하나님을 찬양하게 만듭니다. "여호사밧이 몸을 굽혀 얼굴을 땅에 대니 온 유다와 예루살렘 주민들도 여호와 앞에 엎드려 여호와께 경배하고 그핫 자손과 고라 자손에게 속한 레위 사람들은 서서 심히 큰 소리로 이스라엘 하나님 여호와를 찬송"(대하 20:18-19)했습니다.

하나님은 유다에게 대승을 안겨 주셨습니다. 하나님은 그분의 백성을 위해 싸우셨고 적군 안에 혼란이 임하게 하셔서 그들이 서로 싸우며 멸망하게 하셨습니다. 그들은 철저하게 패배했습니다.

"유다 사람이 들 망대에 이르러 그 무리를 본즉 땅에 엎드러진 시체들뿐이요 한 사람도 피한 자가 없는지라. 여호사밧과 그의 백성이 가서 적군의 물건을 탈취할새 본즉 그 가운데에 재물과 의복과 보물이 많이 있으므로 각기 탈취하는데 그 물건이 너무 많아 능히 가져갈 수 없을 만큼 많으므로 사흘 동안에 거두어들이고."(대하 20:24-25)

탈취물을 거두어들이는 데 사흘이나 걸리다니 상상이 되십니까? 하나님이 자기 백성을 위해 싸우실 때, 적에게는 전혀 승산이 없습니다. 우리는 자신의 힘으로 싸우는 것이 얼마나 부질없는 짓인지 빨리 깨닫고 하나님께 부르짖어 도움을 구해야 합니다. 하나님나라는 사람의 강함이나 활동이 아닌 우리의 약함을 통해 전진합니다. 성경은 목표를 달성하는 인간의 힘을 신뢰하지 말라고 경고합니다.

"무릇 사람을 믿으며 육신으로 그의 힘을 삼고 마음이 여호와에게서 떠난 그 사람은 저주를 받을 것이라."(렘 17:5)

여호사밧과 에돔 족속의 이야기는 다음의 아름다운 말씀으로 끝납니다.

"이방 모든 나라가 여호와께서 이스라엘의 적군을 치셨다 함을 듣고 하나님을 두려워하므로 여호사밧의 나라가 태평하였으니 이는 그의 하나님이 사방에서 그들에게 평강을 주셨음이더라."(대하 20:29-30)

승리는 언약의 하나님을 부지런히 찾는 사람들만이 체험할 수 있습니다.

23 하나님의 추수밭에서 일하자
부흥은 기적이라기보다는 농부의 성실한 노동력이 필요한 밀 수확과도 같다. ……자러 갈 때에도 그리고 깨어 있을 때에도 녹초가 되도록 열심히 일하면 부흥은 일어난다.　찰스 피니

하나님나라에서는 누구나 할 일이 있습니다. 바울은 에베소 교인들에게 예수님이 그들을 구원하신 이유가 선한 일을 행하게 하려 하심이라며 다음과 같이 말했습니다.

"우리는 그가 만드신 바라. 그리스도 예수 안에서 선한 일을 위하여 지으심을 받은 자니 이 일은 하나님이 전에 예비하사 우리로 그 가운데서 행하게 하려 하심이니라."(엡 2:10)

하나님은 여러분이 선한 일을 하도록 구원하셨을 뿐 아니라, 각 사람이 할 일을 이미 구체적으로 예비해 놓으셨습니다. 즉, 하나님이 여러분에게 특별한 은사를 주셔서 감당하게 하시는 임무가 있다는 뜻입니다. 우리의 역할은 그저 예수님의 손을 잡고 그분을 따라가면서 우리가 무엇을 하기 원하시는지 배우는 것뿐입니다. 참으로 하나님은 여러분이 그분을 위해 일할 힘도 주시고, 그렇게 하고 싶은 갈망도 주십니다. 바울은 빌립보 교

인들에게 말했습니다.

"항상 복종하여 두렵고 떨림으로 너희 구원을 이루라. 너희 안에서 행하시는 이는 하나님이시니 자기의 기쁘신 뜻을 위하여 너희에게 소원을 두고 행하게 하시나니."(빌 2:12-13)

많은 그리스도인들이 두려움에 사로잡혀 꼼짝하지 않고 있습니다. 이것은 사탄의 주된 전략 중 하나입니다. 우선 사탄은 모든 사람이 하나님의 자녀가 되지 못하게 하려고 노력합니다. 그런 노력이 실패하면, 사탄은 그리스도인들이 하나님의 추수밭에서 적극적으로 일하지 않게 하려고 애씁니다. 그러니 주님이 다음과 같이 말씀하신 것도 당연합니다.

"추수할 것은 많되 일꾼이 적으니 그러므로 추수하는 주인에게 청하여 추수할 일꾼들을 보내 주소서 하라."(눅 10:2)

오늘날 많은 그리스도인들이 속고 있습니다. 어찌 된 일인지 그들은 이제 구원받았으니 그냥 주저앉아 주님을 즐거워하고 두 손을 놓은 채 주님이 다시 오시기를 기다리기만 하면 된다고 생각합니다. 저는 이런 낯선 태도를 접하고 무척 놀랐습니다. 제가 아는 중국의 그리스도인들은 주님을 위해 바쁘게 일합니다. 가깝고 먼 사람들에게 복음을 전하고, 성도들을 가르치며 격려하고, 하나님나라의 확장을 위해 할 수 있는 모든 일을 합니다.

중국의 모든 그리스도인은 복음전도자입니다. 그렇기 때문에 그토록 많은 사람들이 그리스도인이 되고 매년 수백만 명의 사람들이 하나님나라에 더해지는 것입니다. 멀리 가서 복음을 전했던 전도자들이 때때로 가정교회에서 만나 인사 대신 묻는 말이 있습니다.

"오늘 몇 사람이나 주님께 인도하셨습니까?"

중국에는 새로운 사람을 매일매일 예수님께 인도하는 그리스도인들이 많습니다. 주님을 증거하고 잃어버린 양을 주님의 우리 안으로 데려올 기회를 찾기 전까지 잠을 자지 않는 사람들도 있습니다. 그들은 성경이 말하는 다음과 같은 사람입니다.

"지혜 있는 자는 궁창의 빛과 같이 빛날 것이요 많은 사람을 옳은 데로 돌아오게 한 자는 별과 같이 영원토록 빛나리라."(단 12:3)

저는 제 생전에 복음이 중국 사회 구석구석에 철저히 스며들어 참된 기독교 국가가 되리라 믿습니다. 어떤 면에서는 이미 이런 일이 벌어지고 있습니다. 중국이 예수님을 위해 변화되고 있는 것은 그리스도인들이 주저앉아 하나님의 일에 대해 생각하고 이야기를 나누어서가 아닙니다. 중국의 신자들은 잃어버린 영혼에게 다가가는 일에 모든 에너지와 시간, 가진 것을 바칩니다. 교회는 열심히 기도하고 주님을 위해 열심히 일합니다. 중국 전역을 구원하겠다는 비전을 현실화하기 위해 수많은 그리스도인들이 잔인한 처우와 투옥을 기꺼이 감내하고 있습니다.

1982년, 제 고향 허난 성의 가정교회들이 17명으로 이루어진 복음전도자 팀을 동부 쓰촨 성에 보냈습니다. 그들은 그곳에 도착한 후 각기 다른 현으로 흩어졌습니다. 첫 달에 하나님은 놀라운 일을 많이 행하셨고 곳곳에서 부흥이 일어났습니다. 지방 당국은 자기 지역에서 복음이 선포되는 것을 알고 격분했고 극심한 탄압을 시작했습니다. 결국 복음전도자 13명이 체포되어 심하게 얻어맞은 후 허난 성으로 돌려보내졌습니다.

전도자 중 한 명인 왕 형제는 간신히 탈출했습니다. 그는 서둘러 허난 성으로 돌아와 교회에 모든 사실을 알리고 각 사람이 잔인하게 얻어맞은 소식도 전했습니다. 뼈가 부러진 사람도 많다고 했습니다. 다섯 명의 지역 신자들이 부상당한 복음전도자들의 귀향을 환영하기 위해 기차역에 나갔다가 체포되어 경찰서에서 잔혹하게 구타를 당하기도 했습니다. 그들의 머리는 깨어졌고 온몸이 상처투성이로 변했습니다. 경찰은 그들을 비인간적인 방식으로 묶어 놓고는 공포의 전기충격봉으로 잔인하게 괴롭혔습니다.

이토록 고난당했지만 중국 그리스도인들은 자신들을 핍박한 사람들에 대해 적개심이나 원한을 품지 않았습니다. 오히려 그들은 "그 고난에 참여"(빌 3:10)하는 커다란 특권을 주신 하나님께 감사했습니다. 그리고 "그 이름을 위하여 능욕 받는 일에 합당한 자로 여기심을 기뻐"(행 5:41)했습니다. 또 자신들을 고문한 사람들을 불쌍히 여기고 그들을 위해 간절히 기도까지 했습니다.

많은 복음전도자들이 체포되고 심한 부상을 당했다는 말을 들었는데도 허난 성의 많은 신자들은 즉시 자원하여 앞서 간 복음전도자들 대신 쓰촨 성에 가겠다고 나섰습니다. 그러나 그들 역시 체포되었고 피범벅과 멍투성이가 된 채 허난 성으로 돌아왔습니다. 교회는 그에 맞서 더 많은 일꾼들을 보냈습니다. 그렇게 많은 고난이 있은 후 마침내 영적 돌파구를 찾았고 동부 쓰촨 성에는 굳건한 그리스도의 지체가 생겨났습니다. 여러 지역에서 부흥이 일어났고, 한때 그리스도인이 전무했던 그곳에 지금은 수만 명의 그리스도인들이 있습니다. 전도자들의 희생에 그만한 가치가 있었던 것입니다.

복음을 갖고 쓰촨 성에 들어간 사람이 아무도 없었다면, 그곳 사람들은 지금도 여전히 죄와 절망 가운데 길을 잃은 채로 있을 것입니다. 부흥이란 가만히 앉아 뭔가 큰일이 벌어지기를 바란다고 찾아오는 게 아닙니다! 어느 날 하늘에서 구름이 내려와 수많은 사람들이 무릎을 꿇고 죄를 회개하기를 기대하지 마십시오. 부흥은 주님이 피 흘려 사신 제자들이 자신들의 과거와 현재, 미래를 내려놓고 복음을 선포하는 일에 전념할 때 찾아옵니다! 성경은 우리에게 질문을 던지며 그 분명한 사실을 밝히고 있습니다.

"그런즉 그들이 믿지 아니하는 이를 어찌 부르리요 듣지도 못한 이를 어찌 믿으리요 전파하는 자가 없이 어찌 들으리요 보내심을 받지 아니하였으면 어찌 전파하리요 기록된 바 '아름답도다 좋은 소식을 전하는 자들의 발이여' 함과 같으니라."(롬 10:14-15)

사도 바울도 그가 가는 사역지마다 커다란 부흥이 나타나는 것을 보았습니다. 그러한 부흥은 성령의 주권적인 움직임에 따라 바울이 더없이 행복한 여행을 한 결과였습니까? 바울은 자신과 다른 사도들을 비교하며 고린도 교인들에게 말했습니다.

"내가 모든 사도보다 더 많이 수고하였으나 내가 한 것이 아니요 오직 나와 함께하신 하나님의 은혜로라."(고전 15:10)

나중에 위대한 사도 바울은 사역을 하며 직면했던 어려움 중 몇 가지를 소개했습니다. 이 구절에 '위험'이라는 단어가 몇 번이나 나오는지 헤아려 보십시오.

"내가 수고를 넘치도록 하고 옥에 갇히기도 더 많이 하고 매도 수없이 맞고 여러 번 죽을 뻔하였으니, 유대인들에게 사십에서 하나 감한 매를 다섯 번 맞았으며 세 번 태장으로 맞고 한 번 돌로 맞고 세 번 파선하고 일주야를 깊은 바다에서 지냈으며 여러 번 여행하면서 강의 위험과 강도의 위험과 동족의 위험과 이방인의 위험과 시내의 위험과 광야의 위험과 바다의 위험과 거짓 형제 중의 위험을 당하고 또 수고하며 애쓰고 여러 번 자지 못하고 주리며 목마르고 여러 번 굶고 춥고 헐벗었노라. 이 외의 일은 고사하고 아직도 날마다 내 속에 눌리는 일이 있으니 곧 모든 교회를 위하여 염려하는 것이라."(고후 11:23-28)

바울은 그리스도를 섬기는 일에 수고를 아끼지 않았고 하나님나라를 위한 노고가 무엇인지를 참으로 아는 이였습니다. 서구 교회들은 은혜를 지나치게 강조하는 듯합니다. 그래서 신자들은 안심하고 그냥 드러누워 있으며 하나님을 위해서는 아무것도 할 필요가 없다고 생각합니다. 오해하지 마시기 바랍니다. 저는 하나님의 은혜를 소중하게 여깁니다. 그러나 하나님의 은혜를 체험하면 우리 삶에서 그에 합당한 결과가 나타나야 합니다. 하나님의 은혜는 예수님을 섬기며 모든 곳에 그분을 알릴 의욕과 힘을 주기 때문입니다!

여러분이 예수님을 믿는다고 주장한다면, 행위로 그것을 증명할 수 있어야 합니다. 여러분이 그리스도의 심판대 앞에 섰을 때 '여러분의 마음'에 따라 심판받을 것이라 생각하십니까? 그것이 성경적입니까?

양과 염소의 비유에서, 주님은 천국으로 영접될 사람들과 지옥으로 쫓겨날 사람들에 대해 말씀하셨습니다. 먼저, 천국으로 영접될 사람들을 보십시오.

"내 아버지께 복 받을 자들이여, 나아와 창세로부터 너희를 위하여 예비된 나라를 상속받으라. 내가 주릴 때에 너희가 먹을 것을 주었고 목마를 때에 마시게 하였고 나그네 되었을 때에 영접하였고 헐벗었을 때에 옷을 입혔고 병들었을 때에 돌보았고 옥에 갇혔을 때에 와서 보았느니라."(마 25:34-36)

예수님은 또 다음과 같이 가르치셨습니다.

"또 왼편에 있는 자들에게 이르시되 '저주를 받은 자들아, 나를 떠나 마귀와 그 사자들을 위하여 예비된 영원한 불에 들어가라. 내가 주릴 때에 너희가 먹을 것을 주지 아니하였고 목마를 때에 마시게 하지 아니하였고 나그네 되었을 때에 영접하지 아니하였고 헐벗었을 때에 옷 입히지 아니하였고 병들었을 때와 옥에 갇혔을 때에 돌보지 아니하였느니라' 하시니 그들도 대답하여 이르되 '주여, 우리가 어느 때에 주께서 주리신 것이나 목마르신 것이나 나그네 되신 것이나 헐벗으신 것이나 병드신 것이나 옥에 갇히신 것을 보고 공양하지 아니하더이까?' 이에 임금이 대답하여 이르시되 '내가 진실로 너희에게 이르노니 이 지극히 작은 자 하나에게 하지 아니한 것이 곧 내게 하지 아니한 것이니라. 그들은 영벌에, 의인들은 영생에 들어가리라' 하시니라."(마 25:41-46)

이 말씀들을 통해 여러분은 하나님이 우리의 행위를 중요하게 여기신다는 것을 알아차렸을 것입니다. 이 비유에서, 사람들의 영원한 운명은 그들의 행동으로 표현된 삶의 열매에 달려 있습니다. 여기서 중요한 것은 그들이 **행한** 일이었습니다. 예수님은 하나님을 안다고 주장하면서 정작 그분을 섬기기 위해 아무것도 하지 않을 수는 없다고 가르치신 것입니다.

요한계시록에서 예수님이 교회에 하신 말씀도 읽어 봅시다. 예수님은 사데 교회의 교인들에게 그들의 마음을 안다고 말씀하시지 않았습니다.

"내가 네 행위를 아노니……내 하나님 앞에 네 행위의 온전한 것을 찾지 못하였노니."(계 3:1-2)

라오디게아 교회를 향해서는 다음과 같이 말씀하셨습니다.

"내가 네 행위를 아노니 네가 차지도 아니하고 뜨겁지도 아니하도다. 네가 차든지 뜨겁든지 하기를 원하노라."(계 3:15)

에베소 교회도 비슷한 말씀을 들었습니다.

"내가 네 행위와 수고와 네 인내를 알고."(계 2:2)

두아디라 교회는 부활하신 주님께 이런 말씀을 들었습니다.

"내가 네 사업과 사랑과 믿음과 섬김과 인내를 아노니 네 나중 행위가 처음 것보다 많도다."(계 2:19)

핵심 구절들을 파악했습니까?

'행위, 수고와 인내, 나중 행위가 처음 것보다 많도다.'

예수님은 여러분이 남은 평생 동안 등을 붙이고 앉아서 교리를 완벽하게 다듬기를 바라지 않으십니다. 예수님이 원하시는 것은, 그분의 추수밭에서 부지런히 일하면서 예수님을 알지 못하는 사람들에게 그분의 생명을 나누어 주는 일입니다.

그렇다면 이것은 오직 우리가 행위로 천국에 갈 수 있다는 뜻일까요?

물론 그렇지 않습니다!

사람은 오직 거듭남으로 천국에 들어갈 수 있고 하나님의 자녀가 될 수 있습니다. 오직 귀하신 주 예수의 보혈로만 죄 사함을 받고 하늘에 계신 아버지와 올바른 관계를 회복할 수 있습니다. 하지만 여러분이 정말 거듭났다면, 그 믿음이 진짜라는 증거는 여러분이 세상에 나가 하나님나라를 위해 좋은 열매를 맺는지 아닌지 그 여부로 드러납니다. 여러분이 정말 하나님을 안다면 그분의 뜻을 섬기고 그분의 나라를 위해 일할 것입니다. 세상 사람들이 지옥을 향해 나아가고 있는 것을 보면서 그냥 주저앉아 있을 수는 없을 것입니다.

그것을 가장 명확하게 밝힌 사람은 야고보일 것입니다.

"내 형제들아, 만일 사람이 '믿음이 있노라' 하고 행함이 없으면 무슨 유익이 있으리요 그 믿음이 능히 자기를 구원하겠느냐. 만일 형제나 자매가 헐벗고 일용할 양식이 없는데 너희 중에 누구든지 그에게 이르되 '평안히 가라, 덥게 하라, 배부르게 하라' 하며 그 몸에 쓸 것을 주지 아니하면 무슨 유익이 있으리요 이와 같이 행함이 없는 믿음은 그 자체가 죽은 것이라. 어떤 사람은 말하기를 '너는 믿음이 있고 나는 행함이 있으니 행함이 없는 네 믿음을 내게 보이라. 나는 행함으로 내 믿음을 네게 보이리라' 하리라. 네가 하나님은 한 분이신 줄을 믿느냐. 잘하는도다. 귀신들도 믿고 떠느니라. 아아 허탄한 사람아, 행함이 없는 믿음이 헛것인 줄을 알고자 하느냐. ······이로 보건대 사람이 행함으로 의롭다 하심을 받고 믿음으로만은 아니니라."(약 2:14-20, 24)

사람이 처음 예수 그리스도를 믿어 근본이 변화되면, 그는 기쁨에 사로잡히고 가족과 친구들에게 자신의 체험을 이야기하고 싶어 안달합니다. 그는 그렇게 하려고 억지로 애를 쓸 필요가 없습니다. 매우 자연스럽게 마음에서 우러나는 일이기 때문입니다. 하나님을 섬기고 싶은 갈망은 그리스도인이 자기 힘으로 끌어내는 것이 아닙니다. 불타는 집에서 남보다 빨리 탈출한 사람은 아직도 안에 갇혀 있는 이들을 돕기 위해 할 수 있는 모든 일을 하지 않겠습니까?

예수 그리스도의 선하심을 다른 사람에게 전하지 않으면 죽을 것 같다고 느낀 적이 있습니까? 그런 적이 없다면, 이제라도 무릎을 꿇고 하나님께 주님의 기쁨과 임재를 새롭게 알게 해 달라고 구하십시오. 여러분이 진정 구원받았다면 예수 그리스도의 증인이 될 것이고 자연스럽게 하나님 나라를 위한 좋은 열매를 맺을 것입니다.

선지자 엘리사 시대에 적군이 사마리아 성을 포위했습니다. 엄청난 수의 아람 군인들이 사마리아 바깥에 진을 치고 사마리아 주민을 모두 죽이려고 기다리고 있었습니다. 얼마 안 가 포위된 사마리아 성 사람들은 굶주리게 되었습니다. 상황이 얼마나 안 좋았던지 어떤 어머니가 생존을 위해 다른 여성과 함께 자기 아이를 삶아 먹는 일까지 벌어졌습니다(왕하 6:24-33 참조). 포위된 사람들은 절박한 마음으로 주님께 도와 달라고 부르짖었습니다. 그러자 하나님은 적진에 혼란의 영을 보내심으로써 적군이 밤중에 달아나게 만드는 큰 기적을 행하셨습니다.

성 안에 갇혀 있는 사람들은 무슨 일이 벌어졌는지 몰랐습니다. 하나님은 그 소식을 성 안에 알릴 자들로, 당시 사회의 최하층민에 해당하는 네 명의 한센병자를 택하셨습니다. 이들은 아람 진영에 갔다가 버려진 장막에 들어갔습니다. 그리고 "먹고 마시고 거기서 은과 금과 의복을 가지고 가서 감추고 다시 와서 다른 장막에 들어가 거기서도 가지고 가서 감추"(왕하 7:8)었습니다.

이것이 많은 현대 그리스도인들의 모습입니다. 그들은 하나님이 축복을 내려 주실 때 기뻐하며 그것들을 쌓아 놓지만 그 축복에 너무 정신이 팔린 나머지 하나님의 뜻은 보지 못합니다. 감사하게도 네 명의 한센병자는 곧 정신을 차렸습니다. 그들은 동포들이 성벽 안에서 죽어 가고 있는데 자기들만 좋은 것을 모두 누리는 것이 죄악임을 깨달았습니다. 그들은 서로 말했습니다.

"우리가 이렇게 해서는 아니되겠도다. 오늘은 아름다운 소식이 있는 날이거늘 우리가 침묵하고 있도다. 만일 밝은 아침까지 기다리면 벌이 우리에게 미칠지니 이제 떠나 왕궁에 가서 알리자."(왕하 7:9)

형제자매 여러분, 오늘은 아름다운 소식이 있는 날입니다! 그 소식을 혼자만 알고 있겠습니까?

복음은 믿음과 은혜를 선포하는 메시지이자, 직접 행하며 일하라고 촉구하는 메시지입니다.

여러분이 밖으로 나가 하나님나라를 위해 일하기 시작하면, 휴식과 원기회복이 필요할 때가 찾아올 것입니다. 그래야 다음에 더 많은 행동을 할 수 있는 준비가 됩니다. 포기하고 싶은 마음이 드는 사람들을 위해 성경은 다음과 같이 격려하고 있습니다.

"우리가 선을 행하되 낙심하지 말지니 포기하지 아니하면 때가 이르매 거두리라. 그러므로 우리는 기회 있는 대로 모든 이에게 착한 일을 하되 더욱 믿음의 가정들에게 할지니라."(갈 6:9-10)

자신을 속이지 맙시다. 언젠가 하나님은 우리가 한 일을 심판하십니다. 하나님이 우리에게 부어 주신 풍성한 은혜를 받고도, 보여 드릴 것 하나 없는 상태로 그분 앞에 서는 것은 정말 끔찍한 일입니다. 그냥 앉아서 주님을 섬기는 것에 대해 생각하거나 말하기만 하는 것은 이제 그만둡시다. 나가서 주님을 섬깁시다! 여러분의 상태가 완벽해질 때까지 기다리면 그저 기다리기만 하다 생이 끝날지도 모릅니다.

그렇게 주저앉아 있다가 그리스도의 심판대 앞에 서게 되면, 이미 변명하기에는 너무 늦습니다. 하나님의 구원 소식을 듣는 것이 세상 사람들에게 얼마나 절박한 일이었는지 잘 몰랐다고 말해도 소용없을 것입니다. 우리는 등을 돌리고 그들을 모른 척했던 것입니다. 성경은 그렇게 말하는 사람들에게 매우 분명히 밝히고 있습니다.

"너는 사망으로 끌려가는 자를 건져 주며 살육을 당하게 된 자를 구원하지 아니하려고 하지 말라. 네가 말하기를 '나는 그것을 알지 못하였노라' 할지라도 마음을 저울질하시는 이가 어찌 통찰하지 못하시겠으며 네 영혼을 지키시는 이가 어찌 알지 못하시겠느냐. 그가 각 사람의 행위대로 보응하시리라."(잠 24:11-12)

위대한 설교자가 되거나 신학훈련을 받아야지만 복음을 전할 수 있다고 생각하지 마십시오! 세상 사람들에게 복음을 전파하기 위해 할 일은 예수님께 순종하는 것뿐입니다. 하나님이 여러분의 마음속에 두신 그분의 말씀을 그냥 나누기만 하면 됩니다. 예수 그리스도께서 여러분의 삶에 행하신 일을 다른 사람에게 말할 때 그 사람이 갖는 관심을 보고 당신은 매우 놀랄 것입니다. 대부분의 사람들은 신학 토론에 관심이 없습니다. 하지만 그들이 아는 사람이 진심을 다해 존중하는 마음을 담아 자신의 체험을 나눌 때 기꺼이 경청할 것입니다.

여러분의 간증은 강력한 무기입니다. 그것을 과소평가하지 마십시오. 사탄에 대한 성도들의 승리를 가리켜 성경은 말합니다.

"우리 형제들이 어린 양의 피와 자기들이 증언하는 말씀으로써 그를 이겼으니 그들은 죽기까지 자기들의 생명을 아끼지 아니하였도다."(계 12:11)

다음으로 여러분은 하나님께 세계를 품는 비전을 달라고 구하십시오. 하나님은 온 세상에 이르기 원하시는 분이며, 여러분도 그런 마음을 품어야 합니다. 오늘날 많은 교회들이 지역사회로 다가가는 것에만 초점을 맞추고 있습니다. 물론 그 일도 해야 합니다. 그러나 우리는 세계 열방을 향해서도 나아가야 합니다. 예수님은 사도들에게 예루살렘과 유다와 사마리아와 땅 끝까지 복음을 전하라고 명하셨습니다. 예수님은 우리에게 한 번에 한 군데씩 사역하라고 말씀하지 않으셨습니다. 우리가 사는 지역과 땅 끝을 향해 동시에 나아가야 합니다.

기억하십시오. 여러분은 선한 일을 하기 위해 구원받았습니다. 하나님은 여러분이 선한 일을 하도록 예비하셨습니다(엡 2:10 참조). 그러므로 '여러분의 인생을 향한 하나님의 계획'을 펼쳐 달라고 기도하고 구하십시오. 그리고 하나님을 섬기고 세상에 다가가기 원하는 불타는 갈망을 가진 다른 그리스도인들과 교제하게 해 달라고 구하십시오. 전장에 들어갈 때,

여러분은 다른 사람들과 함께 가야 합니다. 전장에 혼자서 갈 수는 없습니다. 성령께 그분의 마음을 보여 달라고 구하십시오. 그래서 주님이 그분의 마음을 보여 주시면 겸손히 순종하고, 무엇이건 명하시는 대로 행하고, 그분이 보내시는 곳이 어디건 가십시오. 이 세상에는 할 일이 너무 많기 때문에 일이 부족하지는 않을 것입니다.

여러분이 무슨 일을 하건, 하나님께 조건을 달지 마십시오. 이렇게 말하지 마십시오.

"주님, 이것저것 다 하고 싶지만 이 기준에서 벗어나는 일을 원하시면 저로서는 협조하기 어렵습니다."

어떤 사람들은 자기 계획을 도무지 포기할 줄 모릅니다. 그들은 하나님이 어디로 가라고 말씀하셔도 자신이 미리 정해 둔 연례휴가 날짜와 겹치면 주님께 뭔가 착오가 있는 것 같다고 말할 것입니다! 예수 그리스도를 따르는 사람은 하나님께 어떤 조건도 붙일 권리가 없습니다.

"너희 몸은 너희가 하나님께로부터 받은 바 너희 가운데 계신 성령의 전인 줄을 알지 못하느냐. 너희는 너희 자신의 것이 아니라 값으로 산 것이 되었으니 그런즉 너희 몸으로 하나님께 영광을 돌리라."(고전 6:19-20)

여러분의 삶은 **정말** 하나님의 것입니까? 아니면 여러분의 것입니까? 하나님이 여러분 인생의 주인이십니까? 아니면 여러분이 여전히 자신의 삶에 대한 통제권을 쥐고 있습니까? 직접 자신의 인생 스케줄을 짜면서 바쁜 일정 사이사이 틈이 나는 곳에다 하나님을 그냥 끼워 넣고 있지는 않습니까?

하나님은 여러분의 인생을 사용해 영광을 받으실, 최선의 길을 아십니다. 하나님은 여러분 각각에게 부여된 특별한 은사가 무엇이며, 여러분이 하나님나라를 위해 어느 곳에서 가장 효과적으로 일할 수 있는지 아십니다. 여러분, 우리 주님께 순종하고 "온 천하에 다니며 만민에게 복음을 전파하"(막 16:15)겠습니까? 그분의 명령은 제자들만을 향한 것이 아닙니다. 세대를 막론하고 그분을 따르는 전 세계 모든 사람에게 주어진 것입니다. 예수님은 그분을 따르는 이들에게 가라고 **요청하지** 않으셨습니다. **명령하셨습니다!**

아프리카의 에이즈 감염자들에게, 인도 빈민가 거주자들에게 다가가기 위해 여러분의 인생을 바칠 의향이 있습니까? 하나님이 여러분을 중동의 사업가들에게로 부르신다면, "예, 주님. 가겠습니다"라고 담대히 말할 수 있겠습니까?

주 예수님을 위해 부지런히 일합시다! 물론 행위로 구원을 얻을 수는 없습니다. 구원은 은혜와 믿음으로만 얻을 수 있습니다. 그리고 예수님을 위한 일은 그분과의 관계에서 흘러나온 결과여야 합니다. 그러나 일단 여러분이 구원받았음을 깨달았다면, 이제 주님을 위해 부지런히 일하고 가능한 한 많은 사람들에게 주님을 알려야 합니다.

예수님은 우리가 가진 최고의 것을 바칠 가치가 있는 분입니다. 예수님은 우리를 위해 기꺼이 땅으로 내려와 죽으셨습니다. 그러니 우리가 지상 명령에 순종하는 것이 마땅하지 않겠습니까!

여러분, 허비할 시간이 없습니다. 우리에게 남은 시간은 짧고 소중합니다. **이제** 무릎을 꿇고 더 이상 시간을 허비하지 않겠다고 다짐하며 하나님께 헌신하십시다. 추수밭의 주인께 어떻게 나아가야 할지를 보여 달라고 구하십시오. 그분이 분명히 응답하실 것입니다.

24 속박과 자유

그리스도께서 우리를 자유롭게 하려고 자유를 주셨으니 그러므로 굳건하게 서서 다시는 종의 멍에를 메지 말라. 갈라디아서 5:1

주 여호와께서 내게 영을 주셨다. 여호와께서 내게 기름을 부으셔서 가난한 사람들에게 기쁜 소식을 전하게 하셨다. 주께서 나를 보내셔서 마음이 상한 사람을 위로하고, 포로에게 자유를 선포하고, 갇힌 사람에게 해방을 선포하게 하셨다. 이사야 61:1, 쉬운성경

하나님은 저를 그분의 종으로 부르셔서 예수님을 본받아 기쁜 소식(복음)을 선포하고, 병든 이들과 절망에 빠진 이들을 고치고, 영적으로 매인 이들에게 자유를 선포하게 하셨습니다. 세상에서 가장 불쌍한 사람은 예수 그리스도께서 주시는 자유와 기쁨을 체험하고 나서 다시 속박과 노예 상태로 빠져드는 그리스도인입니다. 슬프게도, 이런 그리스도인들이 전 세계에 걸쳐 수백만 명이나 있습니다.

자유는 바울이 갈라디아 교인들에게 쓴 편지의 주제입니다. 그곳의 교회는 커다란 능력 가운데 태어났습니다. 사람들이 죄와 불순종의 감옥에서 풀려났고 큰 기쁨과 평안을 체험했습니다. 하지만 시간이 지남에 따라 갈라디아 교인들은 율법주의의 지배를 받게 되었습니다. 사탄은 그들을 속여 그들이 처음 받은 구원은 오직 하나님의 은혜와 긍휼에서 나온 것이지만, 이제 사람의 힘으로 그리스도인의 삶을 살아야 한다고 생각하게 만

들었습니다.

위대한 사도는 그들에게 아주 직설적으로 썼습니다.

"어리석도다! 갈라디아 사람들아. 예수 그리스도께서 십자가에 못박히신 것이 너희 눈앞에 밝히 보이거늘 누가 너희를 꾀더냐? 내가 너희에게서 다만 이것을 알려 하노니 너희가 성령을 받은 것이 율법의 행위로냐, 혹은 듣고 믿음으로냐? 너희가 이같이 어리석으냐? 성령으로 시작하였다가 이제는 육체로 마치겠느냐? 너희가 이같이 많은 괴로움을 헛되이 받았느냐? 과연 헛되냐? 너희에게 성령을 주시고 너희 가운데서 능력을 행하시는 이의 일이 율법의 행위에서냐 혹은 듣고 믿음에서냐?"(갈 3:1-5)

사랑하는 형제자매 여러분, 여러분은 어떻습니까?

여러분도 성령으로 신앙생활을 시작했지만 이제는 자신의 노력으로 그리스도를 위해 살려고 합니까?

여러분 중에 설교자나 목회자가 있다면, 혹시 길을 잃어버린 나머지 자신의 '사역'에 더 이상 신선한 생수의 흐름을 못 담아내고 있는 것은 아닌지 살펴보시기 바랍니다. 소화시키기도 어렵고 영양가도 없는 말라빠진 음식을 양 무리에게 주고 있지는 않습니까? 만약 그렇다면, 여러분은 '머리에 붙어 있지 않을'지도 모릅니다.

"온몸은 머리에 붙어서 마디와 힘줄로 영양을 공급받고, 서로 연결되어서 하나님께서 자라게 하시는 대로 자라나는 것입니다."(골 2:19, 표준새번역)

기쁜 소식이 있습니다. 예수님은 그분의 신부를 사랑하시고, 구하러 오십니다! 그리스도인으로서 여러분의 삶이 아버지와의 친밀한 교제에서 흘러나오는 생수의 공급에서 끊어져 있습니까? 그래도 여러분에게는 소망이 있습니다! 회개하고 주님이 정하신 방향으로 돌이키는 이에게는 언제나 소망이 있습니다. 여러분이 그리스도의 구원을 체험했다면, 이제 다음 말씀을 따를 때입니다.

"위의 것을 찾으라. 거기는 그리스도께서 하나님 우편에 앉아 계시느니라. 위의 것을 생각하고 땅의 것을 생각하지 말라. 이는 너희가 죽었고 너희 생명이 그리스도와 함께 하나님 안에 감추어졌음이라. 우리 생명이신 그리스도께서 나타나실 그때에 너희도 그와 함께 영광 중에 나타나리라."(골 3:1-4)

1949년, 공산주의자들이 중국에서 권력을 잡은 지 몇 년 만에 교회의 상황이 달라지기 시작했습니다. 처음의 괴롭힘은 차별이 되었고, 차별은 이내 완전한 핍박이 되었습니다. 직업 성직자들은 폭풍 속에서 흩어져 버렸습니다. 수천 명의 목회자들과 성직자들이 감옥에 갇혔고 여러 해 동안 힘겹게 살아야 했습니다. 많은 사람들이 믿음을 지켰지만, 압박 가운데 포기하고 떨어져 나간 사람들도 있었습니다.

1970년대 중반 무렵, 중국 교회는 이전에 붙들고 있던 모든 것을 빼앗겨 버렸습니다. 모든 종교적 버팀목이 허물어졌습니다. 우리에게는 목회자나 교회 건물도, 성경과 찬송가도 없었습니다.

우리가 가진 것은 예수님뿐이었습니다.

우리는 나중에야 깨닫게 되었습니다. 하나님이 중국에 끔찍한 박해를 허락하신 것은 예수님께 영광을 돌릴 수 있는 교회로 우리를 재건하기 원하셨기 때문이었습니다. 하나님은 우리가 10억에 달하는 중국의 잃어버린 영혼들에게 제대로 다가갈 수 있도록 준비시키고자 하셨습니다. 그러기 위해 우선 기존의 구조들이 완전히 허물어져야 함을 주님은 아셨던 것입니다.

수없는 성도들에게 참을 수 없이 고통스러운 시간이었습니다. 하지만 그리스도의 몸이 광야에서 다시 나타나기 시작했을 때, 우리는 변화되어 있었습니다. 고난의 용광로가 교회를 정결케 했고, 그 안에 감춰진 예수님의 황금을 드러냈습니다. 한때 이기적인 야심과 교만이 있던 곳에 상함과 겸손이 있었습니다. 이전의 교회는 신자들이 전문 설교자들에게 의지해 모든 일을 했지만, 이제 교회는 우리 하나님을 섬길 제사장 나라로 변해 있었습니다. 이전에는 복음을 전하는 것이 직업이던 유급 전도자들이 있었습니다만, 이제 모든 신자들이 복음전도자며 모든 거리가 강단이 되었습니다. 우리는 하나님의 임재와 능력을 놀랍게 체험했고 계속되는 박해는 주님께 지속적으로 초점을 맞출 수 있도록 해 주었습니다.

제가 전 세계를 다니며 방문했던 일부 교회들에서는 어떻게 된 일인지 목회자들과 지도자들이 양 무리를 통제하고 지배하는 것을 자신의 역할로 여기고 있었습니다. 그들은 지도자로서의 권력과 권위를 조금이라도 잃을까 봐 우려하면서, 자신들에게서 나오지 않은 일체의 활동이나 사업들을 재빨리 눌러 버리고 있었습니다.

제가 방문한 많은 기독교 선교단체의 대표들은 마치 교도소장처럼 행동하고 있었습니다. 그는 대표로서 지배력을 행사했고 모든 사람을 자신의 규칙에 따르게 했습니다. 이런 교회들과 선교단체들은 거대한 교도소 같아서, 사람들을 그리스도 안에서 누리는 자유로부터 끌어내어 가둡니다. 규칙을 벗어나는 일은 누구에게도 허용되지 않는 것 같습니다. 마치 교도소장이 모든 수감자들을 억눌러 교도소의 규칙에 복종케 하고 교도소 벽 안에 머물러 있게 만드는 것과 같습니다. 그들은 다양한 방법들로 사람들을 붙잡아 자신들의 교회, 교단, 조직에 집어넣고 세상으로부터 단절시킬 창의적인 전략들을 만들어 내는 것 같습니다. 그 속에 들어간 순간부터 사람들은 하나님나라를 먼저 구하는 '하나님나라 중심'의 그리스도인이 아닙니다. 그저 조직의 영속성을 보장하기 위해 포로처럼 자신의 모든 에너지를 조직의 하부구조를 떠받치는 일에 쏟게 됩니다.

예수 그리스도의 이름으로 선포합니다. 그 모든 벽은 허물어질 것입니다. 그리하여 이제까지 눌리고 억압받던 모든 이가 자유를 얻을 것입니다! 인간의 의지로 사람들을 벽에 둘러싸이게 하고 엄격하게 통제하는 곳은 모두 감옥입니다. '죄수'(罪囚)에 해당하는 중국어 글자는 사람이 정사

각형 안에 갇혀 있는 모습입니다. 슬프게도, 사람들의 삶을 통제하려 드는 교회들과 단체들 안에서 포로가 되어 버린 그리스도인들이 많습니다. 그들에게 기독교 신앙은, 사람이 만든 규칙에 따라 지루한 잡일과 불경건한 구조에 순복하는 것이 되어 버렸습니다. 저는 그런 죄수들에게 기쁜 소식을 선포하고 싶습니다. 예수 그리스도께서는 여러분에게 자유를 주실 수 있습니다!

감옥과 같은 기독교 조직들과 교회들은 하나님의 복을 가득 받고 있다고 사람들을 설득하는 데 전문가들이겠지만, 실제로 그 안에서 하나님의 복을 찾아보기는 힘듭니다. 하나님은 이기적인 사람들이 다른 사람들에게 영적 통제력을 행사하는 것을 싫어하십니다. 특히 하나님은 그분의 이름으로 그런 일이 이루어지는 것을 싫어하십니다!

여러분이 목회자이거나 교회의 지도자라면, 여러분의 마음과 동기를 주의 깊게 점검하십시오. 그리고 여러분이 하나님이 원하시는 목자가 될 수 있도록 자신을 변화시켜 달라고 늘 주님께 구하십시오. 교회의 지도자가 되어 하나님을 불쾌하게 하는 것은 두려운 일입니다. 모든 교회 지도자들은 무릎 꿇고, 성경이 말하는 하나님의 양 떼를 치는 사람들을 향한 경고를 기도하는 마음으로 읽어야 합니다. 에스겔 34장을 읽어 봅시다.

"여호와의 말씀이 내게 임하여 이르시되 '인자야, 너는 이스라엘 목자들에게 예언하라. 그들 곧 목자들에게 예언하여 이르기를 주 여호와께서 이같이 말씀하시되 자기만 먹는 이스라엘 목자들은 화 있을진저 목자들이 양 떼를 먹이는 것이 마땅하지 아니하냐. 너희가 살진 양을 잡아 그 기름을 먹으며 그 털을 입되 양 떼는 먹이지 아니하는도다. 너희가 그 연약한 자를 강하게 아니하며 병든 자를 고치지 아니하며 상한 자를 싸매 주지 아니하며 쫓기는 자를 돌아오게 하지 아니하며 잃어버린 자를 찾지 아니하고 다만 포악으로 그것들을 다스렸도다. 목자가 없으므로 그것들이 흩어지고 흩어져서 모든 들짐승의 밥이 되었도다. 내 양 떼가 모든 산과 높은 멧부리에마다 유리되었고 내 양 떼가 온 지면에 흩어졌으되 찾고 찾는 자가 없었도다. ……그러므로 너희 목자들아, 여호와의 말씀을 들을지어다.' 주 여호와께서 이같이 말씀하시되 '내가 목자들을 대적하여 내 양 떼를 그들의 손에서 찾으리니 목자들이 양을 먹이지 못할 뿐 아니라 그들이 다시는 자기도 먹이지 못할지라. 내가 내 양을 그들의 입에서 건져 내어서 다시는 그 먹이가 되지 아니하게 하리라.'"(겔 34:1-6, 9-10)

저는 서구 교회에 박해가 임할 거라고 생각하느냐는 질문을 많이 받았습니다. 제 대답을 듣고 놀랄지도 모르겠습니다만, 여러분이 율법주의와 속박으로 사람을 통제하는 교회 구조의 노예로 있다면, 여러분은 이미 박해를 받고 있는 것입니다! 너무나 많은 그리스도인들이 엉뚱한 곳에 주의가 완전히 분산된 탓에, 하나님의 음성을 듣지 못하고 있습니다. 그들은 참된 평안과 기쁨을 가져다주는 잔잔하고 미세한 음성에 귀를 기울이지 않고, 주류 종교의 목소리들을 맹목적으로 따라갈 뿐입니다. 그리스도인에게 최악의 박해는 성령의 기쁨과 임재로부터 멀어지는 것입니다.

성령의 음성을 듣고 순종하는 능력이 사라질 때, 여러분은 거짓된 안정감을 주는 이기적 복음을 믿게 되기 쉽습니다. 그러다 시간이 지나면 자신의 삶에서 타협을 시작하고 죄를 무시하게 됩니다. 그런 신자들은 결국 예수님의 필요성조차 보지 못하게 됩니다. 이것이 바로 타락한 그리스도인의 모습이며, 오늘날 수백만 명이 이런 자리에 처해 있습니다.

여러분, 한때 그리스도 안에서 경험했던 놀라운 자유와 활력이 사라지고 속박만이 남아 있습니까? 그래도 낙심하지 마십시오. 아직 소망이 있습니다. 여러분의 소망은 바로 그리스도의 십자가입니다.

그리스도의 십자가는 목에 걸고 다니는 장신구가 아닙니다. 깨끗하게 다듬어 십자 모양으로 교차시켜 교회 벽에 걸어 놓은 두 개의 목재도 아닙니다. 그리스도의 십자가는 피와 고통으로 얼룩져 있습니다. 여러분이 자기 십자가를 지고 그리스도를 따르면, 여러분의 인생도 피와 고통으로 얼룩질 것입니다. 이것은 중국의 그리스도인들이 경험한 일입니다. 그리스도의 십자가는 우리를 속박에서 건져 주었고 놀라운 자유 속에서 행할 힘을 주었습니다. 여러분이 지난 세월 동안 들어 온 복음이 '기독교는 삶에 편안함과 즐거운 경험을 가져다준다는 내용'이라면, 그것은 거짓 복음입니다. 바울은 갈라디아 교인들에게 경고했습니다.

"그리스도의 은혜로 너희를 부르신 이를 이같이 속히 떠나 다른 복음을 따르는 것을 내가 이상하게 여기노라. 다른 복음은 없나니 다만 어떤 사람들이 너희를 교란하여 그리스도의 복음을 변하게 하려 함이라."(갈 1:6-7)

여러분, 자기 십자가를 지고 그 무게를 어깨와 등에 느끼며 매일 예수님을 따르기 시작하십시오. 그러한 걸음이 거짓 안정감에서 여러분을 벗어나게 할 수 있습니다. 많은 사람들이 여러분에게 적대적이고 여러분의 여정을 비판할지도 모릅니다. 그들은 변화의 필요성을 깨닫지 못하기 때문입니다. 그런 일들이 벌어진다 해도 너무 놀라지 마십시오. 예수님이 이미 다음과 같이 약속하셨기 때문입니다.

"세상에서는 너희가 환난을 당하나 담대하라. 내가 세상을 이기었노라." (요 16:33)

여러분이 예수님을 따르다 보면 공격을 받을 것이고 신앙 때문에 죽임을 당할 수도 있습니다. 여러분이 죽는다 해도 염려하지 마십시오. 누구나 언젠가는 죽어야 합니다. 여러분은 우리 주님의 발걸음을 따르는 것일 뿐입니다.

예수님을 계속 따라가십시오. 그리고 그분을 여러분 최고의 친구로 삼으십시오. 예수님을 따르는 여행을 계속하다 보면, 그토록 오랫동안 여러분을 묶었던 사슬들이 느슨해지고 하나씩 떨어져 나가는 것을 경험하게 될 것입니다. 분명 여러분은 자유를 얻을 것입니다! 형제자매 여러분, 저는 하나님의 은혜와 능력으로 그분의 놀라운 행하심을 전하고 하나님의 진리의 말씀을 계속 증거할 생각입니다.

부디 머리를 드십시오. 그리고 복음을 겁 없이 선포할 힘과 담대함을 주님께 받으십시오.

"주는 영이시니 주의 영이 계신 곳에는 자유가 있느니라. 우리가 다 수건을 벗은 얼굴로 거울을 보는 것같이 주의 영광을 보매 그와 같은 형상으로 변화하여 영광에서 영광에 이르니."(고후 3:17-18)

25 새 부대

또 비유하여 이르시되 새 옷에서 한 조각을 찢어 낡은 옷에 붙이는 자가 없나니 만일 그렇게 하면 새 옷을 찢을 뿐이요 또 새 옷에서 찢은 조각이 낡은 것에 어울리지 아니하리라. 새 포도주를 낡은 가죽 부대에 넣는 자가 없나니 만일 그렇게 하면 새 포도주가 부대를 터뜨려 포도주가 쏟아지고 부대도 못쓰게 되리라. 새 포도주는 새 부대에 넣어야 할 것이니라. 묵은 포도주를 마시고 새 것을 원하는 자가 없나니 이는 묵은 것이 좋다 함이니라. 누가복음 5:36-39

그리스도인의 삶을 변화시키는 성령의 능력과 기적이 더 필요하다고 말하면 당황하는 사람이 거의 없습니다. 우리 모두 주님의 새 포도주를 마시기 원하고, 정말 마음이 강퍅한 신자들을 제외하고는 다들 예수님을 새롭게 체험할 필요가 있다고 인정합니다.

하지만 저에게는 여러분과 나누어야 할 메시지가 있습니다. 오늘날 기독교계에서는 인기 없는 내용입니다. 어떤 분들은 이제부터 제가 나누려고 하는 내용을 거북하게 여긴 나머지 이단이라고 말할지도 모릅니다. 여러분께서 성경에 비추어 평가하고 스스로 판단하시기 바랍니다.

제가 이 메시지를 나누는 데는 이유가 있습니다. 주님의 포도주에 대해 얼마든지 이야기할 수 있지만, 우리의 부대에 그 포도주를 담을 수 없다면 그런 이야기들은 별 가치가 없기 때문입니다. 저는 새 부대에 관한 예수님의 말씀이 우리의 삶이 부대이고 더 넓은 의미에서는 교회가 부대라는 뜻이라고 믿습니다.

  1997년, 중국에서 나온 후 저는 전 세계 수백 개 교회에서 말씀을 전하도록 초청을 받았습니다. 미국의 '대형 교회들'에서 열린 대규모 집회에서부터 가정에서 모이는 작은 모임들까지 다양한 곳을 찾았습니다. 중동과 호주, 뉴질랜드, 유럽 전역, 러시아, 북아시아와 남아시아, 남미와 북미, 아프리카의 여러 지역, 그리고 남태평양의 섬 타히티를 비롯해 감옥, 병원, 동굴, 천막, 대성당 등 여러 다양한 곳에서 하나님의 말씀을 전해 달라는 초청을 받았습니다.

  모든 곳에서 저는 예수 그리스도의 놀라운 제자를 많이 만나는 축복을 누렸습니다. 그리고 주님을 위한 길에 나선 수많은 동료 순례자들의 얼굴을 보고 감동했습니다.

  그러나 동시에 저는 많은 곳에 있는 가죽 부대, 즉 교회에 대해 점점 더 우려하게 되었습니다. 솔직히 말해, 저는 현재의 상태와 구조로는 많은 교회들(가죽 부대)이 성령의 임재(포도주)를 담을 수 없다고 믿습니다. 하늘의 제단에서 떨어진 불로 가득 찬 열정 넘치는 어린 신자가 기존의 교회 구조에 들어갈 때, 이러한 사실이 잘 드러납니다. 얼마 안 가 그의 열정은 꺾여 버리고, 예수님의 마음을 설레게 하던 어린 신자 안의 생명과 믿음의 불꽃이 꺼져 버립니다. 이는 성경적이지도 않고 도움이 되지도 않는 교회생활의 체계에 억지로 따를 때 나타나는 현상입니다.

  몇몇 나라들의 교회 구조는 마치 예수님과 정반대로 사는 그리스도인들을 만들어 내기 위해 존재하는 것 같습니다. 저는 성경학교나 신학교에서 말씀을 전해 달라는 요청을 받을 때마다, 학생들에게 자리를 박차고 나가 거리에 있는 어려운 사람들에게 다가가야 한다고 말합니다. 그리고 학교의 교수님들에게는 학생들을 사회로 내보내 사람들과 어울리도록 훈련하라고 간청합니다. 불행히도, 그런 기관들 대부분은 신자들이 그들의 교회 건물 내에서 존재하는 법을 가르치는 데만 관심이 있습니다.

하나님은 그분의 자녀들이 거리와 세상의 시장통으로 나가기 원하십니다. 하나님은 그분의 몸이 교회 일만 전문으로 하는 그리스도인들로 가득 차는 것을 원하지 않으십니다. 그래서 다른 사람들의 문제를 보고 내놓는 해결책이 주일마다 교회 건물 안으로 그들을 불러들이는 것뿐이기를 바라지 않으십니다. 예수님은 삭개오에게 "다음 주에 열릴 전도 집회에 너를 초대하고 싶구나. 와서 내 말을 듣거라"고 말씀하지 않으셨습니다. 그것은 예수님의 방식이 아니었습니다! 예수님은 삭개오의 인생에 문제가 많다는 것과 그가 사람들이 경멸하는 세리임을 아셨습니다. 주님은 그의 가정에 직접 개입하기 원하셨습니다. 그래서 다음과 같이 외치셨습니다.

"'삭개오야, 속히 내려오라. 내가 오늘 네 집에 유하여야 하겠다' 하시니 급히 내려와 즐거워하며 영접하거늘."(눅 19:5-6)

예수님은 죄인들과 함께 시간을 보내는 일을 두려워하지 않으셨습니다.

"바리새인의 서기관들이 예수께서 죄인 및 세리들과 함께 잡수시는 것을 보고 그의 제자들에게 이르되 '어찌하여 세리 및 죄인들과 함께 먹는가' 예수께서 들으시고 그들에게 이르시되 '건강한 자에게는 의사가 쓸 데 없고 병든 자에게라야 쓸 데 있느니라. 나는 의인을 부르러 온 것이 아니요 죄인을 부르러 왔노라' 하시니라."(막 2:16-17)

교회 바깥 사람들과의 접촉으로 오염되는 것을 두려워할 정도로 너무 '거룩해'지지 마십시오. 예수님은 삭개오의 집에 저녁식사를 하러 가셨습니다. 엉망진창이 되어 버린 삭개오와 그의 가족의 삶에 하늘 아버지의 개입이 절실히 필요함을 아셨기 때문입니다.

어둠 속에서 길 잃고 방황하는 세상 사람들에게 빛의 등대가 되고 싶어 하는 그리스도인들과, '크고 나쁜 세상'과 떨어져 완충지대를 유지하고 싶어 하는 그리스도인들 사이에는 언제나 갈등이 있습니다. 예수님이 삭개오의 집에 들어가셨을 때 얼마나 많은 사람들이 불쾌하게 여겼습니까? 성경은 이렇게 적고 있습니다.

"뭇 사람이 보고 수군거려 이르되 '저가 죄인의 집에 유하러 들어갔도다' 하더라."(눅 19:7)

삭개오가 자기 소유의 절반을 가난한 사람들에게 주겠다고 선언했을 때, 예수님은 "삭개오야, 너 말 한번 잘했다! 여러 해 동안 너는 세금을 과하게 징수해 사람들을 속이지 않았더냐"라고 말씀하지 않으셨습니다. 예수님은 삭개오가 하나님께 마음을 연 것을 기뻐하시며 이렇게 선언하셨습니다.

"오늘 구원이 이 집에 이르렀으니 이 사람도 아브라함의 자손임이로다. 인자가 온 것은 잃어버린 자를 찾아 구원하려 함이니라."(눅 19:9-10)

여러분의 공동체는 삭개오 같은 사람을 어떻게 맞이하겠습니까? 당시 사람들은 그를 사회의 쓰레기로 여겼습니다. 오늘날로 말하면 매춘부나 마약중독자 정도가 될 것입니다. 여러분은 '그런 사악한 인간은 구원받을 가망이 없어'라고 생각하며 그들을 멀리하겠습니까? 아니면 예수님을 본받아 그와 그의 가족과 함께 시간을 보내겠습니까? 그들이 변화받고 하나님의 아들딸이 되도록 도울 수 있겠습니까? 주님은 모든 이들에게 하나님 나라의 마음을 주기 원하십니다. 그래서 우리가 은혜와 사랑과 능력으로 전진하는 그분의 종이 되길 바라십니다.

몇 세기 전, 그리스도인들은 세상의 '오염'을 피하고자 사람들로부터 떨어져 나와 산속 깊숙한 곳에 수도원을 세웠습니다. 오늘날 개신교계에도 겉모양은 다르지만 이와 똑같은 사고방식이 위세를 떨치고 있습니다. 그로 인해 안전한 교회 내에서 영성 놀이를 할 준비만을 갖춘, 기독교적 환경을 떠나 바깥세상의 진짜 사람들과 어울릴 준비는 전혀 되지 않은 신자들이 줄줄이 생겨났습니다. 이것은 비극입니다. 어떤 나라들은 제대로 된 복음 증거자가 없어 망하고 있는데, 많은 그리스도인들이 자기들끼리 틀어박혀 있으니 말입니다. 이런 폐쇄적인 기독교는 그것을 믿는 사람들에게 대단히 위험합니다. 예수님의 말씀을 들어 보십시오.

"너희는 세상의 소금이니 소금이 만일 그 맛을 잃으면 무엇으로 짜게 하리요, 후에는 아무 쓸 데 없어 다만 밖에 버려져 사람에게 밟힐 뿐이니라. 너희는 세상의 빛이라. 산 위에 있는 동네가 숨겨지지 못할 것이요, 사람이 등불을 켜서 말 아래에 두지 아니하고 등경 위에 두나니 이러므로 집 안 모든 사람에게 비치느니라. 이같이 너희 빛이 사람 앞에 비치게 하여 그들로 너희 착한 행실을 보고 하늘에 계신 너희 아버지께 영광을 돌리게 하라."(마 5:13-16)

자기 나라에 부흥이 임하기를 기도하는 그리스도인들은 많지만, 예수님을 본받아 기꺼이 지역사회의 빛과 소금이 되려는 사람들은 거의 없습니다. 최근 몇 년 동안 저는 유럽의 많은 교회를 방문했습니다. 저는 그곳의 신자들에게 분명하게 말했습니다.

"부끄러운 줄 아십시오. 여러분은 수천 번이나 복음을 들었고 하나님의 치유 능력에 대해서도 들었습니다. 그러나 여러분은 그 말씀을 믿지 않기 때문에 그것을 체험하지 못하고 날이 갈수록 영적으로 점점 더 병들어 가고 있습니다."

그리고 저는 이 교회들의 지도자들에게 솔직하게 말했습니다.

"수세기 동안 여러분은 값비싼 교회 건물들을 짓느라 바빴습니다. 하지만 이제 교회를 찾는 사람들은 점점 줄어들고 있습니다. 뭔가 철저히 잘못된 것이 분명합니다."

무엇이 잘못된 것입니까? 유럽과 세계 여러 지역의 교회 지도자들이 사탄에게 속은 것입니다. 그래서 기독교가 건물 안에서 이루어지는 행사가 되어 버린 것입니다. 하지만 참된 기독교는 살아 계신 하나님과의 생명력 넘치며 삶을 변화시키는 만남이고 생명력이 주위로 흘러넘쳐서 구원받지 못한 세상에 영향을 끼치는 능력입니다. 그리스도인들은 예수님에 대한 참된 믿음을 잃어버렸고 오직 목회자나 성직자만 의지하게 되었습니다.

서구 교회가 성경으로 돌아가지 않는다면, 서구 기독교는 점점 더 나락으로 치닫다 마침내 아무 쓸모없는 잊힌 종교가 되고 말 것입니다.

최근에 독일의 한 모임에서 이 메시지를 나눈 뒤, 저는 크게 낙심했습니다. 청중이 제 말에 대해 분석하다가 자신의 생각 속에서 완전히 길을 잃고 마는 것을 보았기 때문입니다. 그들은 입을 열어 기도하지도 못했습니다. 제가 하는 말을 한마디도 믿지 않았기 때문입니다. 교회는 세상의 잃어버린 사람들에게 하나님나라를 대표해야 할 곳입니다. 그들은 예수님이 죽은 교회를 오래 참지 않을 것임을 깨닫지 못했습니다. 예수님은 오늘날의 교회에 경고하고 계십니다.

"어디서 떨어졌는지를 생각하고 회개하여 처음 행위를 가지라. 만일 그리하지 아니하고 회개하지 아니하면 내가 네게 가서 네 촛대를 그 자리에서 옮기리라."(계 2:5)

성령의 포도주가 여러분의 교회에 흘러들게 하려면 가죽 부대인 교회가 변해야 합니다. 무엇보다 교회 리더십의 변화가 시급합니다.

예수님은 한두 사람이 그분의 백성을 다스리게 하지 않으셨습니다. 야고보와 요한의 어머니가 주님께 나아가 자신의 아들들을 하나님나라에서 주님의 좌우편에 앉게 해 달라 말하자 예수님은 제자들을 불러 단호히 말씀하셨습니다.

"이방인의 집권자들이 그들을 임의로 주관하고 그 고관들이 그들에게 권세를 부리는 줄을 너희가 알거니와 너희 중에는 그렇지 않아야 하나니, 너희 중에 누구든지 크고자 하는 자는 너희를 섬기는 자가 되고 너희 중에 누구든지 으뜸이 되고자 하는 자는 너희의 종이 되어야 하리라. 인자가 온 것은 섬김을 받으려 함이 아니라, 도리어 섬기려 하고 자기 목숨을 많은 사람의 대속물로 주려 함이니라."(마 20:25-28)

예수님은 그분의 백성 안에서 일이 이루어지는 방식은 세상 체계와 달라야 한다고 선언하셨습니다. 세상에서는 정치, 사회, 전문 분야 할 것

없이 모든 리더십 모델이 위계 질서에 근거하고 있습니다. 권력이 위에서 아래로 내려오는 것입니다. 그렇기 때문에 권위를 가진 사람들이 다른 사람들 위에 '군림'할 수 있습니다.

그러나 예수님은 제자들에게 "너희는 그렇지 않아야 한다"고 말씀하셨습니다. 하나님나라에서는 모든 시민이 평등하고, 어느 누구도 다른 사람에게 지배력을 행사할 수 없습니다. 물론 합당한 영적 은사와 리더십 능력을 가진 개인들이 있는 법이고 그 개인들은 다른 사람들과는 구별된 책임을 맡게 될 것입니다. 하지만 그들은 다른 사람들 '위에 군림'하는 것이 아니라, 모두의 종이 되어 온유함과 겸손함으로 자신의 임무를 감당할 것입니다.

우리가 살아가는 타락한 이 세상의 체계는 섬기는 리더에 대해 알지 못합니다. 오히려 많은 리더들이 지배력과 권세를 갈망하고, 자신의 이기적인 목적을 이루고 교만한 욕망을 채우기 위해 사람들을 이용합니다. 세상은 "자신의 이익을 우선시하라"고 말하지만, 하나님의 자녀들은 그와 달리 "아무 일에든지 다툼이나 허영으로 하지 말고 오직 겸손한 마음으로 각각 자기보다 남을 낫게 여"(빌 2:3)겨야 합니다.

그러나 불행히도, 세상의 영이 교회에 침투했고 자신의 행동을 의식조차 하지 못하는 목자들이 수백만의 신자들을 교묘히 조종하며 지배하고 있습니다.

오늘날의 교회들은 구약성경의 리더십 모델을 따르는 경우가 많습니다. 구약성경에는 왕, 선지자, 사사, 제사장이 나옵니다. 그들의 임무는 일반 백성 앞에서 하나님을 대표하고, 하나님 앞에서 백성을 대표하는 것이었습니다. 대제사장은 그중에서도 가장 중요하고 무서운 책임을 맡았습니다. 일 년에 한 번 하나님의 임재가 거하는 지성소에 들어가는 것이었습니다. 그 외에는 아무도 그런 식으로 하나님께 나아갈 수 없었습니다. 그들은 안전한 거리 바깥에 떨어져 있어야 했습니다.

하지만 신약성경에서는 상황 전체가 완전히 달라졌습니다! 예수님은 구약성경의 모델을 폐하시고 그분의 피로 아버지께 직접 나아가는 길을 여셨습니다. 이제, 그리스도를 믿는 **모든** 사람이 지성소에 들어갈 수 있습니다! 얼마나 극적인 변화입니까!

성경에는 이 변화가 일어난 정확한 순간이 기록되어 있습니다.

"예수께서 다시 크게 소리 지르시고 영혼이 떠나시니라. 이에 성소 휘장이 위로부터 아래까지 찢어져 둘이 되고 땅이 진동하며 바위가 터지고."(마 27:50-51)

이 사건의 중요성에 대해 생각해 본 적이 있습니까?

사람들과 하나님을 갈라놓았던 두꺼운 휘장이 둘로 찢어졌습니다! 이제 하나님의 아들을 믿는 모든 사람은 벌 받을 두려움 없이 아버지의 임재 앞으로 자유롭게 나아갈 수 있습니다. 에덴동산 이후 역사상 처음으로, 사람들이 "긍휼하심을 받고 때를 따라 돕는 은혜를 얻기 위하여 은혜의 보좌 앞에 담대히 나아갈"(히 4:16) 수 있게 되었습니다.

사도 바울은 이것을 다음과 같이 설명했습니다.

"그러므로 우리가 믿음으로 의롭다 하심을 받았으니 우리 주 예수 그리스도로 말미암아 하나님과 화평을 누리자. 또한 그로 말미암아 우리가 믿음으로 서 있는 이 은혜에 들어감을 얻었으며."(롬 5:1-2)

예수님은 십자가에서 죽으심으로 상하 형태의 영적 리더십을 부숴 버리셨습니다. 그리스도의 몸에는 더 이상 형식과 제도로서의 왕과 제사장이 필요하지 않습니다. 이제, 예수님은 "그의 아버지 하나님을 위하여 우리를 나라와 제사장으로 삼으"(계 1:6)셨습니다.

이것은 그리스도의 몸이 제멋대로 운영되어야 한다는 뜻이 아닙니다. 신약성경이 양 무리의 안녕을 보살필 책임을 진 장로 및 집사, 사도, 교사 등에 대해 분명하게 가르치고 있기 때문입니다. 그러나 이런 직분은 **높은 지위**가 아니라 하나님의 백성에 대한 **섬김의 소명**으로 봐야 합니다.

이 둘 사이에는 엄청난 차이가 있습니다.

하나님의 자녀인 우리는 다른 사람의 다스림을 받도록 부름 받지 않았습니다. 하나님 앞에서는 우리 모두 평등하며 그분이 모두를 다스리시기 때문입니다.

"다 믿음으로 말미암아 그리스도 예수 안에서 하나님의 아들이 되었으니 누구든지 그리스도와 합하기 위하여 세례를 받은 자는 그리스도로 옷 입었느니라. 너희는 유대인이나 헬라인이나 종이나 자유인이나 남자나 여자나 다 그리스도 예수 안에서 하나이니라."(갈 3:26-28)

우리는 하나님께 순복해야 합니다. 하나님은 우리의 정당한 왕이자 구주시며, 우리는 그분의 소중한 소유가 되었습니다. 그분은 소름끼치는 죽임을 당하심으로 우리의 죗값을 치르셨습니다. 그리고 우리는 "그리스도를 경외함으로 피차 복종"(엡 5:21)하도록 부름을 받았습니다. 아내는 남편에게 복종하도록 부름을 받았고, 남편은 그리스도께서 교회를 사랑하시는 것처럼 아내를 사랑하라는 명령을 받았습니다. 그리스도의 몸 안에 있는, 서로 존경하는 복종은 사람들이 서로 '군림하는' 세상의 악순환을 무너뜨리기 위한 것입니다.

불행히도, 오늘날 수천 개의 교회에서는 지배하는 방식의 리더십이 이어지고 있습니다. 하나님은 이런 모습에 분노하십니다. 사람들이 하나님의 정당한 자리를 찬탈하고 있기 때문입니다. 하나님이 목숨을 걸고 구원하신 양 무리가 영적 지배와 조종이라는 병든 체제로 끌려 들어가 영적 성장에 방해를 받고 영적 건강을 누리지 못하는 경우가 많기 때문입니다.

여러분이 목회자라면, 신학교에서 배운 내용에서 벗어나 정직한 마음으로 신약성경을 새롭게 살펴보시기 바랍니다. 목회자로서 하나님의 말씀이 지지하지 않는 역할을 맡지 않도록 하십시오.

오늘날 하나님의 백성에게 가장 해로운 영향력 중 하나는 그리스도의 몸에 적극 참여하지 못하는 상황, 그 자체입니다. 수백만의 양들이 매 주일

신도석에 앉아 전문 성직자의 강연을 경청합니다. 한 주 한 주가 지남에 따라 듣는 교인들은 신도석에 확고히 자리를 잡게 되고, 결국 목회자들은 더 이상 정당성이 없는 구약성경의 제사장 역할을 수행하게 됩니다. 주의하지 않으면, 목회자들이 하나님과 교인들 사이에서 자신이 중보자 역할에 적임이라며 자부할 수 있습니다.

어떤 목회자들은 하나님이 자신을 통해서만 교인들에게 말씀하기 원하신다고 주장합니다. 자신이 지도자라는 것입니다. 그러나 이것은 단지 구약성경의 제사장직에 대한 가르침이며, 예수님이 궁극적인 대가를 지불하고 사신 양 무리를 죽이는 행위입니다.

목회자 여러분, 주님은 여러분을 하나님과 그분의 백성 사이를 잇는 자리로 부르시지 않았습니다. 그곳은 대단히 위험한 자리입니다. 왜냐하면 그곳은 바로 예수 그리스도의 자리이기 때문입니다.

"하나님은 한 분이시요 또 하나님과 사람 사이에 중보자도 한 분이시니 곧 사람이신 그리스도 예수라. 그가 모든 사람을 위하여 자기를 대속물로 주셨으니."(딤전 2:5-6)

예수님은 그분의 자녀 모두와 직접 관계를 맺기 원하십니다. 예수님은 그들을 가르치시고 그들과 동행하시며 그들이 아버지께서 기뻐하시는, 전심으로 아버지를 따르는 이들이 되도록 돕기 원하십니다.

오늘날의 교회에서 가장 위험한 움직임은 '성직자'와 '평신도'의 구분일 것입니다. 이것은 하나님의 백성을 두 가지 계급으로 구별하는 것이고, 아버지의 마음을 아프게 하는 일입니다. 제가 아는 대부분의 목회자들은 그저 하나님을 사랑하고 그분을 섬기려 하는 사람들이지만, 지도자들을 다른 신자들보다 더 높이는 분위기가 교회 안에 존재할 수 있는 것도 사실입니다.

그러한 분위기를 따라가는 것은 끔찍한 일입니다. 지도자들을 다른 신자들보다 높이는 환경에서, 숟가락으로 떠먹여 줘야 하는 나약한 신자들이 오늘날처럼 급격히 늘어난 것입니다. 이 나약한 신자들은 다른 사람을 그리스도께 인도하는 일이 전혀, 또는 거의 없습니다. 교회 내의 이런 이중계급 구조는 목회자가 강단에 올라가 교인들보다 높은 자리에 설 때마다 강화되고, '성직자'나 '감독'이나 '주교' 같은 거창한 호칭이 붙으면서 더욱 단단해집니다.

예수님은 이것에 대해 아주 명확히 가르치셨습니다. 율법사와 바리새인들을 꾸짖으신 후, 예수님은 제자들에게 말씀하셨습니다.

"그러나 너희는 랍비라 칭함을 받지 말라. 너희 선생은 하나요 너희는 다 형제니라. 땅에 있는 자를 아버지라 하지 말라. 너희의 아버지는 한 분이시니 곧 하늘에 계신 이시니라. 또한 지도자라 칭함을 받지 말라. 너희의 지도자는 한 분이시니 곧 그리스도시니라. 너희 중에 큰 자는 너희를 섬기는 자가 되어야 하리라. 누구든지 자기를 높이는 자는 낮아지고 누구든지 자기를 낮추는 자는 높아지리라."(마 23:8-12)

오늘날 수많은 교회들이 영적으로 묶여 있는 것은 당연한 현상입니다! 신약성경에서와 같은 기적을 보지 못하는 것도 당연합니다. 자신들의 모임에 예수 그리스도의 참된 임재가 없음을 깨달은 많은 교회들은 감정을 자극하는 요란한 음악을 사용하거나 무수한 다른 기법들을 동원하여 인위적으로 성령의 활력을 만들어 내려 시도합니다.

혹시 '교회'생활로 지치고 녹초가 되었습니까? 여러분을 위한 기쁜 소식이 있습니다! 하나님은 오늘날 세계 많은 곳에 친히 개입하셔서 잘못된 교회 제도를 무너뜨리시고 참된 교회의 모습을 신자들의 손에 되돌려 주셨습니다.

서구에는 교회 건물에 대한 불건전한 의존 현상도 있습니다. 이런 집착은 신약성경의 어디에서도 근거를 찾을 수 없습니다. 정교한 건물들을 짓고 유지하는 데는 수십억 달러를 투자하는 반면, 전 세계의 복음전도와 선교에는 상대적으로 극히 적은 액수만을 쓰고 있습니다. 힘들더라도 '교회'를 건물로 보는 견해에서 벗어나, '함께 모여 하나님의 말씀을 나누고 서로 격려하는 신자들의 무리'라는 성경적 견해로 되돌아가야 합니다. 하나님은 그런 소박한 모임을 사랑하십니다.

"두세 사람이 내 이름으로 모인 곳에는 나도 그들 중에 있느니라."(마 18:20)

그러므로 교회에 '간다'고 말하는 것은 정확한 표현이 아닙니다. 바로 우리가 교회이기 때문입니다! 이 사실은 잠시 묵상할 가치가 있습니다. 예수님이 십자가에서 죽으신 순간부터 하나님은 성전, 성막 또는 다른 어떤 건물에도 거하지 않으십니다. 하나님은 영생을 얻고자 예수 그리스도를 믿는 모든 사람의 영 안에 거하기를 원하십니다. 바울은 말했습니다.

"우주와 그 가운데 있는 만물을 지으신 하나님께서는 천지의 주재시니 손으로 지은 전에 계시지 아니하시고."(행 17:24)

그는 나중에 다음과 같이 설명하기도 했습니다.

"예수를 죽은 자 가운데서 살리신 이의 영이 너희 안에 거하시면 그리스도 예수를 죽은 자 가운데서 살리신 이가 너희 안에 거하시는 그의 영으로 말미암아 너희 죽을 몸도 살리시리라."(롬 8:11)

오 주여, 구하오니 당신의 내재하시는 임재를 새롭게 계시해 주소서! 영원 전부터 모든 세대에게 감추어져 있었는데, 지금은 성도들에게 드러난 비밀, 즉 우리 안에 계신 그리스도 곧 영광의 소망(골 1:26-27 참조)을 아는 깨달음을 우리에게 주소서.

하나님은 서구를 포함해 전 세계 많은 나라에서, 수세기 동안 인간이 만들어 온 전통을 무너뜨리시고 친히 정하신 방식으로 그분의 교회를 새롭게 만들고 계십니다. 수천 개의 가정교회들이 형성되고 있으며, 그곳에서 신실한 신자들이 그분의 말씀을 통해 예배드리며 함께 주님을 구합니다. 전통주의의 억압 사슬이 떨어져 나감에 따라, 많은 그리스도인들이 처음으로 진정한 자유를 체험하고 있습니다. 그리고 전통적인 교회 건물에는 발을 들여놓을 생각도 하지 않던 불신자들이 예수님에 대해 배우고 싶어 하는 것을 발견하고 저는 깜짝 놀라고 있습니다.

모든 하나님의 사람들이 신약성경의 방식에 따라 모이는 것을 좋아하지는 않습니다. 기독교의 현 상황은 그 뿌리가 매우 깊습니다. 그리고 많은 사람들이 수십 년에 걸쳐 전통의 옷을 아주 단단히 껴입었습니다. 제가 지금 나누고 있는 가르침은 어쩌면 그들을 화나게 만들지도 모릅니다. 그들은 신도석에 편안히 앉아 있고 싶어 하고, 잠에서 깨어나고 싶은 마음도 없습니다. 심지어 지배하는 자리를 즐기는 사람들도 있습니다. 오만하게도 그들은 하나님의 양 무리를 조종하고 이용할 권리를 하나님께 받았다고 생각합니다. 그들은 신학교를 졸업했고 하나님과 사람들 사이에서 중보하는 일을 맡아 월급을 받습니다. 적어도 그들은 그렇게 생각합니다. 그들은 새 부대에 대한 온갖 이야기들을 무시하고, 더 나은 길을 갈망하는 사람들을 '반역자'로 낙인찍어 버립니다.

하나님의 새 포도주를 담을 수 없는 가죽 부대 때문에 답답한 분들이 있습니까? 하나님의 말씀에 순종하며 신약성경의 말씀과 일치하는 방식을 원하는 지체들과 모이십시오. 외적 환경이 여러분의 모임에 나타나는 영적 활력만큼 중요할 수는 없습니다. 하나님의 임재가 나타나는 일반 교회도 많고, 특정인들이 다른 신자들을 좌우지하는 가정교회 모임들도 많습니다. 그러므로 어떤 건물에서 모이는지는 중요하지 않습니다. 어떤 체계를 이루고 있는지, 그것이 관건입니다.

여러분의 리더들은 다른 그리스도인들을 섬기고 그들을 세워 주려 노력합니까? 모든 사람이 모임에 적극 참여할 기회가 있습니까, 아니면 한두 사람이 찬양, 설교, 기도까지 거의 모든 역할을 독차지합니까?

여러분이 하나님을 진지하게 섬기기 원하고 그 어느 때보다 그분을 자유롭게 알고 싶다면, 여러분이 어떤 가죽 부대에 속해 있는지 진지하게 생각해 볼 필요가 있습니다. 제가 이런 이야기를 하는 것은, 많은 하나님의 자녀들이 억압된 영적 구조에 매여 있는 것을 하나님이 마음 아파하시기 때문입니다. 이것은 그리스도인들이 자신이 속한 문화와 사회 속에서 복음을 전하는 데 큰 걸림돌이 되기도 합니다.

변화는 결코 쉽지 않습니다. 성경적 형태의 가죽 부대를 추구하다 보면 값비싼 대가를 치를 수도 있습니다. 많은 사람들이 제게 중국 교회가 그토록 오랜 세월 부흥을 경험한 이유가 무엇인지 물었습니다. 많은 신실한 신자들도 물었습니다. 어떤 사람들은 눈물을 흘리면서 물었습니다.

"윈 형제님, 우리나라에서 부흥을 경험하려면 무엇을 해야 할까요?"

대답은 쉽지 않습니다. 새 포도주를 붓기 위해서는 새 부대가 만들어져야 하기 때문입니다. 그렇지 않으면 "새 포도주가 부대를 터뜨려 포도주가 쏟아지고 부대도 못 쓰게" 될 것입니다.

지금과 같은 부대로는 절대 안 됩니다.

26 젖은 담요 부대

나로 말미암아 너희를 욕하고 박해하고 거짓으로 너희를 거슬러 모든 악한 말을 할 때에는 너희에게 복이 있나니 기뻐하고 즐거워하라. 하늘에서 너희의 상이 큼이라. 너희 전에 있던 선지자들도 이같이 박해하였느니라.

마태복음 5:11-12

저는 하나님의 종이 되어 복음을 전하고 그분의 충실한 증인이 되도록 부름 받았습니다. 저는 복음에 대한 불타는 메시지를 선포하고 싶습니다. 우리 주님이 "그의 천사들을 바람으로 그의 사역자들을 불꽃으로 삼으시"(히 1:7)기 때문입니다.

2007년에 저는 '로스앤젤레스의 아주사 거리 부흥 100주년'을 기념하는 노르웨이의 부흥 집회에서 말씀을 전해 달라는 초청을 받았습니다. 제가 말씀을 전하기 전에 주님은 로스앤젤레스 부흥 당시에 한 노년의 남성 그리스도인이 받았던 분명한 환상을 제게도 보여 주셨습니다. 환상 속에서 그 노인은 한 줄로 죽 이어져 굳건한 불의 벽을 이루는 많은 횃불들을 보았습니다.

하나님의 불이 밝게 타오르는 동안, 젖은 담요를 가진 사람이 뛰어다니며 불꽃을 꺼뜨리려 애를 썼지만 그 노력은 아무 소용이 없었습니다. 그가 불꽃에 물을 끼얹을 때마다 물은 오히려 기름과 같은 효과를 내어 불길이 더욱 강해졌고 불꽃도 더 환하게 타올랐습니다.

아무도 성령의 불을 멈추게 할 수 없습니다! 하나님이 하시는 일을 멈추려 시도할수록, 불꽃은 더욱 환하게 타오를 것입니다. 우리는 지난 50년 동안 중국에서 그러한 불꽃을 보았습니다. 교회에 박해와 투옥, 환란이 찾아올수록 부흥의 불길은 더욱 강하게 타올랐고 더 많은 사람들이 구원받아 하나님나라로 들어왔습니다. 중국에서 "천국은 침노를 당하"고 있고 "침노하는 자는"(마 11:12) 천국을 차지하며 "하나님나라의 복음이 전파되어 사람마다 그리로 침입하"(눅 16:16)고 있습니다.

"우리 하나님은 소멸하는 불이심"(히 12:29)을 아십니까? 하나님은 그분을 섬기는 사람들 주위에 불의 벽을 두실 뿐 아니라 그분이 바로 불의 벽이십니다. 예루살렘에 대해 말하며 하나님은 선언하셨습니다.

"내가 불로 둘러싼 성곽이 되며 그 가운데에서 영광이 되리라."(슥 2:5)

사탄은 하나님의 불을 감당하지 못합니다. 사탄은 그것을 싫어하여 성령께서 부흥을 일으키시는 곳마다 많은 시간을 들여 불꽃에 물을 끼얹으려 애씁니다. 하지만 승산 없는 싸움에 불과합니다. 복음의 불은 온 땅으로 계속 퍼져 나가기 때문입니다. 사탄이 물을 끼얹어 그 불길을 꺼뜨리려 할수록, 주님은 그 물을 오히려 불길을 지필 연료로 바꾸십니다.

우리 영혼의 적은 비열하게 싸웁니다. 그자는 할 수 있는 모든 방법을 동원해 우리를 공격합니다. 여러분의 자녀와 건강과 순결함을 위협하며 공격할 수도 있습니다. 그자는 잠도 자지 않고 여러분의 증거를 약화시키고 삶을 타락시킬 만한 틈을 찾고 있습니다.

이 세상에서 사탄이 이루려 하는 두 가지 주된 목적은 사람들이 구원받지 못하게 하는 것, 그리고 교회를 왜곡하고 타락시켜 효과적으로 일하지 못하게 만드는 것입니다. 그러나 사탄은 주 예수 그리스도를 만지지도 상하게 하지도 못합니다. 예수님은 하늘 영광 가운데 좌정하고 계십니다. 그분의 승리는 완전하고 영원토록 인친 바 되었습니다. 그래서 사탄은 그리스도의 신부를 파괴하려 시도합니다.

교회에서 불의 기미만 보여도 즉시 꺼 버리는 것을 의무로 여기는 교인이 많습니다. 연기 나는 깜부기불 냄새만 나도 그들은 크게 경계합니다. 어느 그리스도인이 하나님께 환상을 받으면, '존경받는 성숙한' 신자들이 찾아와 그 열광적인 제자에게 젖은 담요를 덮어씌우려고 갖은 애를 다 씁니다. 젖은 담요는 불을 끄는 데 대단히 효과적입니다.

그들은 철모르는 광신자에게 성경구절을 적당히 인용하며 "하나님은 질서의 하나님이다"라고 말한 뒤 진정하고 신도석으로 돌아가 주일 아침에 선포되는 가르침에 복종하라고 충고합니다. 그 열광적인 제자는 여러 해 동안 충실하게 교회에 다닌 후, 신학교에 입학할 준비를 할 수도 있습니다. 그런데 신학교는 예수님에 대한 그의 열정을 마지막 한 방울까지 다 짜내 버립니다. 젖은 담요 부대는 그다음에야 그가 사람들 앞에 나서서 하나님을 섬길 준비가 되었다고 판단합니다. 물론 그것은 그가 교단의 규칙과 원리에 완전히 복종할 것이라는 뜻입니다.

결국 그렇게 그리스도를 열정적으로 따르던 많은 사람들이 하나님의 사역을 잊어버리고 맙니다. 그러나 젖은 담요 부대는 선을 넘으려 하던 또 다른 젊은 그리스도인을 '구원'했다면서 자축합니다. 그들은 자신과 똑같은 또 다른 제자를 만들어 낸 것입니다. 젖은 담요 부대는 자신들이 하나님을 섬기고 있다고 믿지만, 사실 그들은 사탄의 도구로 살아가고 있는지도 모릅니다. 예수님은 그런 바리새인들에게 싸늘한 말씀으로 경고하셨습니다.

"화 있을진저 외식하는 서기관들과 바리새인들이여, 너희는 교인 한 사람을 얻기 위하여 바다와 육지를 두루 다니다가 생기면 너희보다 배나 더 지옥 자식이 되게 하는도다."(마 23:15)

그렇듯 황폐한 영적 환경은 하나님의 백성에게 파괴적인 영향을 미칩니다. 이러한 교회들이 엎드려 회개하고, 다른 사람들을 지배하려는 시도를 그만두기 전까지는 하나님의 임재를 결코 체험하지 못할 것입니다. 젖은 담요 부대는 사탄의 도구로 살아가는 것을 멈추고 예수님만이 선한 목자시며 자신의 양 무리를 능히 보살피실 수 있음을 깨달아야 합니다.

한때 중국 교회는 오늘날 서구 세계에 있는 많은 교회와 비슷했습니다. 구원은 거의 없고 수십 개의 기독교 교파들과 교단들이 우글거리며 서로 경쟁했습니다. 그러나 하나님이 긍휼히 여기셔서 1949년에 공산주의가 도래한 후, 교회는 수십 년 동안 혹독한 핍박을 경험했고 인간이 만든 전통과 교파 간의 벽들은 허물어졌습니다. 이 일로 중국의 그리스도의 몸은 정결하고 단순해져서, 인간적으로 의지할 만한 조직이 전혀 남지 않았습니다.

중국은 남녀노소 가리지 않고 모든 곳의 그리스도인들이 예수 그리스도를 의지하기 시작했습니다. 답답한 종교적 벽들이 만든 숨 막히는 한계들이 없어지니, 복음은 빠르고 자유롭게 퍼져 나갔습니다. 많은 사람들이 성령의 감동을 받았고 밖으로 나가 전국 곳곳에 복음을 전했습니다. 그러나 어느 누구도 복음전도자들에게 젖은 담요를 덮으려 하지 않았습니다. 오히려 교회 전체가 그들을 격려하고 축복과 기도로 파송했습니다. 그들은 필요하다면 복음을 위해 기꺼이 죽을 각오까지 되어 있었고, 많은 사람들이 하나님나라를 위해 고문과 투옥과 극심한 고난을 겪었습니다. 그러나 복음전도자들은 그런 핍박을 받고 오히려 감사했습니다. 그들은 하던 일을 계속했고 "그 이름을 위하여 능욕 받는 일에 합당한 자로 여기심을 기뻐"(행 5:41)했습니다.

중국에는 신학교나 조직적인 성경학교가 없었기에, 우리는 주 예수님만을 온전히 신뢰할 수 있었습니다. 우리는 그분의 말씀을 소중하게 여겼고 필요한 모든 부분에서 하나님을 의지하는 법을 배웠습니다. 하나님은 한 번도 우리를 실망시키신 적이 없습니다.

세월이 흘러, 몇몇 서구의 목회자들이 중국을 방문해 우리에게 어느 신학교에 다녔고 어떤 교재를 쓰는지 물었습니다. 우리는 대답했습니다.

"우리 중 상당수는 성령경건성경학교(우리는 감옥을 그렇게 불렀습니다) 출신입니다. 우리의 유일한 교재는 우리를 묶었던 족쇄와 우리를 다치게 만들었던 가죽 채찍이었습니다."

여러분이 발 벗고 나서서 주님을 섬기기 시작하면, 여러분이 복음을 전하는 지역사회와 불신자들이 여러분을 대적할지도 모릅니다. 예수님이 첫 번째 72명의 제자들을 짝지어 보내셨을 때, 그들은 크게 기뻐하며 돌아와서 보고했습니다.

"주여, 주의 이름이면 귀신들도 우리에게 항복하더이다!"

예수님이 대답하셨습니다.

"사탄이 하늘로부터 번개같이 떨어지는 것을 내가 보았노라."(눅 10:18)

여러분이 예수 그리스도의 복음을 선포할 때마다 사탄은 가능한 모든 방법을 동원하여 강력하게 대적할 것이 분명합니다. 그러나 성령의 능력으로 하나님나라가 선포되고 드러날 때, 사탄은 결박되고 그자의 계획은 실패하게 될 것입니다.

제 경험상, 하나님이 명하시는 일에 나서서 순종할 때 지옥의 세력들이 창궐했습니다. 불화살들이 사방에서 쏟아져 내렸습니다. '백 투 예루살렘 비전'이 좋은 사례입니다. 사탄은 이 비전을 방해하고 나섰습니다. 사탄은 아직 복음의 빛이 나타나지 않은 지역들에서 사탄의 나라가 무너지는 꼴을 보고 싶지 않은 것입니다. 사탄은 수십억의 사람들을 포로로 사로잡고 있고, 그들을 영원한 지옥으로 끌고 가고자 합니다. 오랜 세월 동안 그 지역들과 종족들을 단단히 지배하고 있던 사탄이 그들을 순순히 포기할 리 없습니다. 앞으로도 치열한 싸움이 있을 것입니다. 잃어버린 영혼에게 다가가려는 모든 사람은 공격을 받습니다.

하나님나라에서 젖은 담요 부대는 필요하지 않습니다. 우리 하늘 아버지께서는 이 마지막 때에 영혼의 추수를 위해 준비되고 거기에 동참할 사람들을 원하십니다.

한동안 신문과 잡지, 인터넷, 심지어 텔레비전 보도를 통해 온갖 종류의 공격을 받은 적이 있었습니다. 당시 저는 현대의 대중매체들을 잘 알지 못했지만, 하나님이 그 공격들을 제게 허락하신 이유는 분명히 압니다. 제 믿음을 강하게 하고, 제 마음의 불을 더욱 환히 타오르게 하려 하심인 줄 알 수 있었습니다. 믿음이 자라날 수 있는 기회를 주신 하나님께 감사를 드립니다. 주님이 허락하시지 않으면 적들은 제게 물을 끼얹을 수 없습니다. 그들은 제 안에 있는 하나님의 불을 절대 꺼뜨릴 수 없습니다. 저는 예수님이 물을 기름으로 바꾸시고 그로써 전보다 훨씬 더 많은 잃어버린 영혼들이 하나님의 가족이 되는 것을 보았습니다.

여러분이 참으로 하나님을 섬기기 원한다면, 틀림없이 공격받을 것입니다. 그러나 여러분의 동기가 하나님의 뜻을 행하고 그분의 지상명령을 성취하는 것이라면, 여러분은 두려움 없이 전진할 수 있습니다. 적들의 공격은 여러분이 자신의 동기를 살피게 해 줄 것입니다. 하나님은 여러분의 마음을 살피사 여러분의 섬김이 정당한지 보십니다. 사람의 동기가 순수하지 않으면, 그가 하는 모든 일은 무너지고 맙니다.

적이 꾀하는 또 다른 종류의 공격이 있습니다. 근년 들어, 군인들이 아군의 손에 죽거나 부상을 당하는 것을 가리키는 새로운 표현이 생겼습니다. 군인이 당할 수 있는 최악의 모욕은 '아군의 오발'(friendly fire)로 부상을 입는 것입니다. 우리 편이라 생각했던 동료의 총에 맞는 것은 아주 끔찍한 일입니다.

불행하고도 슬프게도, '아군의 오발'은 오늘날 하나님의 백성 사이에서 빈번히 일어납니다. 같은 편에서 싸워야 할 동료 그리스도인들의 공격을 받는 것은 감당하기 어려운 비참한 경험입니다. 어떤 그리스도인들은 전혀 모르는 사람들에 대해 최악의 상상을 하곤 합니다. 새로운 설교자가 나타나 경청할 만한 메시지를 전하고 다니면, 종종 그의 동기와 정직성에 대한 억측이 떠돕니다.

"돈 때문에 그러고 다니는 게 분명해. 거짓 가르침으로 사람들을 속이고 있어!"

성령님은 이런 모습에 얼마나 슬퍼하고 상심하실까요!

'아군의 오발'이라는 용어는 비교적 최근에 생겼을지 몰라도, 그런 현상은 사도행전에서 교회가 생겨나던 날부터 교인들 사이에서 늘 있어 왔습니다. 기독교 역사를 살펴보면, 교회 지도자들이 하나님의 부흥의 불길을 꺼뜨린 사례들이 있습니다. 그들 중 상당수는 무지 때문에, 혹은 '복음을 보호한다'는 잘못된 믿음에서 그런 짓을 저질렀습니다. 하지만 대부분의 경우, 그들은 알지도 못하는 것을 핍박했습니다.

사람들이나 기관들이 우리를 받아 주지 않을 때, 예수님도 그분이 사랑한 사람들에게서 널리 거절당했음을 기억해야 합니다. 예수님이 태어나셨을 때, 베들레헴은 그분께 문을 열어 드리기 거부했고, 우주의 창조주께서는 결국 동물들의 배설물 악취가 가득한 마구간에서 태어나셔야 했습니다. 예수님이 겨우 두 살이셨을 때, 헤롯 왕은 그분을 살해하려 했습니다. 그러나 육신의 부모인 마리아와 요셉은 천사의 경고를 받고 애굽으로 피신했습니다. 그들은 잔인한 독재자의 손에서 예수님을 구하기 위해 달아나는 피난민이 되었습니다.

예수님이 사역을 시작하셨을 때, 그분의 백성 유대인들은 예수님을 거부했습니다. 요한은 다음과 같이 기록하고 있습니다.

"그가 세상에 계셨으며 세상은 그로 말미암아 지은 바 되었으되 세상이 그를 알지 못하였고 자기 땅에 오매 자기 백성이 영접하지 아니하였으나."
(요 1:10-11)

예수님이 성장하셨던 곳 나사렛도 '왕 중 왕'을 거부했습니다. 예수님은 회당에서 시원찮은 반응을 접하신 후 선언하셨습니다.

"'선지자가 자기 고향과 자기 친척과 자기 집 외에서는 존경을 받지 못함이 없느니라' 하시며 거기서는 아무 권능도 행하실 수 없어 다만 소수의 병자에게 안수하여 고치실 뿐이었고 그들이 믿지 않음을 이상히 여기셨더라."(막 6:4-6)

결국 예수님은 사형선고를 받고 십자가에 못박히셨습니다. 유대인들은 예수님 대신 살인범 바라바를 풀어 달라고 말했습니다. 인간의 몸을 입으신 전능하신 하나님이 그분의 피조물에게 거부와 조롱을 당하다니 얼마나 기괴한 아이러니입니까! 이사야는 메시아가 어떤 모습일지 미리 계시한 바 있습니다.

"그는 멸시를 받아 사람들에게 버림 받았으며 간고를 많이 겪었으며 질고를 아는 자라. 마치 사람들이 그에게서 얼굴을 가리는 것같이 멸시를 당하였고 우리도 그를 귀히 여기지 아니하였도다."(사 53:3)

여러분이 예수님께 속했다는 이유로 사람들에게 거절당한다면, 그분의 발자취를 따르고 있는 것임을 알고 기뻐하십시오. 여러분이 주님의 말씀에 계속 순종한다면, 얼마 안 가 내쫓기는 처지가 된다 해도 놀라지 마십시오. 어떤 사람들의 양심은 여러분의 열정과 존재를 감당하지 못할 것이며, 그들은 자신의 양심에 느껴지는 거북함을 누그러뜨리기 위해 여러분을 몰아내는 쪽을 선택할 것입니다.

다른 신자들이 여러분을 거절하고 여러분에 대한 거짓 이야기를 퍼뜨리기 시작하면, 하나님의 자녀들에 대한 모든 공격의 배후에 실제로 누가 있는지 깨달으십시오. "우리의 씨름은 혈과 육을 상대하는 것이 아니요 통치자들과 권세들과 이 어둠의 세상 주관자들과 하늘에 있는 악의 영들을 상대함"(엡 6:12)이기 때문입니다.

그런 공격을 받을 때 우리는 우리가 그리스도 안에서 어떤 존재인지, 어떤 분을 섬기는지 알아야 합니다. 하나님이 우리를 불러내신 목표에 시선을 고정해야 하고, 적의 공격 때문에 우리가 부름 받은 길에서 벗어나서는 안 됩니다.

사도 바울은 엄청난 공격을 받았습니다. 성경은 그가 예수 그리스도의 이름 때문에 감당했던 고난을 헤아리게 해 줍니다. 주님은 아나니아에게 가서 바울을 위해 기도해 주라시며 말씀하셨습니다.

"가라, 이 사람은 내 이름을 이방인과 임금들과 이스라엘 자손들에게 전하기 위하여 택한 나의 그릇이라. 그가 내 이름을 위하여 얼마나 고난을 받아야 할 것을 내가 그에게 보이리라."(행 9:15-16)

우리는 바울이 예수님의 이름을 위해 많은 고난을 당했음을 압니다.

어떻게 해서 바울은 수없는 공격과 비방에 시달리면서도 무너지지 않고 계속 앞으로 나갈 수 있었을까요? 디모데에게 쓴 그의 글에서 해답을 찾아볼 수 있습니다.

"나는 선한 싸움을 싸우고 나의 달려갈 길을 마치고 믿음을 지켰으니 이제 후로는 나를 위하여 의의 면류관이 예비되었으므로 주 곧 의로우신 재판장이 그날에 내게 주실 것이며 내게만 아니라 주의 나타나심을 사모하는 모든 자에게도니라."(딤후 4:7-8)

바울의 마음은 이생에 맞춰져 있지 않았습니다. 만약 그랬다면, 그는 자신이 감당해야 했던 온갖 역경에 꺾여 버리고 말았을 것입니다. 사도 바울은 영원에 초점을 맞추었고 고통을 견디는 은혜를 받았습니다. 바울은 이생에서의 어려움은 일시적이며 곧 끝날 것임을 알았습니다. 그가 인내할 수 있었던 비결은 고린도 교인들에게 쓴 다음 글에서 찾아볼 수 있습니다.

"우리가 낙심하지 아니하노니 우리의 겉사람은 낡아지나 우리의 속사람은 날로 새로워지도다. 우리가 잠시 받는 환난의 경한 것이 지극히 크고 영원한 영광의 중한 것을 우리에게 이루게 함이니 우리가 주목하는 것은 보이는 것이 아니요 보이지 않는 것이니 보이는 것은 잠깐이요 보이지

않는 것은 영원함이라."(고후 4:16-18)

주 예수님도 지금 여기에 매이지 않고 그 너머와 미래에 초점을 맞추심으로 극심한 시련을 견디셨습니다. 성경은 예수님의 본을 따르라고 촉구합니다.

"믿음의 주요 또 온전하게 하시는 이인 예수를 바라보자. 그는 그 앞에 있는 기쁨을 위하여 십자가를 참으사 부끄러움을 개의치 아니하시더니 하나님 보좌 우편에 앉으셨느니라. 너희가 피곤하여 낙심하지 않기 위하여 죄인들이 이같이 자기에게 거역한 일을 참으신 이를 생각하라."(히 12:2-3)

장기 항해를 해 본 적 있습니까? 뱃멀미를 하는 사람이라면 항해의 순간순간이 끔찍할 것입니다. 그러나 목적지에 안전하게 도착하는 순간, 물결 이는 바다에 대해 이내 잊어버릴 것입니다. 친구들의 얼굴을 보는 기쁨은 여행 도중 겪은 어려움을 보상하고도 남습니다. 이와 마찬가지로 우리가 천국에 도착하면 이생의 여행에서 겪은 온갖 투쟁과 어려움을 금세 잊게 될 것입니다.

저는 낙심이 될 때마다 멈춰서서 언젠가는 하나님의 영광을 볼 것이고 주님께서 성도들과 함께 하늘나라 거처에서 저를 따뜻하게 맞아 주시리라는 것을 생각합니다.

"참으로 이 장막에 있는 우리가 짐진 것같이 탄식하는 것은 벗고자 함이 아니요 오히려 덧입고자 함이니 죽을 것이 생명에 삼킨 바 되게 하려 함이라."(고후 5:4)

하나님의 부르심에 순종한 모든 그리스도인은 세상뿐 아니라 그리스도의 몸에 속한 다른 지체들의 반대에 부딪혔습니다. 여러분, 우리의 눈이 얼마나 어두워질 수 있는지 모릅니다! 우리는 흑암의 나라와 싸우되 다른 그리스도인과는 다투지 말아야 합니다. 사탄은 그리스도인들끼리 서로 싸우게 만들면, 자신이 전투에서 이긴 것임을 압니다. 오래전 바울은, 다투는 신자들에게 이 사실을 지적했습니다.

"이렇게 여러분 사이에서 서로 고소하는 일이 발생하였다는 사실은 이미 여러분이 패배했음을 의미합니다."(고전 6:7, 쉬운성경)

오늘날 그리스도인들 사이에는 너무 많은 싸움이 있습니다. 우리는 형제자매들의 잘못을 지적하는 데 빠르지만, 성경은 우리에게 자신의 삶을 보라고 가르칩니다. 야고보는 다음과 같이 물었습니다.

"너희 중에 싸움이 어디로부터 다툼이 어디로부터 나느냐. 너희 지체 중에서 싸우는 정욕으로부터 나는 것이 아니냐. 너희는 욕심을 내어도 얻지 못하여 살인하며 시기하여도 능히 취하지 못하므로 다투고 싸우는도다. 너희가 얻지 못함은 구하지 아니하기 때문이요."(약 4:1-2)

예수님은 제자들에게 비판하고 심판하는 마음을 갖지 말라고 경고하셨습니다. 그분의 말씀에 유의한다면, 교회는 훨씬 더 효과적으로 일할 수 있을 것입니다.

"어찌하여 형제의 눈 속에 있는 티는 보고 네 눈 속에 있는 들보는 깨닫지 못하느냐. 보라, 네 눈 속에 들보가 있는데 어찌하여 형제에게 말하기를 나로 네 눈 속에 있는 티를 빼게 하라 하겠느냐. 외식하는 자여, 먼저 네 눈 속에서 들보를 빼어라. 그 후에야 밝히 보고 형제의 눈 속에서 티를 빼리라."(마 7:3-5)

우리는 우리를 부당하게 공격하고, 비난하고, 비판하는 사람들을 완전히 용서해야 합니다. 그들에 대해 조금의 원한도 품어선 안 됩니다. 그것은 여러분을 멸망하게 만들 뿐이기 때문입니다. 원한은 그리스도인들이 하나님의 일을 하지 못하도록 시선을 흩어 놓습니다. 사탄은 하나님나라를 위한 그리스도인들의 유용성을 방해하기 위해 원한을 자주 사용합니다. 하나님은 사람들이 쏘아대는 온갖 '아군의 오발'들을 우리의 인격을 함양하는 도구로 쓰실 수 있습니다.

사람들이 여러분을 낙담케 하거나 비방하거나 온갖 엉터리 고발을 퍼뜨릴 때, 그 소리에 귀를 기울이지 마십시오! "이 모든 일에 우리를 사랑하시는 이로 말미암아 우리가 넉넉히 이기"(롬 8:37)라는 것을 깨닫고 여러분의 마음을 예수님과 하나님나라에 두십시오. 예수님은 그런 상황에서 어떻게 반응해야 하는지 분명히 알려 주셨습니다.

"나로 말미암아 너희를 욕하고 박해하고 거짓으로 너희를 거슬러 모든 악한 말을 할 때에는 너희에게 복이 있나니 기뻐하고 즐거워하라. 하늘에서 너희의 상이 큼이라. 너희 전에 있던 선지자들도 이같이 박해하였느니라."(마 5:11-12)

전 세계의 놀라운 그리스도인들을 수없이 많이 허락해 주신 하나님께 감사드립니다. 그들은 중국 교회가 무슬림, 힌두교도, 불교도에게 복음을 전한다는 '백 투 예루살렘 비전'을 듣고 열렬한 반응을 보였습니다. 우리는 사람들이 이 비전에 참여하고 싶다고 말하며 열정적으로 연락해 올 때마다 끊임없이 놀랍니다. 하지만 중국인 신자들이 선교사가 되어 중국 너머로 간다는 생각에 모두 매료당한 것은 아닙니다. 소위 선교 지도자들 중 일부는 그 비전은 허튼소리이고 절대 이루어지지 않을 것이라는 내용의 글을 쓰기도 했습니다. 완전히 눈이 먼 그들은 '백 투 예루살렘 비전'이 이미 이루어지고 있다는 것을 깨닫지 못하고 있습니다!

'백 투 예루살렘 비전'이 자라나면서, 많은 사람들이 우리에 대해 나쁜 말을 했습니다. 적은 많은 사람들을 부추겨 우리를 인신공격하게 만들었습니다. 이 공격은 점점 커졌고 지나치다 못해 우스꽝스러울 지경에까지 이르렀습니다. 비판자들 중에 정말 진실을 듣고 싶어 하는 사람은 거의 없는 것 같습니다. 그들은 단지 분위기에 편승하여 자기들이 통제할 수 없는 것들을 공격하는 것에 만족해합니다.

우리에 대한 공격이 커져 갔지만 저는 크게 낙담하지 않았습니다. 오히려 '백 투 예루살렘 비전'이 하나님의 마음에 꼭 드는 것임을 분명히 깨닫게 되었습니다. 그렇지 않다면 사탄이 이것을 파괴하기 위해 그토록 전력을 기울이지 않았을 것입니다! 유럽에서 열린 한 모임 중에 어느 성숙한 그리스도인이 내게 다가와 물었습니다.

"윈 형제, 저는 형제님에 대해 아는 바가 전혀 없지만, 형제님이 몹쓸 사람이라는 온갖 비열한 고발과 소문들을 듣고 깜짝 놀랐습니다. 사탄이 그렇게까지 애를 써서 수많은 주요 기독교 지도자들을 속이고 형제를 비난하고 공격하는 것으로 보아, 형제가 흑암의 나라에 큰 위협이 되고 있는 것이 분명합니다. 중국 정부조차도 형제의 명성을 무너뜨리려 한다는 말을 듣고, 저는 형제가 정말 하나님나라를 위해 사는 사람임에 틀림없다고 생각했습니다. 그렇지 않다면 이 사람들이 형제를 공격하느라 그토록 많은 시간과 노력을 허비할 리가 없기 때문입니다."

비판자들은 '백 투 예루살렘 비전'이 사람이 통제할 수 있는 것이 아님을 깨닫지 못하고 있습니다. 어떤 교단, 교회나 선교단체도 이것을 통제할 수 없습니다. 이 비전은 하나님이 이 세대의 모든 교회에 주신 비전입니다.

하나님은 '우리' 일이나 '우리' 사역에는 아무 관심이 없으십니다. 하나님을 섬기는 모든 조직은 과연 자신들이 하나님나라와 그리스도의 몸 전체를 섬기기 위해 존재하고 있는지 반드시 점검해야 합니다. 혹시 사사로운 이익을 챙기기 위해, 혹은 자신의 '영역'을 보호하기 위해 존재하고 있는 것은 아닙니까? 그런 선교단체들은 실패할 수밖에 없습니다. 그 안에 성령의 힘주시는 능력이 없을 것이고, 그들이 하는 모든 일은 순전히 인간의 노력으로만 이루어질 것이기 때문입니다.

예를 들어, 선교단체가 중국 교회만 섬기기 위해 존재해서는 안 됩니다. 표면적으로는 '중국 교회를 위해 존재한다'는 자체가 근사한 이유처럼 들릴 수도 있지만, 그것은 옳지 않은 이유입니다. 여러분의 선교단체는 하나님나라의 목적을 이루고 하나님께만 영광을 돌리기 위해 존재해야 합니다. 저는 어디를 가든지 이 사실을 전하려 합니다. 그러나 자신들의 업적을 보호하는 데 힘을 쏟는 많은 사람들은 제가 이런 메시지를 전하는 것에 위협을 느낍니다. 어떤 이들은 우리가 수천 명의 중국인 선교사들을 중국 밖으로 내보내는 '백 투 예루살렘 비전'에 기겁을 합니다. 그들은 '백 투 예루살렘 비전'을 향한 메시지가 '자신들의' 사역을 훼손한다고 생각합니다. 그들은 아직도 중국 **안**으로 선교사들을 보내려 하고 있기 때문입니다!

쇠퇴하는 선교단체를 되살리기 위해 예수님이 이 세상에 오셔서 십자가에서 죽으신 것은 **결코** 아닙니다. 예수님은 모든 사역자가 넉넉한 봉급을 받고 교인들의 존경을 받게 하시고자 이 땅에 오신 것도 **결코** 아닙니다. 예수님이 오신 이유는, 죄로 물든 세상의 모든 부분을 하나님의 통치와 권세가 정당하게 확장되게끔 하려고 오셨습니다.

이 세상의 다른 선교단체와 조직들이 어떤 계획과 목표를 갖고 있든 저는 개의치 않습니다. '어떻게 하면 하나님나라를 추구하고 하나님나라의 인도하심을 받는 종으로 남을 수 있을까. 그래서 자기 힘으로만 선교단체를 운영하는 사람들까지도 온 땅에 걸쳐 하나님나라를 확장하는 일에 함께해야겠다고 도전받게끔 할 수 있을까.' 이것만이 저의 유일한 관심사입니다.

하나님나라를 구하는 사람이 되고자 한다면, 여러분은 금세 사탄과 흑암의 나라에 위협적인 존재가 될 것입니다. 온갖 공격들이 독화살처럼 여러분 위로 쏟아져 내릴 것입니다. 형제자매 여러분, 초점은 우리가 아닙니다. 어떤 인간이나 인간이 만든 기관을 바라보지 마십시오. 오직 하늘의 아버지만 바라보십시오. 그분은 여러분을 모든 해로부터 지키실 수 있습니다.

앗수르 왕이 하나님의 백성을 공격하러 왔을 때, 히스기야는 일어서서 선포했습니다.

"너희는 마음을 강하게 하며 담대히 하고 앗수르 왕과 그를 따르는 온 무리로 말미암아 두려워하지 말며 놀라지 말라. 우리와 함께하시는 이가 그와 함께하는 자보다 크니 그와 함께하는 자는 육신의 팔이요 우리와 함께하시는 이는 우리의 하나님 여호와시라. 반드시 우리를 도우시고 우리를 대신하여 싸우시리라."(대하 32:7-8)

아무 이유 없이 우리를 공격하는 이들에게는 육신의 팔이 있을 뿐이지만, 우리에게는 주 예수 그리스도께서 계십니다.

우리가 주님께 속한 이들의 진영에서 행할 수 있도록 주께서 도우시기를 원합니다. 기독교적인 일이라도 '우리의 욕구와 계획에 따라 해야 한다는 거짓된 생각'에 빠지지 않기 원합니다. 오 주님, 우리가 하나님나라를 추구하고 따라가는 이들이 되게 하소서. 우리가 주의 나라를 **세우기** 위해 부름 받은 것이 아니라, 주께서 주의 나라를 **불러오실** 것임을 깨닫게 하소서. 아멘.

27 거인 사냥꾼
죄를 짓는 자는 마귀에게 속하나니 마귀는 처음부터 범죄함이라. 하나님의 아들이 나타나신 것은 마귀의 일을 멸하려 하심이라. 요한일서 3:8

오늘날 하나님이 하시는 일을 경험하기 위해서는, 예수 그리스도와 가깝고 친밀한 관계를 맺고 모든 일을 하나님의 시각에서 봐야 합니다. 우리 앞에 거인이 서 있는 것을 보더라도 겁에 질려서는 안 됩니다. 거인은 진짜일 것입니다. 그러나 예수 그리스도는 어떤 상황에서도 평안과 자유를 주실 수 있는 진리이십니다. 어려움이 찾아올 때도, 예수님이 자신의 소중한 목숨을 값으로 치러 우리를 그분의 소유로 삼으셨다는 사실을 묵상하십시오. 거듭나 하나님나라의 백성이 된 사람들은 이제 예수님의 소유입니다. 그들은 이제 예수님에게서 결코 떨어질 수 없습니다. 성경은 그 이유를 분명히 말하고 있습니다.

"우리는 신실하지 못하더라도, 그는 언제나 신실하십니다. 그는 자기를 부인할 수 없으시기 때문입니다."(딤후 2:13, 표준새번역)

우리가 얼마나 놀라운 교환에 참여하는 특권을 누리고 있는지 모릅니다! 더러운 누더기를 십자가로 가져갈 때 우리는 누더기 대신 의(義)의 옷을 받습니다. 스가랴 선지자는 환상을 통해 대제사장 여호수아와 천사 사이에서 이루어지는 교환을 보았습니다.

"여호수아가 더러운 옷을 입고 천사 앞에 서 있는지라. 여호와께서 자기 앞에 선 자들에게 명령하사 '그 더러운 옷을 벗기라' 하시고 또 여호수아에게 이르시되 '내가 네 죄악을 제거하여 버렸으니 네게 아름다운 옷을 입히리라' 하시기로 내가 말하되 '정결한 관을 그의 머리에 씌우소서' 하매 곧 정결한 관을 그 머리에 씌우며 옷을 입히고 여호와의 천사는 곁에 섰더라."(슥 3:3-5)

우리가 하나님께 우리 죄를 드리면 그 대신 용서와 새 생명을 받을 수 있습니다. 우리가 섬기는 하나님은 얼마나 선하고 은혜로운 분인지요! 세상 모든 사람이 예수님께 즉각 반응하고 전심으로 그분을 따르지 않는 것이 저로선 놀라울 따름입니다!

구세주를 섬기기 시작할 때 우리는, 하나님의 일은 하나님의 방법대로 이루어져야 함을 알아야 합니다. 우리는 인간의 지혜가 아니라 하나님의 지혜만을 의지해야 합니다.

"하나님의 어리석음이 사람보다 지혜롭고 하나님의 약하심이 사람보다 강하니라."(고전 1:25)

여러분이 하나님을 섬기다 보면 틀림없이 많은 반대에 부딪히게 될 것입니다. 그럴 때 자신이 누구인지, 여러분이 직면한 적은 누구인지, 섬기는 주님은 어떤 분이신지 알아야 합니다.

여러분이 구원을 받아 하나님과 올바른 관계를 회복하게 되었다면, 적의 조롱을 받아들여서는 안 됩니다. 적이 여러분을 조롱하고 겁주려 할 때, 예수 그리스도의 권세로 굳건히 서서 조롱을 거부해야 합니다!

다윗과 골리앗 이야기를 떠올려 봅시다. 우선 주목할 점은 골리앗의 외모가 사람들에게 두려움을 불러일으켰다는 사실입니다. 성경은 골리앗의 모습을 다음과 같이 생생하게 묘사하고 있습니다.

"블레셋 사람들의 진영에서 싸움을 돋우는 자가 왔는데 그의 이름은 골리앗이요 가드 사람이라. 그의 키는 여섯 규빗 한 뼘이요 머리에는 놋 투구를 썼고 몸에는 비늘 갑옷을 입었으니 그 갑옷의 무게가 놋 오천 세겔이며 그의 다리에는 놋 각반을 쳤고 어깨 사이에는 놋 단창을 메었으니 그 창 자루는 베틀 채 같고 창날은 철 육백 세겔이며 방패 든 자가 앞서 행하더라."(삼상 17:4-7)

적은 언제나 하나님의 백성을 위협하며 두려움에 사로잡혀 꼼짝 못하게 만들려 합니다. 장장 40일 동안 골리앗은 이스라엘 백성 앞에 서서 그들을 협박했습니다. 골리앗의 협박은 소기의 목적을 달성했습니다. 성경이 이렇게 기록하고 있기 때문입니다.

"사울과 온 이스라엘이 블레셋 사람의 이 말을 듣고 놀라 크게 두려워하니라."(삼상 17:11)

기억하십시오. "하나님의 어리석음이 사람보다 지혜롭고 하나님의 약하심이 사람보다 강"(고전 1:25)합니다. 하나님은 골리앗의 위협에 맞서 이스라엘 최고의 용사 중 한 명을 보내어 싸우게 하시거나, 직접 개입하셔서 거인을 쓰러뜨리지 않으셨습니다. 하나님은 여덟 형제 중 막내인 어린 소년 다윗을 택해 적을 멸하시고 블레셋의 신성모독을 잠재우셨습니다.

골리앗으로 인해 이스라엘 군대는 완전히 충격과 공포에 사로잡혀 있었습니다. "이스라엘 모든 사람이 그 사람을 보고 심히 두려워하여 그 앞에서 도망"(삼상 17:24)는 지경에까지 이르렀습니다. 어린 다윗은 우연히 진영을 방문했다가 골리앗의 말을 직접 듣게 되었습니다. 그는 영혼 깊은 곳에서 뭔가 꿈틀거렸고 옆에 있는 이에게 다음과 같이 물었습니다.

"이 할례 받지 않은 블레셋 사람이 누구이기에 살아 계시는 하나님의 군대를 모욕하겠느냐?"(삼상 17:26)

오늘날 우리는 모두 살아 계신 하나님의 군대입니다. 그리고 우리는 예수 그리스도의 군대입니다. 주 하나님께서 그분의 자녀들을 모두 그분의 이름으로 싸우라고 부르셨습니다. 그러나 많은 사람들이 위협과 공포에 굴복합니다.

두려움을 극복하여 하나님께 순종하는 사람이 생길 경우, 사탄은 그 사람을 무장 해제하고 무력화하기 위해 다른 전략을 사용합니다. 사탄이 즐겨 쓰는 전략 중 하나는 다른 신자들을 부추겨 하나님께 순종하는 사람을 낙심케 하는 것입니다. 다윗에게도 바로 이런 일이 벌어졌습니다. 다윗의 큰형 엘리압이 다윗에게 크게 화를 내며 "네가 어찌하여 이리로 내려왔느냐? 들에 있는 양들을 누구에게 맡겼느냐? 나는 네 교만과 네 마음의 완악함을 아노니 네가 전쟁을 구경하러 왔도다"(삼상 17:28)라고 말했던 것입니다.

동생이 자기보다 더 큰 용기를 보여 주었다고 해서 엘리압이 그에게 노를 발하는 게 이상하지 않습니까? 엘리압은 동생이 나서지 못하게 하려고 그를 비방까지 하며 말합니다.

"나는 네 교만과 네 마음의 완악함을 아노니 네가 전쟁을 구경하러 왔도다."

사탄은 신자를 낙담시키기 위해 자주 주변 가족을 이용합니다. 가까운 사람의 말일수록 그리스도인은 큰 영향을 받습니다. 이런 일은 오늘날 교회에서도 자주 볼 수 있습니다. 그래서 주님의 형제자매들이, 하나님이 우리에게 명하신 일에 순종하지 못하도록 방해하는 일이 벌어지는 것입니다.

사람들이 여러분을 멈추게 하려 하고 여러분에 대해 온갖 거짓 소문을 퍼뜨린다 해도 그들에게 귀 기울이지 마십시오! 다윗을 본받아 그들에게 시선을 주지 마십시오. 다윗이 어린 소년이었는데도 형의 방해에 굴하지 않은 것은 다윗의 마음을 잘 보여 줍니다. 다윗은 형의 말에도 낙심치 않고 오히려 사울 왕에게 나아가 담대히 선언했습니다.

"그로 말미암아 사람이 낙담하지 말 것이라. 주의 종이 가서 저 블레셋 사람과 싸우리이다."(삼상 17:32)

다윗이 골리앗을 죽이기 전, 흥미로운 일이 또 하나 벌어졌습니다.

"사울이 자기 군복을 다윗에게 입히고 놋 투구를 그의 머리에 씌우고 또 그에게 갑옷을 입히매 다윗이 칼을 군복 위에 차고는 익숙하지 못하므로 시험적으로 걸어 보다가 사울에게 말하되 '익숙하지 못하니 이것을 입고 가지 못하겠나이다' 하고 곧 벗고 손에 막대기를 가지고 시내에서 매끄러운 돌 다섯을 골라서 자기 목자의 제구 곧 주머니에 넣고 손에 물매를 가지고 블레셋 사람에게로 나아가니라."(삼상 17:38-40)

여러분이 하나님을 섬기려 하면, 많은 선의의 신자들이 돕고 싶다고 말하며 인간의 무기들을 여러분의 전투장비에 추가하려 들 것입니다. 많은 사람들이 중국의 그리스도인들에게 와서 우리 머리에 투구를 씌우고 몸에 갑옷을 입히려 했습니다.

"사랑하는 형제여, 이것들은 이전에도 많이 사용되었고 형제의 전투에 큰 도움이 될 것입니다."

그러한 일들은 여러 가지 형태로 나타납니다. 반드시 이수해야 한다는 훈련과정일 수도 있고, 꼭 사용해야만 한다는 어떤 방법일 수도 있습니다. 어떤 형제들은 중국의 그리스도인들이 **자격을** 갖추지 못했기 때문에, 다른 나라의 선교사가 될 생각을 해서는 안 된다고 말했습니다. 그 사람들의 말처럼 우리 중에 학위가 있는 사람은 거의 없었고 그들이 세운 신학교 중 한 곳이라도 졸업한 사람은 더욱 없었습니다.

하나님이 인도하신 길이라면 그리스도인이 학위를 갖는 것은 하등 잘못이 아닙니다. 그러나 그것을 요구 조건으로 삼아 다른 사람에게 강요하는 것은 웃기는 일이며, 그리스도를 따르려는 사람을 방해할 뿐입니다. 여러분이 이런 일을 겪는다면, 다윗을 본받아 그것들을 벗어 버리십시오. 그것은 여러분에게 '익숙하지' 않기 때문입니다.

목자 다윗은 단순한 생활에 익숙했습니다. 그는 무릿매를 쓰는 데 익숙했고, 양 떼를 지키다가 사자와 곰을 죽인 적도 있었습니다. 하나님이 만드신 여러분의 모습을 바꾸어 다른 사람이 되려 하지 마십시오. 그렇게 해 봤자 어색할 뿐이며 주님을 위해 효과적으로 일하는 데 방해가 됩니다.

저는 다윗이 사울의 갑옷과 무기를 갖추고 싸움에 나서는 것을 하나님이 막으셨다고 믿습니다. 그렇게 했다가는 사람들이 다윗의 승리를 주 하나님의 공으로 돌리지 않고 그가 입었던 장비의 덕으로 생각할 수 있었기 때문입니다. 전지전능하신 주권자께서 친히 선포하셨습니다.

"어찌 내 이름을 욕되게 하리요, 내 영광을 다른 자에게 주지 아니하리라."(사 48:11)

다윗이 골리앗을 죽인 후, 그 소식은 주변 나라들로 급속히 퍼져 나갔습니다. 누가 봐도 하나님이 승리를 주셨다는 사실이 매우 분명했습니다. 다윗은 골리앗에게 선언했습니다.

"너는 칼과 창과 단창으로 내게 나아오거니와 나는 만군의 여호와의 이름 곧 네가 모욕하는 이스라엘 군대의 하나님의 이름으로 네게 나아가노라. 오늘 여호와께서 너를 내 손에 넘기시리니 내가 너를 쳐서 네 목을 베고 블레셋 군대의 시체를 오늘 공중의 새와 땅의 들짐승에게 주어 온 땅으로 이스라엘에 하나님이 계신 줄 알게 하겠고 또 여호와의 구원하심이 칼과 창에 있지 아니함을 이 무리에게 알게 하리라. 전쟁은 여호와께 속한 것인즉 그가 너희를 우리 손에 넘기시리라."(삼상 17:45-47)

여러분이 하나님의 도움 없이도 이룰 수 있는 비전을 품는다면, 그 비전이 이루어질 때 여러분은 영광을 받게 될 것입니다. 그러나 여러분이 하나님의 개입 없이는 절대 불가능한 비전을 받았다면, 하나님 홀로 영광과 찬양을 받으실 것입니다. 여러분의 삶을, 주님의 이름에 가장 큰 영광을 돌리고 그분의 나라에 가장 큰 유익을 가져오는 데 사용해 달라고 주님께 구하십시오.

다윗은 주위의 온갖 비판자들과 믿음 없는 이들을 무시한 채, 하나님의 영광만을 염두에 두며 앞으로 나아갔습니다. 겁쟁이 이스라엘 군인들은 다윗이 "블레셋 사람을 향하여 빨리 달"(삼상 17:48)려가는 모습을 경이롭게 지켜봤을 것입니다.

하나님은 큰 승리를 주셨고 다윗은 골리앗의 목을 베었습니다. 그다음에 무슨 일이 벌어졌는지 아십니까? 성경을 보십시오.

"블레셋 사람들이 자기 용사의 죽음을 보고 도망하는지라. 이스라엘과 유다 사람들이 일어나서 소리 지르며 블레셋 사람들을 쫓아 가이와 에그론 성문까지 이르렀고 블레셋 사람들의 부상자들은 사아라임 가는 길에서부터 가드와 에그론까지 엎드러졌더라."(삼상 17:51-52)

불과 몇 분 전만 해도 이스라엘 군인들은 골리앗을 물리치는 것이 불가능하다고 생각했고 그의 위협과 신성모독에 질려 있었습니다. 그러나 그 불가능한 일이 벌어지자 그들의 시각은 극적으로 바뀌었습니다. 하나님나라에서는, 한 가지 담대한 믿음의 행위로 인해 수많은 신자들이 믿음의 돌파구를 체험하고 새로운 자유와 승리를 맛볼 수 있습니다.

제가 중국 감옥의 노역장에 있을 때, 감옥의 목초지에서 풀을 뜯는 양 떼를 돌보는 일을 맡은 적이 있습니다. 저는 양 떼가 저를 따라오게 하려고 갖은 수를 다 썼지만 전부 소용이 없었습니다. 그러다 마침내 저는 제일 어린 양 한 마리를 들고 가면 나머지 양들이 전부 따라온다는 사실을 알게 되었습니다.

주님이 우리를 약한 어린양처럼 되게 하실 때가 있습니다. 그럴 때 하나님께서 약한 우리를 직접 들고 가시도록 맡겨 드려 보십시오. 그러면 그것이 많은 사람들을 주님께로 이끄는 기회가 될 수 있습니다. 하나님이 다윗을 선택해 거인 골리앗을 죽이게 하셨을 때 바로 이런 일이 벌어졌고, 오늘날 전 세계에서도 여러 다양한 방식으로 같은 일이 계속 벌어지고 있습니다. 전능하신 하나님이 인간의 힘과 허세가 아니라 약한 사람들을 사용하실 때 하나님나라는 확장됩니다.

다윗과 골리앗 이야기는 다음과 같이 끝나고 있습니다.

"이스라엘 자손이 블레셋 사람들을 쫓다가 돌아와서 그들의 진영을 노략하였고 다윗은 그 블레셋 사람의 머리를 예루살렘으로 가져가고 갑주는 자기 장막에 두니라."(삼상 17:53-54)

사울의 무기를 거절했던 다윗이 골리앗의 머리와 무기들은 주저 없이 기념품으로 차지했다는 사실이 이상하게 여겨집니까?

이상할 것 하나도 없습니다. 다윗은 적을 무장 해제했기 때문입니다. 이것은 모든 하나님의 사람들이 감당하도록 부름 받은 일입니다. 사도 바울은 주 예수님이 "통치자들과 권세들을 무력화하여 드러내어 구경거리로 삼으시고 십자가로 그들을 이기셨"(골 2:15)다고 말했습니다. 이것은 다윗의 큰 특권이었고, 오늘날 예수님의 제자들이 지닐 큰 특권이기도 합니다.

지금 주님은 더 많은 거인 사냥꾼들을 찾고 계십니다. 주님은 악한 이들이 큰 목소리로 주님을 모독하는 상황에서 그리스도인들이 몸을 숨기고 침묵하는 것을 기뻐하지 않으십니다. 우리 아버지께서는 다윗처럼 용감하게 일어서서 하나님나라를 위해 싸울 사람들을 찾고 계십니다.

여러분이 이 세대의 다윗이 되지 않겠습니까?

28 주님을 기다리라

나 곧 내 영혼은 여호와를 기다리며 나는 주의 말씀을 바라는도다. 파수꾼이 아침을 기다림보다 내 영혼이 주를 더 기다리나니 참으로 파수꾼이 아침을 기다림보다 더하도다. 시편 130:5-6

여호와 앞에 잠잠하고 참고 기다리라. 자기 길이 형통하며 악한 꾀를 이루는 자 때문에 불평하지 말지어다. 시편 37:7

중국의 그리스도인들은 성경이 변함없는 하나님의 말씀이라고 믿기에 성경을 아주 소중히 여깁니다. 20년 이상 박해가 이어진 후, 1970년대의 중국 땅에는 성경이 정말 부족했습니다. 우리는 하나님의 말씀에 굶주렸습니다. 그것은 아모스 선지자가 말한 그날과 같았습니다.

> 주 여호와의 말씀이니라. "보라, 날이 이를지라. 내가 기근을 땅에 보내리니 양식이 없어 주림이 아니며 물이 없어 갈함이 아니요 여호와의 말씀을 듣지 못한 기갈이라. 사람이 이 바다에서 저 바다까지, 북쪽에서 동쪽까지 비틀거리며 여호와의 말씀을 구하려고 돌아다녀도 얻지 못하리니."(암 8:11-12)

과거에는 신자들을 매장할 때 관 속에 시신과 함께 성경을 넣어 묻는 경우가 많았습니다. 그래서 우리는, 하나님의 말씀이 너무 절실한 나머지 소중한 성경을 구하기 위해 많은 무덤들을 파냈습니다. 대부분의 경우 오래되고 습기가 차서 종이가 다 삭아 버렸지만, 그렇게 해서 하나님의 말씀을 반쪽만 찾는다 해도 그만한 가치가 있었습니다. 또 다른 그리스도인들은 성경을 도기 항아리 안에 넣어 땅속 깊숙이 파묻었습니다. 여러 해가 지나 박해가 누그러들자, 그들은 성경을 다시 파냈습니다.

저는 1974년에 주님을 처음 만난 이후 하나님의 말씀을 읽고 싶은 마음이 간절한 나머지 100일 동안 매일 소량의 밥 한 공기씩만 먹으며 기도했습니다. 부모님은 제가 자포자기와 절망감 때문에 미쳐 간다고 생각하셨지만, 마침내 주님은 제게 기적적으로 성경을 공급하셨습니다.

저는 오늘 제가 하나님의 말씀을 얼마나 사랑하고 귀하게 여기는지 설명했습니다. 그러나 이제 언뜻 보기에 이와 모순되는 듯한 말씀을 드리려 합니다. 저는 여러 나라를 다니면서 성경을 더 잘 배우기만 하면 모든 일이 제자리를 찾게 되고, 자신들의 교회가 다시 강건해질 거라고 생각하는 그리스도인들을 많이 보았습니다. 그러나 저는 여러분에게 필요한 많은 것들 중에 성경 교육이 가장 중요하다고 생각지는 않습니다. 다시 말씀드리지만 저는 하나님의 말씀을 사랑하고, 성경의 여러 책들을 통째로 외웠고, 좋은 가르침을 누구 못지않게 귀하게 생각하는 사람입니다.

그러나 성경 교육 그 자체가 여러분의 삶과 교회를 변화시키지는 못합니다. 여러분에게 가장 필요한 것은 성령의 임재입니다! 성경 지식은 여러분의 삶에 비축된 기름과 같지만, 성령의 불꽃이 없다면 그 기름은 예수님을 알아야 할 사람들에게 빛과 온기를 제공하지 못할 것입니다.

제자들은 3년 반 동안 밤낮으로 예수님과 함께 있었습니다. 그들은 세계 역사상 최고의 성경 교육을 받았습니다. 예수님은 하나님의 말씀을 가르치셨을 뿐 아니라, 그분이 바로 **인간의 형상으로 나타난 하나님의 말씀**이시기 때문입니다! 제자들은 성경말씀을 들었고, 매일 그것이 눈앞에 생생하게 이뤄지는 것을 보았습니다.

제자들은 이미 자신들이 전 세계를 다니며 복음을 전하게 될 거라는 말씀을 들었습니다(마 24:14 참조). 하지만 부활하신 주님이 나타나셨을 때, 일곱 명의 제자는 예수님의 말을 기억하지 못하고 갈릴리 바다로 고기를 잡으러 나가 있었습니다(요 21:1-14 참조). 그들은 물고기를 한 마리도 잡지 못하고 있었는데 예수님이 도착하셔서 그들에게 어디로 그물을 던져야 할지 일러 주셨습니다. 예수님이 개입하시자, 갑자기 그들의 그물은 153마리의 커다란 물고기로 가득 찼습니다!

저는 제자들이 사람들에게 복음을 선포하라는 예수님의 말씀을 이미 들었는데도 왜 고기를 잡느라 바빴는지 궁금하게 여기다 이런 결론에 이르렀습니다. 제자들에게는 성경 교육이나 비전, 이해력이 부족한 것이 아니었습니다. 그들에게는 성령이 없었던 것입니다!

제자들은 오순절에 성령 세례를 받고 나서야 하나님나라의 불꽃이 되었습니다. 소심하고 나약하던 사람들이 갑자기 사자처럼 담대해졌습니다. 예수님이 죽은 자들 가운데서 부활하셨음을 의심했던 도마는 강력한 변화를 체험하고 선교사가 되어 인도로 건너갔고 그곳에 최초의 교회들을 세운 후 순교했다고 합니다. 또 얼마 전까지 버림받은 느낌에 혼란스러워했던 제자들은 가는 곳마다 기적과 이적과 기사를 행했습니다. 주님을 세 번이나 부인했던 베드로는 오순절 그날에 복음을 전하는 영예를 얻었고, 그의 설교를 듣고 3천 명의 사람들이 인생을 예수님께 바쳤습니다!

그들의 삶을 달라지게 만든 것은 성경 교육이 아니라 성령님이었습니다!

성령께서 불꽃을 공급하시자, 기름은 힘차게 타오르기 시작했습니다. 복음의 빛이 어둠을 비추었고 어둠은 그것을 끌 수 없었습니다. 수천 명의 사람들이 마치 나방처럼 그 빛에 이끌렸고, 교회는 급속하게 자라났습니다.

"날마다 마음을 같이하여 성전에 모이기를 힘쓰고 집에서 떡을 떼며 기쁨과 순전한 마음으로 음식을 먹고 하나님을 찬미하며 또 온 백성에게 칭송을 받으니 주께서 구원받는 사람을 날마다 더하게 하시니라."(행 2:46-47)

몇 주 내에 예루살렘에서는 5천 명 정도의 사람들이 예수 그리스도를 믿게 되었습니다(행 4:4 참조).

부흥은 매우 강하게 이루어졌습니다.

"믿고 주께로 나아오는 자가 더 많으니 남녀의 큰 무리더라. 심지어 병든 사람을 메고 거리에 나가 침대와 요 위에 누이고 베드로가 지날 때에 혹 그의 그림자라도 누구에게 덮일까 바라고 예루살렘 부근의 수많은 사람들도 모여 병든 사람과 더러운 귀신에게 괴로움 받는 사람을 데리고 와서 다 나음을 얻으니라."(행 5:14-16)

바리새인들과 율법사들이 얼마나 큰 충격을 받았을까요! 불과 몇 주 전만 해도, 그들은 예수를 십자가에 못박았다고 기뻐했습니다. 이제 예수를 제거했으니 그의 가르침도 사라지고 얼마 안 가 예루살렘이 다시 '정상'으로 돌아올 거라고 생각했을 것입니다. 하지만 도시 전체가 예수님 이야기로 들끓었고, 더 나아가 나라 전체에 걸쳐 모든 대화의 중심화제가 되었습니다. 당국은 신자들을 박해하는 것으로 대응했지만 그것은 불에 기름을 끼얹는 효과만 내었고 복음은 더욱 멀리까지 퍼져 나갔습니다. 누가는 다음과 같이 기록하고 있습니다.

"하나님의 말씀이 점점 왕성하여 예루살렘에 있는 제자의 수가 더 심히 많아지고 허다한 제사장의 무리도 이 도에 복종하니라."(행 6:7)

사탄과 귀신의 무리는 당시 벌어지는 상황에 기겁했을 것입니다. 그들은 하나님의 아들을 죽임으로 가장 큰 승리를 거두었다고 생각했지만, 알고 보니 그것은 가장 끔찍한 악몽이었고 자신들의 패배를 알리는 일이었습니다. 바울에 따르면 예수님은 "통치자들과 권세들을 무력화하여 드러내어 구경거리로 삼으시고 십자가로 그들을 이기셨"(골 2:15)습니다. 성경이 이렇게 말하는 것도 당연합니다.

"이 지혜는 이 세대의 통치자들이 한 사람도 알지 못하였나니 만일 알았더라면 영광의 주를 십자가에 못박지 아니하였으리라."(고전 2:8)

제자들은 성령을 기다리라는 말씀을 들었습니다. 우리도 주님을 섬길 때 그분을 기다려야 합니다. 주님의 완벽한 타이밍보다 앞서 달려가는 것은 어리석고 위험한 일입니다. 성경은 많은 곳에서 우리에게 기다리라고 말합니다.

"너는 여호와를 기다릴지어다. 강하고 담대하며 여호와를 기다릴지어다."(시 27:14)

"여호와 앞에 잠잠하고 참고 기다리라."(시 37:7)

"오직 나는 여호와를 우러러보며 나를 구원하시는 하나님을 바라보나니 나의 하나님이 나에게 귀를 기울이시리로다."(미 7:7)

여러분도 그리스도인으로 살아가다 지치고 피곤한 순간이 온다면, 주님을 기다려야 합니다. 이것은 그냥 주저앉아 아무 일도 하지 말라는 뜻이 아닙니다. 여러분의 마음을 하나님께 쏟아 놓고, 그분의 말씀을 섭취하고, 하나님이 여러분의 약함을 들어 그분의 강한 능력으로 바꿔 주시기를 기다리라는 의미입니다.

"영원하신 하나님 여호와, 땅 끝까지 창조하신 이는……피곤한 자에게는 능력을 주시며 무능한 자에게는 힘을 더하시나니 소년이라도 피곤하며 곤비하며 장정이라도 넘어지며 쓰러지되 오직 여호와를 앙망하는 자는 새 힘을 얻으리니 독수리가 날개치며 올라감 같을 것이요 달음박질하여도 곤비하지 아니하겠고 걸어가도 피곤하지 아니하리로다."(사 40:29-31)

형제자매 여러분, 예수님의 제자들처럼 성령으로 충만함을 받은 적이 있습니까? 하나님의 능하신 성령이 여러분의 온몸에 흘러넘쳐 여러분과 주위의 모든 사람을 변화시키고 있습니까? 아니면 지식을 습득하는 것으로 만족하고 그럭저럭 살아가다 믿음을 잃지 않고 결승선까지 도착하기만을 바라고 있습니까?

저는 전심으로 믿습니다. 하나님은 여러분이 성령으로 충만하기를 원하십니다. 그래서 생수의 강이 여러분 안에서부터 흘러나오기를 원하십니다.

하나님은 여러분이 자신의 믿음을 위해 스스로 만들어 놓은 무거운 닻을 들어올리기 원하십니다. 그리고 여러분이 성령의 바람을 힘입어 움직이길 원하십니다!

개인적인 경험을 통해 드리는 말씀입니다. 하나님의 사람들이 성령으로 충만함을 받으면 이전과는 전혀 다른 사람이 됩니다. 사람들이 여러분의 집회에 오게 할 방법들을 궁리할 필요가 없습니다. 그들은 여러분을 찾아와 어떻게 하면 구원받을 수 있는지 알려 달라고 간청할 것입니다. 중국 교회는 하나님의 임재와 능력의 부으심을 매우 놀랍게 체험했기에, 어떤 경우에는 지역 당국이 하나님을 두려워하여 교회를 박해하는 행위를 전면 중단하기도 했습니다. 하나님의 자녀들에게 손가락이라도 까딱했다가 하나님의 심판을 받을까 봐 두려웠던 것입니다.

사람들이 하나님의 영으로 충만해 있지 않을 때는 교회에서 사람의 소개를 받는 일이 아주 중요해집니다. 사람들은 말합니다.

"여기 이 형제는 주님을 위해 이런저런 일을 했습니다. 그래서 이 형제를 여러분께 추천합니다."

모든 것이 질서정연하고 격식에 따라 처리됩니다. 그러나 여러분에게 하나님나라를 통해 하나님의 능력이 찾아오면, 복음을 전하기 위해 다른 사람의 소개는 필요하지 않을 것입니다! 하나님의 불꽃이 사람 안에 있으면, 누구나 그것을 알게 될 것입니다. 주님 편에 있는 사람은 그를 환영할 것이고, 그렇지 않은 사람들은 그를 공격하고 성령의 불길을 꺼뜨리려 할 것입니다.

성령께서 계시지 않으면 우리에게는 사람들이 매우 중요해집니다. 신자들은 유명한 설교자들을 바라보고, 새로운 메시지를 전하는 사람을 찾아 또 다른 집회로 몰려갑니다. 그러나 성령이 계시면 말씀을 전하는 사람이 유명한 사람이건 아니건 상관없습니다. 모든 사람이 예수님께 영광을 돌리고 그분의 이름을 높이는 일에만 관심을 두기 때문입니다.

여러분이 예수 그리스도를 따르는 사람이라면 두려워하지 마십시오. 평강의 왕께서 여러분의 마음에 거하시니 여러분은 아무것도 두려워할 필요가 없습니다. 하나님이 여러분 편이시라면, 누구도 어느 것도 여러분에게 맞설 수 없습니다. 여러분을 성령으로 충만하게 해 주시도록 하나님께 구하십시오. 그러면 여러분은 다시는 전과 같지 않을 것입니다!

저는 이스라엘에서 말씀을 전하도록 초청을 받았을 때 크게 흥분했습니다. 저를 초청한 분들은 감사하게도 저를 이곳저곳으로 데리고 다니며 여러 성경 유적과 터널, 골짜기와 언덕을 보여 주었습니다. 그 모두가 아주 흥미로웠습니다. 하지만 저는 예수님이 그런 유적지 어느 곳에도 계시지 않음을 금세 깨달았습니다. 예수님은 제 마음에 살아 계십니다!

예수님의 능력과 생명이 지금 여기 제 마음에 거하십니다! 자기 힘과 생각으로 하나님을 섬기려는 시도에 더 이상 시간을 허비하지 마십시오.

예수님은 살아 계십니다!

더 이상 예수님이 죽으신 것처럼 살지 마십시오.

살아 계신 예수님이 여러분의 삶을 통해 나타나게 하십시오. 시무룩한 얼굴을 하고 돌아다닐 이유가 없습니다! 애곡을 춤으로, 슬픔을 기쁨으로 바꾸십시오.

여러분이 목회자라면, 집으로 돌아가 신학교 시절에 쓰던 낡은 공책부터 꺼내지 마십시오. 괴어 있는 미지근한 물을 양 무리에게 주지 마십시오. 양 무리가 그런 것을 마시다간 설사에 걸려 남은 일생 동안 화장실을 오가야 할 것입니다! 그들은 여러분이 토해 낸 가르침이 필요한 것이 아닙니다. 그들에게 필요한 것은 성령의 생명수입니다!

오래된 공책들과 다른 사람의 생각에 의지해 설교를 준비하는 설교자들에게 드릴 말씀이 있습니다. 집에 가셔서 그 공책들을 꺼내 주님께 번제로 바치십시오! 하늘에서 내려온 만나는 하루 동안만 멀쩡하지 않았습니까. 여러분은 하나님의 백성을 위한 새로운 메시지, 예수 그리스도와의 친밀한 관계에서 흘러나오는 메시지를 전해야 합니다. 모세는 만나에 대해 이스라엘 백성에게 이렇게 말했습니다.

"'아무든지 아침까지 그것을 남겨 두지 말라' 하였으나 그들이 모세에게 순종하지 아니하고 더러는 아침까지 두었더니 벌레가 생기고 냄새가 난지라. 모세가 그들에게 노하니라."(출 16:19-20)

하나님의 사람들은 굶주린 심령에 영양분을 공급할 수 있는 신선한 하늘의 음식이 필요합니다.

성령께서 여러분을 충만하게 채우시면, 수년 동안 여러분 자신의 힘으로 하던 것보다 훨씬 가치 있고 영원한 일들을 순식간에 이룰 수 있습니다. 베드로와 다른 사도들이 오순절 이후에 바로 그런 체험을 했고, 이후 전 세계 수백만의 하나님의 종들도 동일한 경험을 했습니다.

어떻게 하면 성령으로 충만함을 받을 수 있겠습니까? 아주 간단합니다. 하나님께 무릎 꿇고 죽은 종교의 감옥에서 구해 주시고 그분의 실질적이고 힘찬 임재로 넘쳐나게 해 주시기를 구하십시오! 예수님은 이렇게 가르치셨습니다.

"구하라 그러면 너희에게 주실 것이요, 찾으라 그러면 찾아낼 것이요, 문을 두드리라 그러면 너희에게 열릴 것이니, 구하는 이마다 받을 것이요 찾는 이는 찾아낼 것이요 두드리는 이에게는 열릴 것이니라. 너희 중에 아버지 된 자로서 누가 아들이 생선을 달라 하는데 생선 대신에 뱀을 주며 알을 달라 하는데 전갈을 주겠느냐. 너희가 악할지라도 좋은 것을 자식에게 줄 줄 알거든 하물며 너희 하늘 아버지께서 구하는 자에게 성령을 주시지 않겠느냐!"(눅 11:9-13)

우리 하나님은 선하시고 사랑이 많으신 아버지시며 여러분을 성령으로 충만하게 하기 원하십니다. 하나님은, 생명수의 강이 여러분에게서 흘러나와 여러분과 접촉하는 사람들까지 복 주기 원하십니다. 이것이 바로 진정한 '사역'입니다.

"'누구든지 목마르거든 내게로 와서 마시라. 나를 믿는 자는 성경에 이름과 같이 그 배에서 생수의 강이 흘러나오리라' 하시니 이는 그를 믿는 자들이 받을 성령을 가리켜 말씀하신 것이라."(요 7:37-39)

이렇게 될 때 여러분은 이전과 전혀 다른 삶을 살 수 있습니다.

옮긴이 **홍종락**

서울대학교 언어학과를 졸업하고, 한국사랑의집짓기운동연합회에서 4년간 일했다. 지금은 전문 번역가로 일하고 있으며, 재미있는 동화를 써서 딸아이에게 읽어 주는 것이 꿈이다. 저서로는 《나니아 나라를 찾아서》(정영훈 공저, 홍성사)가 있고, 《성령을 아는 지식》, 《소설 마르틴 루터 1, 2》, 《루이스와 톨킨》, 《루이스와 잭》, 《교회 다니는 십대, 이것이 궁금하다》, 《개인기도》, 《꿈꾸는 인생》(이상 홍성사), 《내 눈이 주의 영광을 보네》(좋은 씨앗) 등 여러 책을 번역했다.

하늘 생명수

지은이 윈 형제 엮은이 폴 해터웨이 옮긴이 홍종락

Living Water
Copyright © 2008 by Brother Yun and Paul Hattaway
Korean Translation Copyright © 2008 by Hong Sung Sa, Ltd.
Requests for information may be sent to the Piquant Agency,
PO Box 23, Carlisle, UK
All rights reserved.

이 책의 한국어판 저작권은 Piquant Agency와 독점 계약한 (주)홍성사에 있습니다.
저작권법에 의해 보호받는 저작물이므로 무단 전재와 무단 복제를 금합니다.

2008. 8. 29. 초판 발행
2013. 8. 14. 3쇄 발행

펴낸이 정애주
출판제작국
  편집팀 송승호 한미영 김기민 김준표 정한나 박혜민
  디자인팀 김진성 박세정 조주영
  제작팀 윤태웅 임승철 김의연
사업총괄본부
  마케팅팀 차길환 국효숙 박상신 오형탁 곽현우 송민영
  경영지원팀 오민택 마명진 윤진숙 염보미

펴낸곳 주식회사 홍성사
1977. 8. 1. 등록 / 제 1-499호
121-897 서울시 마포구 합정동 369-43
TEL. 02)333-5161 FAX. 02)333-5165
http://www.hsbooks.com
E-mail:hsbooks@hsbooks.com

ⓒ홍성사, 2008

ISBN 978-89-365-0261-4

값 11,000원 ※잘못된 책은 바꿔 드립니다.
Printed in Korea

홍성사 HONG SUNG SA, LTD.